KB118991

장애영유아 보육교사,
특수교사, 통합교사를 위한

특수교구
교재제작

임경옥 · 박지은 · 김미정 공저

학지사

저자 서문

'아이를 애인처럼' 여기는 모든 교사를 위하여

영유아는 교구·교재를 통해서 배운다고 해도 과언이 아니다. 그러므로 교구·교재는 유아교육현장에서 교육을 위한 중요한 매개체이다. 다시 말해, 교구·교재는 영유아의 관심과 흥미를 유도하고 상호작용을 촉진하는 매개체의 역할을 하고, 이를 통해 영유아의 놀이가 의미 있게 확장될 수 있다. 이러한 측면에서 볼 때, 특히 장애아동 및 장애영유아에게 미치는 교구·교재의 의미와 영향은 더 크다고 할 수 있다.

현재 유아교육현장은 장애통합이 점차 증가하고 있는 추세이다. 그럼에도 불구하고 현시점에 이르기까지 장애아동 및 장애영유아를 지도하기 위한 특수교구·교재 관련 서적은 전무하였고, 저자들도 이들을 교육하기 위해 배출되는 예비교사들을 지도할 때 일반적인 영유아를 위한 교구·교재 제작 연구와 관련된 서적을 사용해 왔다. 이러한 과정에서 장애아동 및 장애영유아와 비장애영유아를 아우를 수 있는 통합현장을 위한 특수교구·교재 제작에 대한 집필의 필요성을 절실하게 체감하게 되었다. 따라서 저자들은 대학에서 오랫동안 교구·교재를 연구하고 제작하는 방법을 강의하면서 긴 시간의 논의를 거쳐 고민하고 준비해 온 결실로 국내에서는 최초로『특수교구교재제작』을 출간하게 되었다.

예비교사가 교구·교재를 직접 고안하여 제작한다는 것은 쉽지 않은 일이다. 현장에서 근무하는 교사들도 마찬가지로 교구·교재 제작에 대한 고충을 토로할 뿐만 아니라 오랜 시간 공들여 제작한 교구·교재의 활용도에 대한 고민을 이야기하였다. 이에 이 책에서는 현장의 요구를 반영하여 장애영유아뿐만 아니라 비장애영유아가 실제적으로 함께 사용할 수 있는 교구·교재를 중심으로 활용도를 고려하여 집필하고자 하였다. 따라서 이 책은 다음과 같이 차별화된 특성을 가지고 있다.

첫째, 이론적인 부분은 이해하기 쉽도록 각 장마다 마인드맵을 제시하였다. 즉, 각 장의 내용을 한눈에 쉽게 파악할 수 있도록 하여 이론적인 토대를 기반으로 교구·교재를 연구하고 제작할 수 있도록 유도하였다.

둘째, 교구·교재가 필요한 모든 영역의 영유아를 위해 제작할 수 있는 교구·교재를 제시하였다. 이는 장애아뿐만 아니라 장애위험이 있는 영유아, 장애영유아를 통합하는 현장 및 일반 영유아에게도 적용할 수 있도록 집필하여 범위를 보다 확장하였다.

셋째, 연령을 제시하기보다는 영아와 유아로 나누어 교구·교재를 제작하도록 분리하여 제시하였다. 이는 장애아동 및 장애영유아도 장애유형과 장애정도에 따라 개인차가 크므로 이를 고려한 것이며, 더불어 일반적인 영유아의 개인차를 반영하였다. 그러므로 이들을 지도하는 교사가 같은 범주 내에서 선택의 범위를 넓혀 제작의 수월성을 고려할 수 있도록 시도하였다.

넷째, 활용도를 고려하여 제시하였다. 예비교사 및 현장에서 장애영유아와 비장애영유아를 지도하고 있는 교사들이 시간과 노력을 들여 교구·교재를 제작하였지만 그 수고에 비해 활용도가 낮은 경우가 발생하고 있음을 반영하여 다양하게 활용될 수 있는 교구·교재를 중점적으로 다루었다.

다섯째, 실제 '특수교구교재제작' 과목을 12년 동안 강의하면서 직접 제작을 지도한 내용을 고스란히 담았다. 많은 실패와 다양한 제작 경험을 통해 가장 필요한 부분을 함축하였으며, 현장에서 가장 적절하게 사용될 수 있는 교구·교재를 중심으로 편찬하였다.

이러한 특성을 담은 이 책이 장애영유아 보육교사, 특수교사, 통합교사를 배출하는 모든 대학과 현장에 도움이 되기를 기원한다.

그동안 이 책이 출판되기까지 많은 도움을 주고 배려를 해 준 학지사 사장님을 비롯한 편집부에게 감사를 드리며, 집필하는 동안 지켜봐 주고 격려해 준 가족과 지인들에게도 감사의 인사를 올린다. 특히 함께 교구·교재를 제작하면서 지지해 주고 교구·교재 사진을 수록할 수 있도록 협조해 준 수원여자대학교 아동복지전공 학생들에게도 무한한 애정과 감사의 마음을 전한다.

2018년 2월

저자 대표 임경옥과 집필진 일동

차례

제2부   실제편

제1부

이론편

제1장

교구·교재의 이해

　교육내용을 효과적으로 습득하기 위해 필요한 교구·교재는 유아가 모든 활동에 의미 있게 참여할 수 있도록 도와줄 뿐만 아니라 지속적인 몰입을 가능하게 한다. 또한 직접 만지고 탐색하는 구체적인 활동을 하게 되므로 교육적인 효과에 있어서도 매우 중요한 역할을 한다.

　이 장에서는 교구·교재의 개념 및 필요성과 더불어 교구·교재의 가치와 제작 주체에 따른 장단점을 제시하였다. 더불어 교구·교재를 감각기능 및 대집단과 소집단, 특성에 따라 어떻게 분류할 수 있는지를 살펴보았다. 따라서 이러한 내용을 기반으로 교구·교재와 관련된 전반적인 지식과 기초적인 이해를 돕고자 한다.

```
교구 · 교재의
이해
```

1. 교구 · 교재의 개념
- 교구 · 교재의 개념

2. 교구 · 교재의 필요성
- 일반적인 교구 · 교재의 필요성
- 장애영유아와 교구 · 교재의 필요성
- 교육환경과 교구 · 교재의 필요성

3. 교구 · 교재의 가치
- 일반적인 교구 · 교재의 가치
- 장애영유아와 교구 · 교재의 가치

4. 교구 · 교재의 분류
- 제작 주체에 따른 교구 · 교재
- 감각에 따른 교구 · 교재
- 구조성에 따른 교구 · 교재
- 특성에 따른 교구 · 교재

학습목표

1. 교구 · 교재의 개념을 설명할 수 있다.
2. 교구 · 교재의 필요성을 제시할 수 있다.
3. 교구 · 교재가 갖추어야 할 가치를 제시할 수 있다.
4. 다양한 기준에 따라 교구 · 교재를 비교 · 분석할 수 있다.

 주요 용어

교구 · 교재: 영유아 교육현장의 놀이 및 학습활동에 쓰이는 모든 도구

직관화: 대상을 감각적으로 인식함

개별적 학습요구: 영유아에게 개별적으로 나타나는 학습에 대한 필요 및 흥미

2차적 장애: 원래의 장애가 직간접적인 원인이 되어 발생되는 다른 장애

교구 · 교재의 가치: 교구 · 교재의 쓸모를 높이는 조건 및 요인

감각기능: 시각, 청각, 촉각, 미각, 후각 등의 외부의 자극을 인식하는 기능

교구 · 교재의 구조성: 교구 · 교재의 활용 범위를 융통성 있게 변화할 수 있는 방식

1. 교구·교재의 개념

교구·교재는 교구와 교재의 합성어로 교육의 자료 및 도구를 의미한다. 교구·교재의 사전적 의미를 살펴보면 교재(teaching materials)는 학문이나 기예 따위를 가르치거나 배우는 데 필요한 여러 가지 재료를 의미하고, 교구(teaching tools/teaching aids)는 학습을 구체화·직관화하고 효과적으로 지도하기 위하여 사용하는 도구로 칠판, 괘도, 표본, 모형 따위를 의미한다(국립국어원, 2017. 9. 10. 인출). 「제3주기 유치원 평가 매뉴얼」에서는 '교재'는 그림, 인쇄물, 녹음, 영상 등 교수-학습활동에 직접적으로 활용되는 각종 교수자료로, '교구'는 모형자료나 교수-학습활동에 쓰이는 도구, 고안된 기구 등의 구체물로 정의하였다(교육부, 2014). 또한 교구(教具)는 교수(教授)의 수단 또는 방법으로서, 교수를 용이하게 하고 교수효과를 높이기 위하여 사용되는 도구를 의미한다. 교재(教材)가 교수-학습과정을 성립시키는 직접적인 매개물인 데 비해, 교구는 간접적인 매개물이라 할 수 있다. 또한 교재는 그 자체 안에 교육적 가치를 내포하고 있는 데 비해, 교구는 교재와 결부됨으로써 비로소 교육적 가치를 갖게 된다(서울대학교교육연구소, 2011).

정연희(2014)는 유아교육에서의 교구·교재란 유아가 등원해서 집에 돌아갈 때까지 유아의 성장·발달을 촉진하기 위해 활용되는 놀잇감, 환경구성 자료, 그림 및 사진 자료, 실물, 자연물 등 모든 형태의 학습자료를 의미한다고 하였다. 즉, 영유아의 전인적인 발달을 도모하기 위해 교육현장에서 이루어지는 교사주도의 활동 및 영유아 스스로가 선택하는 자유선택활동뿐만 아니라 일상생활 속에서 자연스럽게 이루어지는 놀이까지 의도적인 교육목적이 아니라 할지라도 교수-학습에서 활용되는 모든 자료를 말한다. 그러므로 유아의 발달적 측면에서 유아는 일상생활 속 놀이를 통해 자연스러운 학습 및 발달이 이루어지므로 유아의 심신 발달 도모를 위해 사용되는 일상의 모든 자료가 교구·교재가 될 수 있다(김정숙 외, 2014). 따라서 교구·교재는 학습하는 과정에서 학습목표를 달성하기 위해 지원되는 여러 가지 물품, 물체, 자원 등을 의미한다. 그러므로 교구·교재는 교육활동을 위해 제시되는 구체물에 한정되어 사용되며, 학습자가 학습의 목적을 달성하도록 돕는 자료들로서 형태가 있는 물체이다. 그러므로 교육활동의 수단 및 방법은 포함되지 않는다고 할 수 있다.

교육현장에서는 교구·교재와 혼용되는 용어로 교수매체, 놀잇감, 교수-학습자료 등이 있다. 이러한 용어에 대해 구체적으로 살펴보면 다음과 같다.

교수매체의 매체(Medium)은 라틴어에서 유래된 말로 '사이'라는 의미를 가지고 있다. 따라서 교수매체란 수업에서 학습의 목표를 달성하기 위해 교수자와 학습자 사이를 연결해 주는 다양한 모든 매개체와 교육환경을 의미한다. 즉, 교수매체는 넓은 의미에서 책을 비롯한 모든 인쇄매체, 실물, 표본, 영화, TV, 게시판, 놀잇감, 교육환경, 교육방법 등을 포함하고 있다.

놀잇감은 놀이에 사용될 수 있는 모든 사물을 가리킨다. 영유아 교육현장의 중요한 일과이자 많은 시간을 차지하는 자유선택활동, 자유놀이활동에는 교구·교재를 활용하여 놀이가 이루어지므로 흔히 '놀잇감'이라 부르며, 이는 영유아의 능동적 학습을 유도하는 사물로 의미가 크다고 할 수 있다.

교수-학습자료는 교사가 주도하는 수업을 효과적으로 지원해 주는 자료로 학습자료와 교수자료로 분리될 수 있다. 즉, 사용하는 주체에 따라 학습자료와 교수자료로 나누어 사용한다. 학습자료는 유아가 주어진 과제나 학습을 수행할 때 사용되는 자료이고, 교수자료는 교사가 주도하는 수업에서 가르치는 과정에 쓰이는 자료를 뜻한다. 학습자료나 교수자료는 영유아가 스스로 선택하기보다는 교사가 의도한 활동에 필요한 자료로서 놀잇감과 대별된다.

앞에서 살펴본 바와 같이 영유아가 활동에서 사용하는 자료 및 물건을 지칭하는 데에는 여러 용어들이 혼재되어 있지만, 통상적으로 영유아의 발달을 도모하는 모든 자료를 '교구·교재'라고 사용하고 있다.

영유아를 대상으로 하는 교육활동의 교구·교재는 그 상위 단계인 초·중등교육의 교구·교재가 갖는 의미와는 큰 차이가 있다. 즉, 초·중등교육에서는 주로 교과서를 통해 추상적 내용을 학습하고 기능을 훈련하는 데 비해, 영유아를 위한 교육에서는 교구·교재를 통해 놀이가 이루어지고, 그 과정에서 학습이 이루어진다. 그러므로 영유아를 위한 교수방법은 발달적으로 적합한 교육적 환경을 마련해 주고, 스스로 탐색하고 주도적인 활동을 할 수 있도록 유도하는 것이 바람직하다.

2. 교구·교재의 필요성

1) 일반적인 교구·교재의 필요성

영유아기는 주변 세계에 대한 지적 호기심이 왕성하며, 지각에 기초한 지식을 쌓는 시기이다. 즉, 직접적인 조작 및 감각적 탐색을 통해 탐구함으로써 지적 발달을 도모할 수 있다. 그러므로 교육의 목적을 효과적으로 달성시키기 위해서는 쉽게 이해시킬 수 있으며 구체적 경험을 제공할 수 있는 교구·교재가 필요하다. 이에 일반적인 교구·교재의 필요성을 살펴보면 다음과 같다.

첫째, 감각적 자극을 통한 경험을 제공한다. 영유아기는 문자해독력과 논리·추상적 사고가 부족한 시기로 특징지어진다. 즉, 영유아는 문자를 통한 학습이 어렵고 주로 지각에 의지하여 판단하고 생각하는 경향이 있으므로 구체적 자료와 직접적인 활동 경험이 제공되어야 한다. 교구·교재는 영유아에게 구체적인 경험을 제공할 수 있고, 감각적 자극을 제공하는 데 용이하므로 개념을 이해하고 확장해 나가는 데 큰 도움이 된다. 따라서 영유아기에는 교구·교재를 조작하거나 탐색하고, 관찰함을 통해 전반적인 감각능력을 발달·증진시켜 줄 수 있다.

둘째, 지적 호기심을 충족시켜 준다. 영유아기에는 지적 호기심이 왕성하며, 새로운 자극을 찾고 더 많은 경험을 하길 원한다. 교구·교재는 영유아의 지적 호기심을 충족시켜 줄 뿐 아니라 활동의 몰입을 돕고, 시행착오 및 새로운 발견을 통해 깨닫고 해결하는 능력을 증진시켜 준다.

셋째, 언어발달을 증진시킨다. 교구·교재는 영유아-영유아, 교사-영유아 간의 상호작용을 촉진할 수 있는 매개체가 되므로 이를 통해 다양한 의사소통이 이루어진다. 이러한 과정에서 언어에 대한 이해력과 더불어 자신의 생각을 자유롭게 표현함으로써 언어를 적절하게 사용하는 표현력을 향상시킬 수 있다.

넷째, 소근육 발달 및 협응력을 증진시킨다. 교구·교재는 대부분 손을 사용하여 탐색하거나 조작하므로 소근육 발달뿐만 아니라 손과 눈의 협응력을 발달시킬 수 있다. 특히 협응력은 차후 쓰기 및 읽기에도 영향을 미친다.

다섯째, 잠재된 가능성을 개발하기 위한 촉진제 혹은 매개체로서의 기능을 한다. 영유아가 가진 잠재성은 교구·교재를 탐색하거나 활용하는 과정에서 적절하게 발현될 수 있다.

여섯째, 부정적인 감정을 해소할 수 있다. 교구·교재를 활용한 자발적인 활동은 즐거움이 전제가 되어 놀이가 이루어지고, 자신의 경험을 재구성하며 자신의 감정을 표현하는 기능을 한다. 특히 역할놀이나 쌓기놀이, 그리기 활동 등을 통해 분노, 우울, 화 같은 부정적인 감정을 발산할 수 있도록 도와준다.

일곱째, 영유아가 가지고 있는 에너지의 발산을 도울 수 있다. 성인과 달리 영유아는 끊임없이 움직이고 활동하므로 에너지를 발산할 수 있는 대상으로서 교구·교재가 적합하다.

여덟째, 예술성 및 창의력을 향상시킨다. 영유아는 교구·교재를 통해 심미감을 느끼게 되며, 다양한 방법으로 교구·교재를 활용함으로써 창의력을 키울 수 있다. 또한 이를 토대로 예술적인 기초 능력을 키울 수 있다.

아홉째, 놀이를 촉진한다. 영유아는 놀이가 곧 생활이며 일이라고 할 만큼 생활 대부분의 시간을 놀이로 보낸다. 교구·교재는 의미 있는 놀이가 이루어지도록 유도하고, 놀이를 유지하고 확장할 수 있도록 도와준다. 영유아는 놀이를 통해 다양한 정보를 습득함과 동시에 효과적으로 학습을 수행할 수 있다. 또한 교구·교재를 활용하여 놀이하는 과정 속에서 규칙을 배울 뿐만 아니라 서로 협동하는 방법, 그리고 상황에 적절하게 스스로의 행동을 통제·절제하는 방법을 습득하게 된다.

2) 장애영유아와 교구·교재의 필요성

장애영유아는 보편적 발달 범주에서 일탈되어 있는 경우가 많이 있다. 따라서 장애영유아는 비장애영유아에 비해 일상생활 및 과제를 적절하게 수행할 수 있는 지적 능력이나 신체적 능력이 미흡할 수 있다. 또한 장애에 따라서 능력에 특별한 문제가 없는 경우에도 심리적인 영향은 활동에 많은 제약을 주게 됨과 더불어 대인관계를 형성하는 데에도 부정적 영향을 미치게 된다. 그러므로 일반적인 교구·교재의 필요성은 장애영유아에게도 마찬가지로 적용된다고 할 수 있다. 이 외에도 장애영유아의 특성을 고려한 교구·교재의 필요성을 제시하면 다음과 같다.

첫째, 발달의 부정적 영향은 교구·교재를 활용함으로써 완화될 수 있다. 즉, 교구·교재는 장애영유아의 독특한 발달적 욕구를 지원하거나 효율적인 학습의 수단으로 사용할 수 있어 발달에 도움을 줄 수 있다.

둘째, 2차적 장애를 예방할 수 있다. 장애로 인해 지체된 발달 영역은 다른 영역의 발달에도 영향을 미치게 된다. 예를 들어, 언어 발달의 결함은 의사소통 및 사회성 발달뿐만 아니라 언어적 정보를 이해하기 어렵기 때문에 인지발달에도 부정적인 영향을 줄 수 있다. 그러므로 개별적인 특성을 고려하여 제공되는 교구·교재는 2차적 장애를 감소시키는 데 도움을 줄 수 있으며, 정상 발달 범주로의 진입에 중요한 역할을 하게 된다.

셋째, 또래와의 상호작용의 기회를 제공할 수 있다. 장애영유아는 일반적으로 또래와의 상호작용이 어렵다. 그러나 교구·교재를 통해 또래와 정서적·언어적 교류가 좀 더 용이하게 이루어질 수 있어 이로 인해 사회적 관계가 맺어질 수 있으며, 자연스럽게 다양한 상호작용을 경험할 수 있다. 이는 추후 사회성의 발달에 영향을 미칠 뿐만 아니라 사회적 환경에 익숙할 수 있도록 함과 동시에 사회적 관계 형성의 방법을 습득할 수 있도록 도와줄 수 있다.

넷째, 성취감을 느낄 수 있다. 장애영유아는 잦은 실패의 경험으로 인해 수동적이며, 학습된 무기력을 갖게 된다. 그러나 장애영유아의 수준에 적절한 교구·교재를 제공함으로써 성취의 경험을 하게 되면 유능감을 갖게 되므로 자신에 대한 인식이 긍정적으로 변화될 수 있다.

다섯째, 자립심을 키울 수 있다. 장애영유아는 부모나 교사의 과보호로 인하여 의존적인 성향을 갖게 된다. 이를 완화하기 위하여 교구·교재를 스스로 선택하고 활동하게 하며, 타인에게 의지하지 않고 책임감을 갖도록 지도하면 자립심을 증진시켜 줄 수 있다.

여섯째, 운동 및 감각 능력을 촉진한다. 장애영유아는 운동에 있어서 여러 가지 결함을 보이는데, 이에 대한 적절한 조기 중재가 이루어지지 않는다면 이후 일상생활 전반에 걸친 다양한 문제가 야기될 수 있다(박재국, 2010). 또한 이들이 지닌 장애의 특성으로 인해 여러 가지 감각과 관련된 문제행동은 생활 전반에 걸쳐 부정적인 영향을 미치게 된다(김영미, 2014). 교구·교재는 직접 만지고 듣고 보는 등 감각적 욕구를 충족시킬 수 있으며, 대·소근육을 촉진할 수 있어 운동 능력을 향상시킨다.

3) 교육환경과 교구·교재의 필요성

영유아교육의 현장에서는 교수-학습의 주체인 교사와 영유아, 그리고 영유아에게 효과적인 교육의 실제를 가능하게 하기 위하여 현장의 다양한 사회문화적 조건이나 영유아의 발달적 특성에 부합하는 질 높은 교구·교재가 필요하다(김유정, 김정원, 2011). 특히 영유아는 주어진 환경 속에서 직간접적으로 영향을 받으며 성장·발달하므로 물리적인 교실환경이 영유아에게 미치는 영향은 매우 크다고 할 수 있다. 따라서 영유아교육기관에 비치된 교구·교재의 양과 질은 영유아의 전인적인 성장 및 발달뿐만 아니라 교육의 효과에 지대한 영향을 미치는 요소가 된다. 그러므로 교육환경 중 중요한 위치를 차지하는 교구·교재의 제공은 매우 중요하다고 볼 수 있다. 영유아에게 직접적이고 구체적인 경험을 제공할 수 있는 교구·교재의 필요성을 살펴보면 다음과 같다.

첫째, 교육적 환경의 접근을 유도할 수 있다. 흥미로운 자극을 주는 교구·교재는 영유아에게 호기심을 자극하며 활동을 촉진할 수 있다. 따라서 영유아에게 활동을 유도할 수 있는 자극이 될 수 있다.

둘째, 자연스러운 학습을 유도할 수 있다. 교구·교재를 제공하는 것은 영유아에게 새로운 놀이 기회를 제공하는 것과 같다. 교구·교재는 놀이를 즐기면서 자신의 신체적·정서적·인지적·사회적 발달을 촉진할 수 있도록 도움을 준다.

셋째, 의미 있는 학습을 유도할 수 있다. 영유아는 발달적으로 미숙하여 현실에 익숙해질 수 있는 의도적인 활동이 필요한데, 교구·교재는 연령의 발달에 필요한 사건 및 개념을 경험할 수 있는 기회를 제공할 수 있다.

넷째, 능동적인 학습이 이루어지도록 도울 수 있다. 교구·교재를 제공함으로써 영유아는 스스로 활동을 계획하고 참여하게 된다. 능동적 학습은 자신이 원하는 방식 및 이해 수준에 따라 학습이 이루어지므로 내적 동기를 유발할 수 있다. 그러므로 보다 효과적으로 학습의 효율성을 높여 줄 수 있다.

다섯째, 적극적인 학습이 이루어지도록 도울 수 있다. 교구·교재에 의한 자발적인 참여는 학습에 대해 적극적인 태도를 취하게 된다. 이는 교사의 능력 및 지식에만 의존하지 않고 비판력이나 창의력과 같은 고등정신의 기능을 함양할 수 있는 기초를 마련해 준다.

여섯째, 활동의 참여 시간을 최대화하고 유지시킬 수 있다. 교구·교재는 활동의 몰입을 돕고 활동의 효과를 바로 확인할 수 있으며, 시간과 노력을 들인 만큼의 내적 보상을 얻을 수 있다. 또한 시행착오를 경험하더라도 새로운 발견을 통해 깨닫고 해결하는 능력을 증진시킬 수 있다.

일곱째, 학습내용의 이해를 도울 수 있다. 학습내용을 이해하기 힘들거나 이전 경험이 부족한 경우에 학습내용과 관련된 교구·교재를 제시하면 명확히 이해할 수 있도록 돕는다. 그리고 학습내용도 더욱 구체화할 수 있다. 따라서 교구·교재는 학습내용의 개념 및 원리를 효과적으로 이해시키기 위한 보조 수단으로 활용할 수 있다.

여덟째, 개별적 학습요구를 충족할 수 있다. 발달의 개인차가 큰 영유아기는 흥미와 능력 범위도 다르게 나타나기 때문에 교사가 주도하는 수업에서는 개별적인 학습의 요구를 충족시켜 주기가 쉽지 않다. 그러나 교구·교재는 개별적인 학습의 요구나 능력에 적합한 교육경험을 제공해 줄 수 있다.

3. 교구 · 교재의 가치

1) 일반적인 교구 · 교재의 가치

교육활동에서 교구·교재는 교육내용을 효과적으로 전달하고, 효율적으로 이해를 돕기 때문에 교육적 성과에 중요한 요소이다. 특히 영유아는 감각을 통하여 사물을 탐색하고 지적기능을 수행하므로 교육활동에 있어 빠져서는 안 될 요소이다. 단, 교사의 손짓과 몸짓, 음성만을 활용한 동화 구연, 손 유희, 생활지도 등과 같은 몇몇의 수업이나 활동들은 구체적인 교구·교재가 없어도 교육의 목적을 쉽게 달성할 수 있다. 그러나 영유아를 대상으로 한 대부분의 교육과 활동은 교구·교재 없이 교육의 목적을 달성하기가 매우 어렵다. 이는 교구·교재가 효과적이고 효율적인 교육을 실현하도록 돕는 역할과 더불어 |표 1-1|과 같은 기능을 가지고 있어 교사의 보조적 역할을 할 수 있기 때문이다.

 |표 1-1| 일반적인 교구 · 교재의 역할 및 기능

역할	기능
교수 환경	교육 대상 및 교육방법에 적합한 환경을 반영함.
교육내용 제시	교육내용을 구체적이고 체계적으로 제시함.
훈련의 기회 제공	기술 및 기능을 익힐 수 있는 자료로 제공됨.
동기유발	활동을 하고 싶은 욕구를 높임.
수준별 활동	수준에 따라 단계별 활동방법으로 조절함.
평가 자료	활용 장면을 관찰함으로써 평가 자료로 쓰임.

따라서 일반적인 교구·교재의 역할 및 기능을 바탕으로 교구·교재의 가치를 살펴보면 다음과 같다.

첫째, 교수활동의 보조적 기능을 수행할 수 있다. 즉, 학습에 대한 이해를 높이기 위해 학습내용을 명료하게 제시하고 정보를 효과적으로 전달할 수 있어야 한다. 이를 위해 실물이나 모형, 동영상, 인쇄물 등과 같이 다감각적으로 정보를 받아들일 수 있는 자료를 활용함으로써 교수활동의 목표를 쉽게 달성시킬 수 있다.

둘째, 주의집중 및 유지가 용이할 수 있다. 연령이 어릴수록 주의집중 및 유지 능력이 부족하다. 그러므로 교사가 의도된 활동을 수행하기 위해서는 영유아의 호기심과 학습 동기를 유발하고, 활동을 지속하려는 의지를 유지시키기 위한 전략이 필요하다. 따라서 교구·교재는 영유아에게 주의를 집중시키고 유지하는 데 필요한 호기심을 유발할 수 있다.

셋째, 구체적인 경험을 제공할 수 있다. 언어적 발달이 미흡하고 논리적 사고가 부족한 영유아는 언어적 설명을 이해하는 데 어려움이 따른다. 그러므로 영유아가 획득하기 어려운 정보나 현상들은 언어적 설명보다 직접적인 경험을 통해 효과적으로 이해될 수 있다. 예를 들어, '둥근 것은 잘 굴러간다.'는 것을 설명하기 위해 여러 모양의 블록을 준비하여 경사 블록에 굴려 보게 하면 모가 나있는 블록보다 둥근 블록이 잘 굴러간다는 것을 발견하게 되고, 영유아에게 원의 관념이 형성될 수 있다. 따라서 교구·교재는 직접 보고 느낄 수 있는 구체적인 학습경험이 제공될 수 있다.

넷째, 실제의 모습 및 현상을 경험하게 할 수 있다. 실제적 경험을 하기에 위험하거나 불가능한 것들은 간접경험하게 함으로써 교육적 효과를 기대할 수 있다. 예를 들어, 위험한 행동에 대한 결과를 알아보기 위해 직접적인 경험 대신 모형으로 실험하거나 관련 동영상을 봄으로써 안전에 필요한 지식과 기술을 습득할 수 있다. 혹은 신체 모형은 신체의 구조 및 기관의 생김새를 쉽게 관찰할 수 있도록 도울 수 있다. 따라서 간접경험으로 활용되는 교구·교재는 최대한 실제와 유사한 경험을 유도할 수 있는 가치를 가지고 있다.

다섯째, 학습주제를 이해할 수 있도록 도울 수 있다. 학습주제와 관련된 교구·교재는 배운 개념을 다시 반복할 수 있어 학습에 대한 이해를 도울 수 있다. 뿐만 아니라 다양한 영역에서 참여할 수 있는 다양한 교구·교재는 개념을 확장하여 심화할 수 있는 기회를 제공한다. 자신이 발견한 것을 이해하고 나면 다른 방법으로 확인하고자 하는 탐구심이

조장되며, 이와 관련된 새로운 사실을 알고 싶어 하는 학습 동기도 발생될 수 있다.

여섯째, 현실 적응 능력을 키울 수 있다. 영유아는 주어진 환경에 적응하는 것이 중요한 과제가 될 수 있다. 교구·교재를 사용하면서 발생되는 문제 상황은 현실을 파악하여 현실에 적응하는 기회를 제공한다. 다시 말해 문제 상황을 논리적이고 분석적으로 생각하여 대처하는 방안을 강구함으로써 다양한 문제 상황에 대한 대처능력을 배양할 수 있다.

2) 장애영유아와 교구·교재의 가치

교구·교재의 활용에서 가장 큰 이점은 개별적 교육을 실행할 수 있다는 것이다. 장애영유아는 개인이 지닌 장애 유형 및 장애 정도에 따라 취약한 발달 영역이 다르게 나타나며, 이는 다른 영역의 발달에까지 영향을 미치게 된다. 그리고 일반적으로 장애영유아는 보편적 발달 범주에서 뒤처져 있는 경우가 많다. 따라서 장애영유아에게 적용되는 우선적 교육목표가 다양하므로 이에 부합된 활동이 이루어져야 전 영역의 발달이 전반적으로 이루어질 수 있다. 즉, 독특한 욕구에 상응하는 교구·교재를 제공하는 것은 조기재활, 개별적 교육을 실천할 수 있는 전략이 될 수 있다. 즉, 교구·교재는 장애로 인해 지체된 발달 영역뿐 아니라 장애영유아가 가지고 있는 보편적인 어려움도 지원할 수 있다. 그러므로 장애영유아를 대상으로 교육적 효과를 극대화시키기 위한 매개체 및 촉진제로써의 교구·교재의 가치를 제시하면 다음과 같다.

첫째, 개별성을 고려할 수 있다. 장애영유아는 개별적인 특성이 매우 다양하므로 이를 고려하여 적합한 수준의 교구·교재를 제시할 경우 장애영유아의 전반적인 발달을 촉진할 수 있다. 특히 장애영유아의 경우 자신의 흥미나 능력 안에서 조작하고 탐색할 수 있는 교구·교재가 제공되면 활동을 확대하거나 새로운 방법을 시도해 보려는 동기를 가질 수 있다.

둘째, 감각적 자극을 통해 다양한 정보를 인식할 수 있도록 도와줄 수 있다. 감각적 자극은 대상이 갖는 정보를 쉽게 파악하도록 하는 정보를 전달함과 동시에 적절한 방식으로 반응할 수 있는 단서를 제공한다. 즉, 감각 매개체로서의 교구·교재는 교육내용을 효과적으로 전달할 뿐만 아니라 명료하게 사고할 수 있도록 돕는다. 특히 낮은 지적기능을 지닌 장애영유아는 주로 감각적 경험에 의존하여 습득하므로 이를 지원할 수 있다.

셋째, 다양한 활동방법을 유도할 수 있다. 다양한 활용이 가능한 교구·교재는 흥미가 떨어지는 것을 지연시킬 수 있으며, 활동을 더욱 확대하거나 새로운 방법을 시도하기 위한 동기를 지니게 할 수 있다. 따라서 교구·교재를 통해 교육내용을 습득할 수 있을 뿐만 아니라 교사가 의도한 교육적 활동에 적극적으로 참여할 수 있다.

넷째, 사회적 상호작용의 기회를 제공할 수 있다. 일반적으로 장애영유아는 언어 문제를 가지고 있어 의사소통이 어렵고, 또래의 의도나 감정을 이해하지 못함으로 인해 사회적 상호작용이 어려워 사회적 관계를 시작하거나 유지하기 쉽지 않다. 또한 타인에 대한 미흡한 조망수용능력의 발달은 또래와의 관계에서 거부를 경험하게 할 수 있다. 그러므로 교구·교재를 통한 또래와의 상호작용은 사회 환경의 적응을 도움과 동시에 또래와의 적절한 상호작용이 이루어지게 할 수 있다.

다섯째, 언어 및 인지능력의 발달을 촉진할 수 있다. 장애영유아의 낮은 인지능력은 언어 영역을 포함한 타 영역의 발달에도 지체를 발생시키며 표현 및 수용 언어의 한계는 인지능력의 발달을 저해한다. 교구·교재는 활동에 참여하면서 자신의 의견이나 생각을 전달하는 기회가 발생되어 언어로 표현하는 경험을 제공하며, 인지능력의 발달을 촉진할 수 있다.

여섯째, 교구·교재를 통해 부정적 감정을 발산하는 경험을 할 수 있다. 조형과 음률, 신체표현의 교구·교재는 장애영유아로 하여금 부정적 감정을 발산하도록 도우며, 자신을 표현할 수 있는 최적의 경험을 지원한다. 즉, 점토놀이, 악기 연주, 신체표현 등의 활동은 긴장감 없이 스스로 치유하는 과정을 거칠 수 있으므로 이를 최대한 발휘할 수 있는 교구·교재는 매우 중요한 역할을 하게 된다.

일곱째, 놀이 욕구를 충족시켜 줄 수 있다. 장애영유아도 자신을 표현하며, 잠재된 에너지를 소진하고 싶어 하는 등 비장애영유아와 마찬가지로 놀이에 대한 욕구를 가지고 있다. 그러나 장애영유아는 상호작용 및 상황에 대한 대처능력의 부족 등으로 인해 놀이에 접근하는 것이 용이하지 않다. 교구·교재는 장애로 인하여 놀이를 충분히 경험하지 못하는 근본적 욕구를 충족시켜 줄 수 있으며, 자연스러운 활동을 유도하는 매개체가 될 수 있다.

4. 교구·교재의 분류

1) 제작 주체에 따른 교구·교재

(1) 교사가 제작한 교구·교재

교사는 영유아들과의 상호작용의 질을 높이고 효과적인 교육의 목표 성취를 위해 교구·교재를 직접 고안하고 제작한다. 특히 교구·교재는 발달적 특성상 구체적인 경험을 통해 학습하는 영유아를 위한 교수–학습방법이자 도구로, 현재 유아교육현장에서는 교구·교재의 제작과 활용에 있어서 창의적인 접근이 필요함을 강조하고 있다 (황희숙, 박나운, 이새별, 2017). 따라서 교사가 직접 제작한 교구·교재는 교사의 연구 및 노력에 의해 최적의 효과를 얻을 수 있다. 그러므로 교사는 효율적인 학습을 위해 영유아의 특성에 적절한 창의적 교구·교재를 제작하는 데 많은 시간과 노력을 기울여야 한다. 이렇게 제작된 교구·교재는 다음과 같은 장점을 가지고 있다.

첫째, 적은 경비로 교구·교재를 제작할 수 있다. 폐품을 활용하거나 이미 만들어진 교구를 재활용하여 제작하므로 구입하는 경우보다 경비를 절약할 수 있다.

둘째, 창의적으로 생각할 기회를 제공할 수 있다. 다양한 아이디어와 창의성이 돋보이는 재료, 폐품을 활용하여 제작된 교구·교재는 영유아로 하여금 창의적으로 생각할 기회를 제공하며, 탐색하고 조작하는 데 호기심을 자극함으로써 흥미를 더할 수 있다.

셋째, 교육적 목표 성취의 접근이 좀 더 용이하다. 교구·교재를 계획하고 제작하는 주체는 바로 교사이다. 따라서 교사는 학급 내 영유아의 수준과 진행되고 있는 활동 주제 및 흥미를 반영하여 제작하므로 교육내용에 보다 적합하다는 장점을 지니고 있다. 따라서 교사는 더욱 적절한 시기에 적합한 방법으로 교육의 목적 등에 부합되는 교구·교재를 제공할 수 있다.

넷째, 교사가 직접 제작하므로 교구·교재에 대한 활용방법에 익숙하다. 교육적 가치를 높이기 위한 활용방법 및 확장활동을 충분히 고려하여 제작하였으므로 영유아가 활용할 때 효과적인 피드백을 제공할 수 있다.

반면, 교사가 제작함으로써 발생될 수 있는 단점은 다음과 같다.

첫째, 많은 노력과 시간이 소요된다. 교사가 교구·교재를 제작하는 시간이나 노력만큼 교육 대상인 영유아와의 상호작용에 대한 기회가 줄어들 수 있다. 교사가 바쁜 업무 중에 교구·교재를 적절한 활동시기에 맞추어 제작하고 제공하기란 매우 어려운 일이다. 교구·교재 제작을 위해 분주하게 서둘러야 하며 시간에 쫓기게 되므로 경우에 따라 영유아와의 교육적 상호작용을 위한 일에 소홀해질 수 있다.

둘째, 상품화된 교구·교재보다 견고성과 내구성 면에서 미흡하다. 상품화된 것은 플라스틱이나 금속과 같이 잘 분해되지 않고 부서지지 않는 재료들이 많이 사용되고 있다. 그러나 교사의 경우 일반적으로 문구점에서 재료를 구입하거나 폐품을 활용하여 교구·교재를 제작한다. 따라서 쉽게 부서지고 수명이 짧은 문제가 발생할 수 있다.

셋째, 교구·교재 제작의 폭이 제한적이다. 교사가 제작할 수 있는 교구·교재는 한정되어 있으며, 교사가 구상하는 대로 제작하기에는 재료 및 제작방법 등에 있어 여러 가지 어려움이 따를 수 있다.

(2) 상품화된 교구·교재

교육현장에서는 교사가 제작한 교구·교재보다 상품화된 것을 주로 활용하고 있으며, 시중에는 많은 제품들이 판매되고 있다. 더욱이 자율적인 활동을 통한 교육이 높게 평가받음으로써 상품화된 교구·교재 제작 시장은 날로 확대되고 있다.

김정숙 등(2014)에 따르면, 유치원 교사의 84.4%가 교구·교재를 직접 제작하고 있으며 제작 시 가장 큰 어려움은 '시간 부족'으로 조사되었다. 따라서 상품화된 교구·교재를 구입하면 교사가 교구·교재를 직접 제작하는 업무의 부담감이 상당히 줄어들게 되며, 교육활동에 더욱 몰두할 수 있게 된다. 상품화된 교구·교재가 모두 좋은 교구라고 할 수 없으나 다음과 같은 장점을 가지고 있다.

첫째, 교사가 제작한 것에 비해 견고하여 반영구적으로 사용할 수 있다. 직접 제작한 경우에는 일반적으로 견고성이 떨어지는 데 비해 상품화된 교구는 내구성을 갖추고 있어 오랜 기간 사용이 가능하다.

둘째, 쉽게 구입이 가능하다. 전문 업체에서 제공하는 카탈로그나 교구·교재 매매사이트에서 구입하고자 하는 교구·교재에 대해 상세한 정보가 소개되어 있어 구입시 시간이 절약된다. 그리고 영유아 교구·교재만을 전문으로 판매하는 교구점(예, 보육사)을 방문하여 원하는 교구를 즉시 구입할 수 있으므로 편리하다.

셋째, 영유아가 선호하는 캐릭터 및 세련된 디자인으로 영유아의 흥미를 유도할 수 있다. 교사가 제작할 경우에는 디자인 및 심미감 등에 한계를 갖는 데 비해 상품화된 교구·교재는 유행하는 캐릭터를 반영하여 제작되므로 영유아의 호기심과 흥미를 자극하는 데 보다 용이하다.

넷째, 시판되고 있는 교구·교재는 매우 다양하다. 교사가 제작하는 경우에는 다양성에 있어 제한을 가지고 있다. 그러나 상품화된 교구·교재는 영역별로 다양하게 제작되고 있어 교사가 의도하는 교육목적에 적합하게 선택할 수 있으며, 선택의 폭 또한 넓다.

효과적인 교육을 위해 상품화된 교구·교재를 구입하는 것은 합리적일 수 있으나 다음과 같은 한계점이 있다.

첫째, 상품화된 교구·교재는 기능이나 디자인이 비슷하다. 즉, 교사가 직접 제작한 경우에는 독특하고 개성적일 수 있는 반면, 상품화된 교구·교재는 이런 측면에서 일정 수준의 한계를 가지게 된다.

둘째, 교사가 의도한 교육내용이나 목표 등을 반영한 교구·교재를 찾는 것이 어렵다. 김정숙 등(2014)의 유치원 교사를 대상으로 한 연구에서도 교구·교재를 제작하거나 구입하는 경우 모두 교사의 70% 이상이 '교육목표 및 내용과 관련성'을 고려하고 있었으나 '교육내용에 적합한 교구·교재의 부재'가 약 60%로 나타나 교사가 원하는 교육내용에 적합한 교구·교재를 구입하기가 쉽지 않음을 알 수 있다.

셋째, 가격이 비싸다. 상품화된 교구·교재는 교사가 직접 제작하는 경우에 비해 대부분 가격이 비싸다. 김정숙 등(2014)의 연구에서도 교사들의 약 55%가 교구·교재 구입 시 '고가의 가격'을 부담으로 인식하고 있었다.

넷째, 유용하게 활용할 수 없는 경우도 있다. 교사가 제작한 경우에 비해 활용방법을 숙지하는 데 어려움이 따를 수 있다. 그리고 실제로 조작해 본 후 구입할 수 있는 제품이 많지 않기 때문에 영유아에게 제시했을 경우 교사가 의도한 대로 적절하게 활용되지 않을 수도 있다.

다섯째, 교육적인 측면에서 적합하지 않을 수 있다. 즉, 상업화로 인해 교육적인 면을 고려하지 않은 채 말초적인 흥미만 자극하는 교구 · 교재가 양산될 가능성도 있다(최연철, 2015). 그러므로 시판되고 있는 교구 · 교재는 영유아의 흥미만 고려하여 오히려 역효과로 작용될 수 있음을 유의해야 한다.

시중에 상품화된 교구 · 교재의 유형은 매우 다양하므로 구입할 때에는 교육적 효과 및 질을 숙고하여 선택하는 것이 바람직하다. 현장에서 활용되는 상품화된 교구 · 교재를 간략하게 소개하면 다음과 같다.

① 몬테소리 교구

몬테소리(Maria Montessori, 1870~1952) 여사에 의해 개발된 감각 훈련 교구로 |표 1-2 |와 같으며 자세한 내용은 제2장에 설명되어 있다.

 | 표 1-2 | **몬테소리 교구**

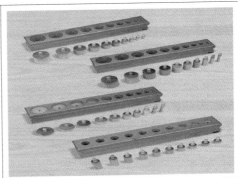

| 기하도형-시범쟁반 | 꼭지 달린 원기둥 |

비밀주머니

촉각판 짝 맞추기

이항식 상자

기하도형 겹치기

② 가베

가베(Gabe)는 프뢰벨(Friedrich Wilhelm August Froebel, 1782~1852)에 의해 고안되었다. 가베는 제1가베에서 제10가베로 구성되어 있다. 그중 일부는 |표 1-3|에 소개하였고, 자세한 내용은 제2장에 설명되어 있다.

| 표 1-3 |　**가베**

제1가베(입체)

제2가베(입체)

제3가베(입체)

제7가베(면)

제9가베(선)

제10가베(점)

③ 오르다 교구

　오르다(ORDA)는 히브리어로 '지혜의 빛'이라는 뜻을 가지고 있는 이스라엘을 대표하는 교육용 게임교구로, 전 세계적으로 알려져 있다. 특히 대화와 토론을 중시하는 하브루타식 교육철학을 바탕으로 정서발달과 더불어 창의적인 문제해결까지 교구를

통해서 자연스럽게 배울 수 있도록 구성되어 있다. 개인 발달단계에 따라 단계별로 사용할 수 있도록 고안되어 있는 오르다 교구의 일부를 소개하면 |표 1-4 |와 같다.

 |표 1-4 | **오르다 교구**

복합지능계발블록	중급지능계발블록

구슬 감추기	분수놀이

신나는 캠핑

탑과 고리

입체도형

크로스로드

덧셈주사위

카멜레온

얼굴 맞추기 빙고

메모리 퍼즐

④ 기타

이 외에 시판되고 있는 상품화된 교구·교재를 소개하면 |표1-5|와 같다.

 |표 1-5| **상품화된 교구·교재의 예**

게임판

고무줄 구성판

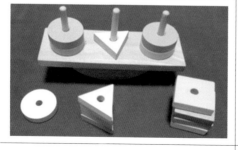
도형 끼우기

책, 그림 패턴 구성

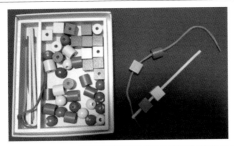
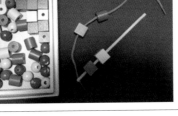

| 실, 막대에 도형 끼우기 | 같은 도형 찾기판 |

2) 감각에 따른 교구·교재

교구·교재의 활용은 감각기관을 통한 정보 인식과 반응의 과정으로 이루어진다. 즉, 미각, 청각, 후각, 촉각에 의하여 지식을 습득하며 기능을 훈련하게 된다. 교구·교재를 감각에 따라 분류하면 다음과 같다.

시각기능에 따른 교구·교재는 주로 시각적 방법에 의존하여 내용을 제시하고 조작할 수 있는 자료를 의미한다. 그리고 시각적 교구·교재는 투사자료와 비투사자료로 나눌 수 있다. 투사자료는 주로 전기를 사용하며 빛을 투사하여 시각적 정보를 제시하는 것으로 OHP 프로젝터와 슬라이드가 이에 속한다. 이러한 자료는 그림이나 글씨를 크게 확대할 수 있기 때문에 다수의 영유아가 함께 내용을 자세히 관찰할 수 있다는 장점을 지닌 반면, 기계의 부피가 크고 무거워 보관 및 활용에 불편을 줄 수 있다. 비투사자료는 실물, 모형, 게시판, 인쇄 자료, 카드, 퍼즐 등이 이에 속한다. 기계의 도움 없이 있는 그대로 활용할 수 있으므로 어려운 기계를 조작하지 않고도 쉽게 조작하고 탐색할 수 있다.

청각기능에 따른 교구·교재는 청각적 정보를 사용하여 정보를 전달하는 것으로 CD, CD 플레이어, 라디오, 여러 가지 악기 등이 이에 속한다. 순수하게 청각적 정보만 주는 자료도 있지만 악기와 같은 도구는 청각적 정보와 더불어 촉각 등의 다른 감각과 복합적으로 사용된다. 청각 기능만 사용되는 교구·교재는 청각에 의존하여 정보 및 단서를 확인하므로 시각적 모형을 보여 줄 수 없어 상황 이미지를 확인하지 못하는 단점이 있다.

시청각기능에 따른 교구·교재는 시각과 청각을 겸해 정보를 제공해 주므로 다감각 자료로 분류된다. 이와 관련된 교구·교재는 텔레비전, 비디오, 극화활동 자료, 소리가 나는 전자책 등이 있다. 현대 과학기술의 발달로 인해 다양한 매체들이 개발되고 있어서 시각적 자료나 청각적 자료에 비해 많이 활용되고 있다. 그리고 단일 감각 정보보다 명확하고 구체적이며 상황을 생생하게 전달할 수 있기 때문에 영유아의 이해를 돕고 관심을 끄는 데 많은 도움을 줄 수 있으며, 수업에 효과적으로 활용될 수 있다는 큰 이점이 있다. 하지만 단일적이며 일방적인 교육이 이루어지기 쉬우므로 다른 교육자료를 혼용하여 교육과정의 변화를 모색해야 한다.

이 밖에도 후각, 미각, 촉각기능을 주로 사용하는 교구·교재로 분류할 수 있다. 시각 및 청각이 사용되는 교구·교재에 비해 교육현장에서 많이 활용되고 있지 않지만 영유아의 발달을 지원하는 주요 감각이 될 수 있다는 점에서 다감각적 기능이 균형 있게 활용될 수 있도록 고려되어야 한다. 이를 바탕으로 감각기능에 따른 교구·교재의 유형을 분류하면 |표 1-6|과 같다.

 |표 1-6| **감각기능에 따른 교구·교재의 유형**

감각 기능	교구·교재 유형의 예
시각	실물, 모형, 게시판, 인쇄자료, 카드, 퍼즐, 그림책, 색칠활동 자료, OHP 프로젝터 등
청각	소리나 음악이 녹음된 CD, CD 플레이어, 라디오, 여러 가지 악기 등
시청각	동영상 CD, 컴퓨터, 극화활동 자료, 텔레비전, 비디오, 소리가 나는 전자책 등
후각	향기 나는 책, 후각병, 포푸리 주머니 등
미각	미각 실험 세트, 맛 키트, 밀가루, 소금, 미숫가루, 설탕 가루 등
촉각	촉각판, 지압판, 촉각 고리, 헝겊책, 비닐책, 스카프, 에어캡 등

3) 구조성에 따른 교구·교재

교구·교재의 구조성은 사실성 및 사용 용도의 융통성에 따라 나눌 수 있다. 구조적 교구·교재는 다음과 같은 특징을 가진다. 첫째, 사실성이 강조된 자료로 활용 양식이 매우 제한적이다. 둘째, 활동방법 및 기능이 명확하여 한정된 용도로만 사용된다. 셋째, 개방성은 낮으나 특정된 지식을 습득시키고 기술을 훈련하는 데 있어서 효과적으로 활용된다. 예를 들어, 기기나 도구의 사용 기술과 습득한 기술의 수행 능력을 높이고, 습득한 지식들을 반복해 보는 과정에서 효과적으로 사용될 수 있다.

반면 비구조적 교구·교재는 다음과 같은 특징을 가진다. 첫째, 사실성이 낮아 다양하게 활용될 수 있다. 둘째, 영유아의 관심 및 활동 목적에 따라 융통성 있게 제시할 수 있다. 셋째, 충분히 탐색하고 특성에 익숙해질 수 있는 기회가 제공됨으로써 다양한 활용방법을 찾아낼 수 있으므로 창의적 사고를 촉진하는 데 매우 효과적으로 사용될 수 있다. 더불어 구조성이 낮은 교구·교재는 유아의 창의성, 사회적 행동 발달에 긍정적인 영향을 미치는 반면, 구조성이 높은 교구·교재는 유아의 언어능력, 조망수용 능력 증진에 효과가 있다. 특히 구성놀이에서는 교구·교재의 구조성에 따라 방향, 조망, 기호 개념 이해 등에 미치는 영향이 상이하므로 균형적인 구조성의 교구·교재가 제공되어야 한다(지성애, 2013). 이와 관련하여 활동영역에 따른 구조적·비구조적 교구·교재의 예를 제시하면 │표 1-7│과 같다.

 │ 표 1-7 │ **활동영역에 따른 구조적·비구조적 교구·교재의 예**

활동영역	구조적 교구·교재의 예	비구조적 교구·교재의 예
쌓기	• 사람, 교통수단, 나무, 교통 표지판, 깃발 등의 실제 모습을 축소한 모형 • 조립하여 구성할 수 있는 도로 및 철도 등의 구조물 모형 등	• 나무블록, 유니트 블록, 플라스틱 블록, 카프라 • 여러 개의 플라스틱 입방체 • 크고 작은 상자 • 박스테이프와 가위 등

역할놀이	• 싱크대, 침대, 옷장, 의자, 소파 등의 가구 모형 • 뚜렷한 직업을 나타낼 수 있는 의상 (앞치마, 요리모자, 소방관복, 경찰복, 집배원 가방) • 청소기, 믹서기, 전자레인지, 오븐 등의 가전제품 모형 • 숟가락, 젓가락, 포크, 칼, 국자, 주걱 등의 주방도구 모형 • 망치, 펜치, 못, 나사, 톱과 같은 공구 모형 세트 등	• 수건, 담요, 이불, 다양한 색의 스카프 • 고무줄, 집게, 바구니, (나무) 막대기, 모양과 크기가 다양한 플라스틱 통 등
언어	• 글자 퍼즐 • 동화책 • 동화가 녹음된 CD와 CD 플레이어 • 손가락 가족 인형 • 단어 카드 등	• 모음 및 자음으로 구성된 낱자 자석 및 도장 • 나무 막대 조각 여러 개 • 융판 및 삼각대 • 화이트보드와 마커펜, 보드 지우개 • 다양한 종이와 쓰기 도구들 • 마이크 등
수, 조작	• 글자, 그림 퍼즐 • 일대일 대응 자료 • 패턴 교구 • 낚시놀이 세트	• 단추, 구슬, 고리 등 • 색 막대 및 평면 도형 자료 • 크기가 다양한 스펀지 • 크기가 다양한 컵이나 용기 • 세계 여러 나라 동전
미술	• 그림 도장 • 도안이 그려진 종이 • 그림 스티커 • 눈알, 입이 그려진 플라스틱 자료 • 정형화된 꾸미기 자료	• 투명비닐, 쿠킹 포일, 비닐 랩 등의 주방용품류 • 빨대, 모루, 점토, 실, 끈, 철사 등 변형이 가능한 자료 • 색종이, 한지, 마분지, 포장지 등의 종이류 • 크레파스, 색연필, 파스텔, 사인펜, 붓어펜, 물감, 붓 등의 그리기 도구류 • 요구르트 병, 컵라면 용기, 계란판, 신문지 등의 폐품류 • 콩, 쌀, 보리와 같은 곡식류

과학	• 온도계, 체중계, 풍향풍속계 등과 같은 측정기 • 고무줄 자동차 • 신체 및 뼈 모형 • 현미경, 돋보기, 확대경과 같은 관찰 도구	• 신문지, 빈 병과 같은 폐품 • 크기가 다양한 공, 용기 • 거울, 빗, 풍선과 같은 친숙한 사물들 • 고무줄, 실, 빨대, 셀로판테이프 등
음률	• 실로폰, 피아노, 멜로디언, 핸드벨과 같은 음률 악기류 • 음악, 노래가 녹음되어 있는 CD와 CD 플레이어	• 마라카스, 레인 우드, 리듬 막대, 드럼 등의 리듬 악기류 등 • 소리가 날 수 있는 주변의 사물(숟가락, 그릇, 냄비 등)
모래놀이	• 삽, 주전자, 양동이, 모양 찍기 틀	• 모래, 물
신체 활동	• 뜀틀, 그네, 유니바, 눈 가리개, 동물 가면, 징검다리 모형 등	• 스카프, 휴지, 끈, 줄넘기 줄, 공

4) 특성에 따른 교구·교재

심성경 등(2010)은 교구·교재가 지니고 있는 특성에 따라 '모형 놀잇감' '구성 놀잇감' '대근육 놀잇감' '교육용 놀잇감' '실물 놀잇감' '전자 놀잇감'으로 유형을 구분하였는데, 교구·교재의 특성에 따른 구분은 | 표 1-8 |과 같다.

 | 표 1-8 | 교구·교재의 특성에 따른 구분

구분	특성	교구·교재 예시
모형 놀잇감	유아 주변 환경 속 사람, 동물, 교통수단 등을 축소시켜 만든 놀잇감	교통기관 모형, 사람 모형, 동물 모형, 역할 놀이 소품 등
구성 놀잇감	특별한 사용법이 정해져 있지 않은 개방적인 형태로 언제든 구성하고 부수고 재구성할 수 있는 놀잇감	유니트 블록, 플라스틱 블록, 할로우 블록, 폼 블록 등
대근육 놀잇감	근육 및 기본운동능력 발달을 위해 고안된 놀잇감으로 강당 혹은 실외 등 넓고 소음이 허용되는 공간에서 주로 사용함	기구, 다양한 공, 자전거, 바퀴 달린 탈것, 줄넘기 등

교육용 놀잇감	특정한 기술 및 개념 발달을 위한 목적으로 고안된 놀잇감으로 탐구력, 인지력, 눈과 손의 협응력, 소근육 발달 등을 돕는 놀잇감	모양판 퍼즐, 조각그림 퍼즐, 쌓기 놀잇감, 패그보드, 끈매기와 풀기, 줄 꿰기, 단추 끼우기 등
실물 놀잇감	유아 주변에서 구할 수 있는 일상용품의 놀잇감	자연물, 폐품, 미술자료(붓, 크레파스, 물감, 종이 등), 실물자료(요리책, 쿠폰, 표시판, 메뉴판, 과자 상자 등)
전자 놀잇감	현대 기술공학의 발달로 개발된 다양한 유형의 전자매체 놀잇감	건전지로 작동되는 놀잇감, 전자 게임, TV 비디오 프로그램 놀잇감, 컴퓨터 등

출처: 심성경 외(2010), pp. 62-67.

 요 점 정 리

1. 교구·교재의 개념

- 교육의 자료 및 도구를 의미하는 것으로 영유아의 학습에 있어 능동적이고 구체적 경험이 이루어지게 하는 중요한 매체
- 교수매체, 놀잇감, 교수-학습자료 등의 용어와 함께 혼용되어 사용되나 의미상 차이가 존재함

2. 교구·교재의 필요성

1) 일반적인 교구·교재의 필요성

- 감각적 자극, 지적 호기심, 언어 발달, 소근육 발달 및 협응력 증진, 잠재된 가능성 개발, 부정적 감정 해소, 에너지 발산, 예술성 및 창의력 향상, 놀이를 촉진하기 위해 필요

2) 장애영유아와 교구·교재의 필요성

- 발달의 부정적 영향 완화, 2차적 장애 예방, 또래와의 상호작용 기회 제공, 성취감,

자립심, 운동 및 감각능력을 촉진하기 위해 필요

3) 교육환경과 교구·교재의 필요성

- 교육적 환경의 접근 및 자연스럽고 의미 있는 학습 유도, 능동적이고 적극적인 학습, 활동 참여 시간 최대화 및 유지, 학습내용 이해, 개별적 학습요구를 충족하기 위해 필요

3. 교구·교재의 가치

1) 일반적인 교구·교재의 가치

- 교수활동의 보조적 기능 수행, 주의집중 및 유지에 용이, 구체적 경험 제공, 실제의 모습 및 현상 경험, 학습주제 이해, 현실 적응 능력을 키울 수 있도록 도움

2) 장애영유아와 교구·교재의 가치

- 개별성 고려, 감각적 자극을 통해 다양한 정보 인식, 다양한 활동방법 유도, 사회적 상호작용 기회 제공, 언어 및 인지 능력의 발달 촉진, 부정적 감정 발산, 놀이 욕구를 충족시킬 수 있음

4. 교구·교재의 분류

1) 제작 주체에 따른 교구·교재

- 교사가 제작한 교구·교재: 적은 경비로 교구·교재 제작, 창의적으로 생각할 기회 제공, 교육적 목표 성취의 접근 용이, 활용방법에 익숙한 반면 많은 노력과 시간 소요, 견고성과 내구성 미흡, 제작의 폭이 제한됨
- 상품화된 교구·교재: 몬테소리 교구, 가베, 오르다 교구 등이 있음. 견고하여 반영구적이고 쉽게 구입 가능, 흥미를 유도할 수 있고 다양한 반면 기능이나 디자인이 비슷하고, 교육내용에 적합한 교구·교재의 부재, 비싼 가격, 활용도의 문제, 교육적 측면에서 부적합 제기됨

2) 감각에 따른 교구·교재: 시각, 청각, 시청각, 후각, 촉각, 미각으로 분류

3) 구조성에 따른 교구·교재: 구조적, 비구조적으로 분류

4) 특성에 따른 교구·교재: 모형 놀잇감, 구성 놀잇감, 대근육 놀잇감, 교육용 놀잇감, 실물 놀잇감, 전자 놀잇감으로 분류

교육부(2014). 제3주기 유치원 평가 매뉴얼. 교육부.

김영미(2014). 장애유형별 감각통합기능 특성에 따른 감각통합프로그램 모형 개발 및 적용. 지체·중복·건강장애연구, 57(1), 1-24.

김유정, 김정원(2011). 영유아 교육과정을 중심으로 한 교구·교재 연구 및 지도법. 경기: 양서원.

김정숙, 박진아, 김정민(2014). 유치원 교구·교재 질 관리 방안 연구. 육아정책연구소.

박재국(2010). 장애유아와 비장애유아의 감각통합기능과 운동기술능력 비교. 특수아동교육연구, 12(4), 31-50.

서울대학교교육연구소(2011). 교육학용어사전. 경기: 하우동설.

심성경, 백영애, 이영희, 함은숙, 변길희, 김나림, 박지애(2010). 놀이지도. 경기: 공동체.

정연희(2014). 유아 교과교재 및 연구법. 서울: 창지사.

지성애(2013). 놀이감의 구조성이 유아의 창의성, 사회적 행동, 언어능력, 조망수용능력에 미치는 효과 비교. 유아교육학논집, 17(6), 5-30.

최연철(2015). 유아교육·보육 교재 교구 인증평가의 과제와 전망. 한국산학기술학회논문지, 16(9), 5924-5930.

황희숙, 박나운, 이새별(2017). 창의적 사고도구를 활용한 예비 유아교사의 교구·교재개발 경험의 의미 탐색. 유아교육연구, 37(3), 5-28.

국립국어원 www.korean.go.kr(2017.09.10. 인출)

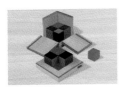

제2장
교구·교재의 역사와 기초 이론

교구·교재의 역사적 배경을 살펴보는 것은 유아교육의 역사와 맥락을 같이 한다고 할 수 있다. 17세기 코메니우스를 비롯하여 그 이후 다양한 교육학자들이 유아의 감각을 이용한 교구·교재의 활용을 주장하기 전까지 유아는 성인과 같은 방법의 권위적이고 엄격한 교육을 받았다. 이는 유아가 감각을 통해 경험해야 하는 특성을 간과한 결과라고 할 수 있다.

이 장에서는 코메니우스의 『세계도회』, 페스탈로치의 직관교수, 프뢰벨의 가베(은물), 몬테소리의 감각교구를 살펴봄으로써 교구·교재의 역사적 배경에 대한 지식을 함양시키고자 한다. 더불어 교구·교재의 기초 이론 및 영유아 발달 이론과 교구·교재의 관련성에 대한 이해를 증진시키기 위해 교구·교재의 이론에 대한 전반적인 내용을 살펴보고자 한다.

교구·교재의
역사와
기초이론

1. 교구·교재의 역사

- 코메니우스와 『세계도회』
- 페스탈로치와 직관 교수
- 프뢰벨과 가베(은물)
- 몬테소리와 감각교구

2. 교구·교재의 기초 이론

- 호반의 시각자료 분류
- 데일의 경험의 원추
- 지각과 주의집중

3. 영유아 발달 이론과 교구·교재

- 성숙주의 이론
- 행동주의 이론
- 상호작용주의 이론

학습목표

1. 각 학자들과 관련된 교구·교재를 비교·분석할 수 있다.
2. 데일의 경험의 원추를 순서대로 설명할 수 있다.
3. 행동주의, 성숙주의, 구성주의 이론을 비교·분석할 수 있다.
4. 프뢰벨의 가베(은물)를 현장에 적용하여 지도할 수 있다.
5. 몬테소리의 감각교구를 현장에서 실행할 수 있다.

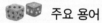 주요 용어

가베: 프뢰벨이 영유아를 위해 고안하고 창작한 교구·교재의 총칭

원추(cone): 원뿔을 의미하는 것으로 위로 올라갈수록 면적이 좁아지는 입체도형

지각: 자극에 반응하여 받아들인 감각적 정보를 의미 있는 정보로 변화시키는 과정

발달규준: 연령에 따른 보편적 발달의 특징을 나열함으로써 각 발달 시기에 어떠한 행동을 보이는지
를 알 수 있도록 한 것

학습준비도: 학습의 시기는 성숙이 이루어진 후에야 가능하다는 개념

선택적 주의집중: 과제와 관련 없는 정보를 무시하고 적절한 자극에만 주의를 기울이는 능력

지속적 주의집중: 장시간 어떤 자극에 대해 각성 상태를 유지하거나, 불규칙하게 나타나는 목표 자극
에 대해 오랜 시간 동안 주의를 유지하는 능력

1. 교구 · 교재의 역사

1) 코메니우스와『세계도회』

17세기는 아동을 성인의 축소판으로 생각하는 '정선설'이 지배하고 있었으며, 이로 인해 아동이 이해하기 어려운 추상적인 내용과 교육방법 및 발달단계에 적합하지 않은 교육이 이루어지고 있었다. 그러나 감각을 통한 관찰과 교육의 실용성을 중시하고 경험적 학습을 존중하는 실학주의 교육사상이 나타남으로써 코메니우스가 구체적인 사물을 통한 직접적인 학습경험이 이루어질 것을 제안하였다.

감각적 실학주의자로 알려진 코메니우스의『세계도회』는 영유아의 직관적인 이해를 돕기 위한 최초의 그림책으로 감각 경험을 통해 사물을 익힌 후 언어를 배우도록 구성되어 있어 감각교재의 효시가 되었다. 감각교육을 실천하기 위해 교재에 실린 사물의 명칭을 실감 있게 그림으로 표현하여 사물에 대한 이해를 도왔다. 즉, 삽화를 추가함으로써 감각기관을 바르게 활용하고 직관의 원리로 학습하는 교육방법을 실현할 수 있도록 한 것이다. 이로 인하여 아동에게 일상생활을 바탕으로 놀이처럼 쉽게 언어학습을 하도록 하는 데서 한 걸음 더 나아가 그림이라는 교육매체의 활용을 통해 아동의 실제적인 흥미와 관심을 배려하는 아동중심의 교수법 발달, 더불어 감각의 활용이라는 시청각 교육의 새로운 장을 열게 된 것이다(강기수, 김선희, 2014).

『세계도회』의 내용적 특징을 요약하면 다음과 같다(강기수 외, 2014).

첫째,『세계도회』는 책의 구성상의 특징을 통해 교육이란 '교사의 가르침'이 중심이 되는 교육이 아니라 '아동의 배움'이 중심이 되는 교육이어야 한다는 것을 보여 주고 있으며, 그러한 교사와 아동의 관계 사이에『세계도회』가 교육매체이자 교과서로서 위치하고 있음을 보여 준다. 이것은 아동중심의 새로운 교수법을 개발하고자 했던 코메니우스의 의도를 잘 반영한 구조인 것이다.

둘째,『세계도회』는 범주의 구조상의 특징을 통해 언어교육은 단순한 '말'만으로 이루어지는 것이 아니라 '감각'을 통해 이루어지는 것이라는 것을 보여 주고 있으며, 이

책이 눈으로 보고 입으로 말하고 귀로 들을 수 있도록 하는 감각적인 모국어와 라틴어 교육 교재임을 입증하고 있다.

셋째, 『세계도회』는 그림의 구성상의 특징을 통해 코메니우스가 주장하고 또 이 책에서 전달하려고 했던 범지학적 세계상을 체계적으로 구현하고 있으며, 아동의 사고력 확장 및 심화에도 기여하고 있다. 특히 미술학적인 관점에서도 이전까지 그림은 예술로서 감상하고 즐기는 대상이었으나, 『세계도회』에 삽입된 그림을 통해 코메니우스는 교육 매체로서의 활용 가능성을 열어 놓았다. 『세계도회』의 내용을 일부 소개하면 |그림 2-1|과 같다.

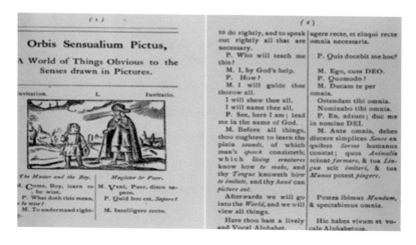

 |그림 2-1| **세계도회**
출처: 김병희 외(2013), p. 100.

2) 페스탈로치와 직관 교수

페스탈로치(Johann Heinrich Pestalozzi, 1746~1827)는 칸트, 코메니우스, 루소 등의 영향을 받아 생활 속의 교육을 중요시한 교육실천가이다. 교육을 언어나 암기 방식에 의존하지 않고 사물이나 경험을 통해 실증하는 학습, 즉 직관 교수를 강조하였으며, 이는 코메니우스의 학습에 대한 견해와 유사하다. 직관에 의한 교육이란 가르치는 데 문자나 문장 구술보다는 실제의 현상을 관찰시키고 불가능할 때는 표본 그림 등을 이용하여 관찰을 통해 직접적·실증적 경험을 주는 것이다(김정규, 이광자, 조정숙, 한애향, 2014). 그리고 직관식 수업이란 아동이 눈으로 보고 손으로 만지고 그 밖의 다른 방법으로 사물과 직접 대면하여 그것에 친숙해지도록 하는 수업(정윤경, 2015)이라고 할 수 있다. 따라서 페스탈로치가 제시한 직관 교수는 추상적 경험이 아닌 사물에 대한 감각적 경험이 바탕되어야 함을 의미하며, 이를 위해 구체적인 사물이나 실제의 경험이 필요함을 강조하였다고 볼 수 있다.

3) 프뢰벨과 가베(은물)

프뢰벨(Friedrich Wilhelm August Froebel, 1782~1852)은 놀이를 유아의 자발성을 끌어내며, 자기표현과 내적 표현의 발현을 돕는 최선의 수단으로 보았다. 그리고 그는 놀이의 교육적 가치를 실현하기 위해서 '가베(Gabe)'라는 이상적인 놀잇감을 고안하였고, 이것을 이용하여 유아의 관찰을 자극하고 자기표현대로 이끌고자 하였다(이후남, 2014). 즉, 가베는 프뢰벨이 추구하고자 했던 교육실천의 정신이 담겨 있는 것으로 영유아를 위해 고안되어 창작된 교구·교재의 총칭이다. 가베는 1가베에서 10가베까지 10종류로 구성되어 있으며, 기본적으로 공, 삼각기둥, 사각기둥, 원기둥, 점, 선 등의 단순한 형태를 취하고 있다. 제1가베부터 제10가베까지의 구성과 교육 효과는 |표 2-1|과 같다.

| 표 2-1 | **가베의 구성 및 교육 효과**

교구 및 명칭	구성	교육 효과
제1가베(입체)	빨강, 노랑, 파랑, 주황, 초록, 보라색 털실로 짠 5cm의 공 12개로 구성 (끈이 달린 공과 끈이 없는 공이 각 각 6개)	• 공을 직접 만지거나 주무름으로 공의 성질 이해 • 다양한 색깔의 공을 쌓아 결합하거나 분리하면서 색깔, 수, 방향에 대한 개념 인지 • 미적 감각 및 형체 판단 능력, 색채에 대한 개념 형성 도움
제2가베(입체)	나무로 만든 5cm의 구 (동그라미 입체) 2개, 높이 6cm의 원기둥 2개, 한 모서리가 6cm인 정육면체 2개, 기둥과 들보, 가는 막대, 받침으로 구성 (구, 원기둥, 정육면체 중 고리가 달린 것과 고리가 없는 것이 각각 3개)	• 기둥에 입체도형을 실로 매달아 돌려봄으로써 회전체의 형성 관찰 • 입체도형을 경사대에 굴려 보면서 굴러가는 물체의 특성 파악 • 경사도에 따른 입체도형의 속도 변화 이해
제3가베(입체)	나무로 만든 한 모서리의 길이가 2.5cm인 정육면체 8개로 구성	• 정육면체의 결합과 분리에 따른 전체와 부분의 개념 인지 • 정육면체의 속성(같은 길이의 모서리, 같은 크기의 면) 이해 • 탑을 쌓으면서 높이 변화 이해
제4가베(입체)	나무로 만든 모서리의 길이가 각 1.25cm, 2.5cm, 5cm인 직육면체 8개로 구성	• 직육면체의 결합과 분리에 따른 전체와 부분의 이해 • 직육면체의 속성(길이가 다른 모서리, 크기가 다른 면) 이해 • 표상물(의자, 침대 등)을 표현하면서 구성능력 향상

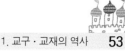

 제5-A가베(입체)	나무로 만든 한 모서리의 길이가 2.5cm인 정육면체 21개, 정육면체를 이등분한 큰 삼각기둥 6개, 삼각기둥을 이등분한 작은 삼각기둥 12개로 구성	• 삼각기둥을 결합하면서 정육면체의 공간지각력 이해 • 다양한 표상물의 표현이 가능하여 구성능력 촉진 • 분수 개념(1/2, 1/4) 인지
 제5-B가베(입체)	나무로 만든 한 모서리의 길이가 2.5cm인 정육면체 12개, 한 모서리의 길이가 2.5cn인 한쪽 모서리가 곡선으로 파인 정육면체 8개, 2.5cm의 반원기둥 12개로 구성	• 반원기둥의 결합과 분리에 따른 전체와 부분 이해 • 곡면과 평면의 특성 이해 • 표상물의 구성능력 발달
 제6가베(입체)	제4가베와 같은 크기의 직육면체(1.25cm×2.5cm×5cm) 18개, 이를 이등분한 직육면체(1.25cm×2.5cm×2.5cm) 12개, 긴 직육면체(1.25cm×1.25cm×5cm) 6개로 구성	• 입체도형을 바라보는 방향에 따른 면의 모양이 다름 이해 • 여러 개의 직육면체로 정육면체를 구성하는 능력 촉진
 제7가베(면)	나무로 만든 각종 사각형과 삼각형 및 원, 반원의 도형이며, 빨강, 노랑, 파랑, 주황, 초록, 보라, 검정, 흰색으로 구성	• 다양한 다각형과 모양의 차이점 분별능력 촉진 • 색과 형태에 따른 분류 개념 이해 • 평면 표현의 구성능력 향상

제8가베(선)	나무로 만든 2.5cm, 5cm, 7.5cm, 10cm, 12.5cm, 15cm 길이의 빨강, 노랑, 파랑, 주황, 초록, 보라, 검정, 흰색의 6종류의 막대로 구성	• 길이 개념(길고 짧음) 인지 • 선을 통한 표현의 구성능력 향상 • 여러 개의 막대를 이어 놓거나 분리함으로써 합, 차, 비교, 공간, 각의 형성 등 수학적 개념 이해 • 곧은 선을 통한 평면적 구성능력 향상
제9가베(선)	나무로 만든 각 2.5cm, 3.5cm, 5cm의 고리와 반고리 형태로 구성	• 반고리의 부분을 결합하거나 분리하면서 원주의 개념 이해 • 곡선을 통한 평면적 구성능력 향상
제10가베(점)	나무로 만든 지름 1cm의 작은 원형 모양이며, 빨강, 노랑, 파랑, 주황, 초록, 보라, 검정으로 구성	• 점을 연결한 선(곧은 선, 굽은 선)의 형태 이해 • 점을 통한 평면적 구성능력 향상 • 점의 배열 형태를 달리해도 개수가 변함 없음을 확인(보존개념 획득) • 작은 원형모양을 조작함으로 소근육 및 협응능력 발달 촉진

사진 출처: 가베월드(http://www.gabeworld.co.kr/).

4) 몬테소리와 감각교구

프뢰벨 이후 영유아의 교구·교재를 개발하는 데 크게 공헌한 사람은 몬테소리 (Maria Montessori, 1870~1952)이다. 몬테소리는 영유아가 환경을 받아들이고 경험하면서 학습이 이루어질 수 있는 흡수정신을 지니고 있으므로 이로 인해 스스로 발달해 나갈 수 있는 능력을 가지고 있다고 보았다. 영아는 감각, 즉 촉각, 시각, 청각, 후각을 이용하여 자신을 둘러싼 환경과의 상호작용으로 모든 것을 무의식적으로 흡수한다. 이로 인해 이성적으로 사고하고, 이해하며, 기억을 창조하는 기초적인 능력을 익히게 된다. 그리고 유아기에는 유아를 둘러싼 환경 및 교구와의 지속적인 상호작용을 통해 무의식적인 배움이 의식적으로 전환을 이루면서 초기의 능력을 통합하게 되며, 이러한 과정은 이후의 발달에 기초가 된다. 따라서 영유아와 외부세계 간의 관계를 맺어주는 구체적 사물로 정비된 환경과 교구, 즉 준비된 환경이 몬테소리 교육의 핵심이며 자발적인 활동의 욕구를 출발로 하여 자기 활동을 통한 작업에 의해 학습이 이루어진다고 보았다.

몬테소리의 교육철학은 유아가 직접 만지고 느낄 수 있는 실생활과 관련된 교구를 고안함으로써 지원되었다. 몬테소리가 고안한 교구는 일상생활을 위한 교구와 감각 훈련 교구, 수 관련 교구, 언어 관련 교구, 지리 교구, 동식물 교구로 나누어 볼 수 있으며, 감각에 민감한 시기인 3~6세의 유아를 위해 감각 훈련 교구를 별도로 구분하였다. 감각 훈련 교구를 크게 다섯 가지 감각, 즉 시각, 촉각, 청각, 미각, 후각으로 구분하여 제시하면 | 표 2-2 |와 같다.

 | 표 2-2 | **감각영역에 따른 감각교구**

영역	교구 및 명칭	구성	교육 효과
시각	 기하도형-시범쟁반	6개의 서랍이 분리되는 교구함으로 각 서랍에는 6개의 기하도형과 그 틀로 구성	• 도형을 그 형태에 적합한 틀에 끼워 넣음으로써 지각 발달 및 재현능력 촉진

시각	기하도형 겹치기	유색 투명한 기하도형(삼각형, 사각형, 원)이 크기별, 색깔별로 10개씩 구성	• 기하도형들의 내접 혹은 외접으로 새로운 도형을 구성함으로써 미적 감각, 창의력 증진 • 색의 종류를 식별하고 색들을 겹침으로써 변화되는 혼합 색 인지
	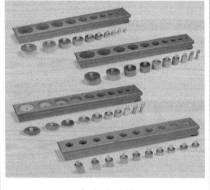꼭지 달린 원기둥	① 지름과 높이 동시 감소, ② 높이 일정, 지름 감소, ③ 높이 증가, 지름 감소, ④ 높이 감소, 지름이 일정한 4개의 꼭지 원기둥 틀로 구성(각 틀에는 꼭지가 달린 10개의 원기둥이 들어갈 수 있는 10개의 구멍이 있음)	• 원기둥의 지름과 높이에 맞는 구멍을 찾아서 넣음으로써 크기에 대한 시각적 변별력, 눈과 손의 협응력, 수학적 사고능력, 언어 교육(예, 높다-낮다, 굵다-가늘다 등) 촉진
	이항식 상자	크고 작은 직육면체 및 정육면체 8개, 분리되는 뚜껑과 이웃하고 있는 옆면 2개가 펼쳐지는 상자로 구성	• 입체도형들을 결합하여 상자 안에 넣음으로써 각 입체도형 형태와 크기의 시각적 변별력, 응용력, 공간지각능력 계발

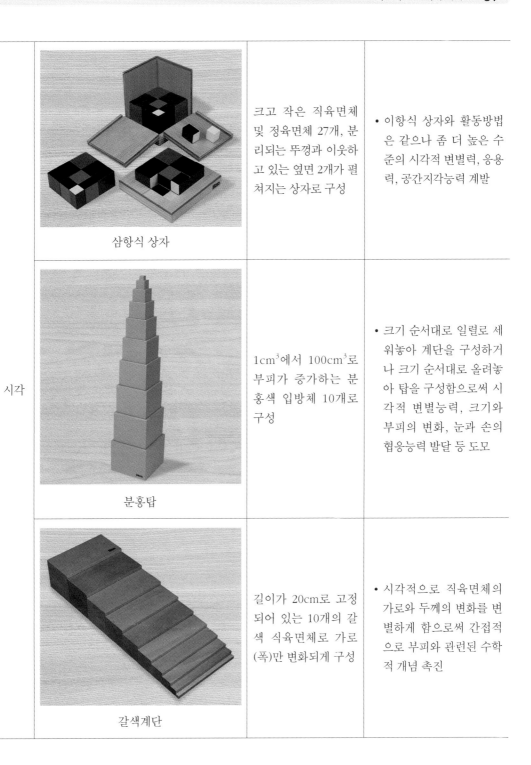

	크고 작은 직육면체 및 정육면체 27개, 분리되는 뚜껑과 이웃하고 있는 옆면 2개가 펼쳐지는 상자로 구성	• 이항식 상자와 활동방법은 같으나 좀 더 높은 수준의 시각적 변별력, 응용력, 공간지각능력 계발
	삼항식 상자	
시각	$1cm^3$에서 $100cm^3$로 부피가 증가하는 분홍색 입방체 10개로 구성	• 크기 순서대로 일렬로 세워놓아 계단을 구성하거나 크기 순서대로 올려놓아 탑을 구성함으로써 시각적 변별능력, 크기와 부피의 변화, 눈과 손의 협응능력 발달 등 도모
	분홍탑	
	길이가 20cm로 고정되어 있는 10개의 갈색 식육면체로 가로(폭)만 변화되게 구성	• 시각적으로 직육면체의 가로와 두께의 변화를 변별하게 함으로써 간접적으로 부피와 관련된 수학적 개념 촉진
	갈색계단	

	 촉각판 짝 맞추기	거칠기 정도에 따라 5단계의 판이 각 2개씩 구성	• 손으로 만져서 같은 촉각판끼리 짝짓게 함으로써 촉각의 변별력을 증진시키고, 촉각을 표현하는 어휘(거칠다/부드럽다) 습득
촉각	 온도 감각판	따듯함, 미지근함, 차가움, 아주 차가움이 느껴지는 판이 2개씩 4쌍으로 구성	• 물체 자체에서의 다양한 온도를 느끼며 같은 온도판끼리 짝짓게 함 • 온도판의 느낌을 감각으로 변별하는 능력을 배양 • 온도를 표현하는 어휘 습득
	 비밀주머니	각기둥과 원기둥, 각뿔과 원뿔 등 10개의 기하입체도형과 이들을 가려 주는 비밀주머니로 구성	• 기하입체도형의 그림을 보고 손의 감각으로만 지각하여 같은 도형을 골라냄 • 촉각에 의존한 주의집중력과 근육감각 발달 촉진
청각	 소리 상자	소리(강함/중간/약함)의 재료가 들어 있는 원통이 각 2개씩 3쌍으로 구성	• 소리의 강약을 비교하여 같은 소리 원기둥을 짝짓게 함으로써 분별력과 청각자극의 집중력을 키움

미각	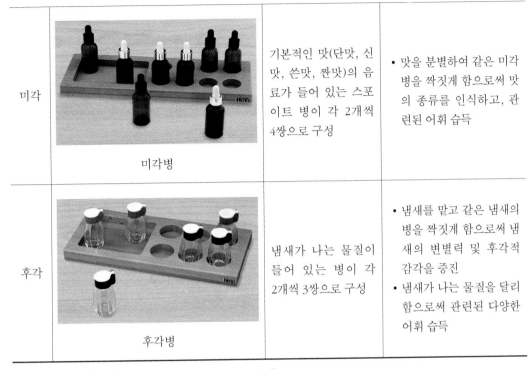 미각병	기본적인 맛(단맛, 신맛, 쓴맛, 짠맛)의 음료가 들어 있는 스포이트 병이 각 2개씩 4쌍으로 구성	• 맛을 분별하여 같은 미각 병을 짝짓게 함으로써 맛의 종류를 인식하고, 관련된 어휘 습득
후각	후각병	냄새가 나는 물질이 들어 있는 병이 각 2개씩 3쌍으로 구성	• 냄새를 맡고 같은 냄새의 병을 짝짓게 함으로써 냄새의 변별력 및 후각적 감각을 증진 • 냄새가 나는 물질을 달리 함으로써 관련된 다양한 어휘 습득

사진 출처: 하나몬테소리(http://www.hanamontessori.co.kr/).

2. 교구 · 교재의 기초 이론

1) 호반의 시각자료 분류

호반(Hoban, 1937)은 교수매체의 분류기준을 최초로 제시한 학자로서 교육의 목적은 지적 경험을 일반화시키는 데 있다고 주장하였다. 따라서 아동에게 시각자료와 언어를 제공해야 할 필요성을 역설하였다. 이는 그의 교육철학을 반영한 것으로 그는 시각자료의 가치는 추상적인 것을 얼마나 구체적으로 전달하는가의 여부에 달려 있다고 보았다.

호반은 사실성에 초점을 맞추어 시청각자료를 분류하였는데, 실제 장면 및 실물, 견학 등이 가장 구체적이며, 지도, 도표 언어는 추상적이어서 이해도가 낮아진다고 하였다. 즉, 사실과 근접할수록 정확한 메시지 전달이 가능한 반면 추상적일수록 메시지의 전달력이 낮아져 이해에 문제를 유발할 가능성이 높음을 시사하였다.

따라서 아동의 지식 획득이 효과적으로 이루어지기 위해서는 구체적인 경험에서 추상적인 경험으로 옮겨 가는 것이 필요하며, 추상적인 사고와 기능을 돕기 위해서는 구체적인 경험을 통해 보완하는 것이 바람직하다고 본 것이다. 가장 구체적인 경험에서 추상적인 경험의 순서로 제시된 호반의 시각교재 체계는 |그림 2-2|와 같다.

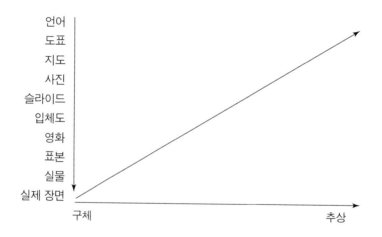

| 그림 2-2 | **호반의 시각교재 체계**
출처: 김신옥 외(2015), p. 96에서 재인용.

2) 데일의 경험의 원추

데일(Dale, 1964)은 교육의 목적을 개념 형성의 과정으로 보았으며, 풍부한 경험을 통해 개념 형성이 이루어진다고 보았다. 그는 호반이 제시한 시각교재의 체계를 더욱 확장하여 체계화했으며, 아동이 개념을 형성하는 데 있어서 제공되는 경험을 구체성과 상징성에 따라 유형별로 분류하였다. 즉, 행동적 경험, 시청각적 경험, 상징적 경험으로 분류하여 '경험의 원추(Cone of Experience)' 모형을 제시하였다.

'경험의 원추'는 아동이 실제적으로 경험하는 구체적인 경험에서부터 매체를 통해 전달되는 간접적이고 상징적인 언어기호로 배열되어 있으며, 아래로 내려갈수록 구체성이 높아지고 위로 올라갈수록 추상성이 높아지는 원추의 모양을 이루고 있다. 데일이 제시한 경험의 원추는 │그림 2-3│과 같다.

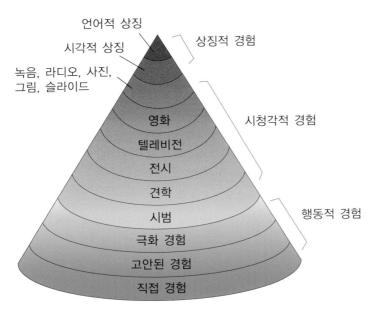

│그림 2-3│ **데일의 경험의 원추**

출처: 정연희(2014), p. 17.

│그림 2-3│에서 볼 수 있듯이, 맨 아래의 직접 경험으로부터 시작해 맨 위의 언어적 상징까지 학습경험의 구체성과 추상성에 대한 수준으로 나열해 놓았으며, 11개의 하위 유형은 크게 행동적 경험, 시청각적 경험, 상징적 경험의 세 가지로 구분될 수 있다.

(1) 행동적 경험

학습자가 직접 행동을 통해 얻게 되는 구체적 경험을 의미한다. 행동적 경험(enactive experience)은 추상성의 정도에 따라 직접 경험, 고안된 경험, 극화 경험으로 나눌 수 있

으며, 구체적인 내용은 | 표 2-3 |과 같다.

| 표 2-3 | 행동적 경험의 하위 유형

직접 경험	• 구체적이고 실제적인 경험을 의미하는 것으로 구체적인 사물과 상호작용 하는 경험 의미 • 예를 들어, 유아가 다양한 감각, 즉 후각을 이용하여 과일, 꽃 등의 냄새를 맡고 시각을 이용하여 과일, 꽃 등을 탐색한 후 과일, 꽃의 특성을 알게 됨 • 직접 경험은 모든 경험의 기초가 됨
고안된 경험	• 실제 사물과 같거나 비슷한 모형을 가지고 상호작용 하는 경험 의미 • 예를 들어, 사람의 뼈나 공룡을 학습하고자 할 때 비슷하게 만들어진 인체 모형이나 공룡 모형을 활용하여 경험하도록 하는 경우가 해당됨 • 실제적 사물을 가지고 직접 상호작용 할 수 없거나 사물의 부피가 너무 커서 이동 및 사용하기 불편한 경우 유용하게 사용
극화 경험	• 어떤 상황을 극화하여 가상으로 경험하는 것 • 예를 들어, 유괴 방지 교육, 화재대피 교육, 스크립트를 활용한 의사소통 교육 시 가상적인 상황, 즉 유괴 방지 교육의 경우 놀이터에서 유괴범이나 경찰관의 역할을 하도록 만들어 간접경험하게 하는 것 • 교육현장에서 실제적으로 경험하기 불가능한 경우 및 실제 상황으로 쉽게 다룰 수 없는 경우에 주로 사용

(2) 시청각적 경험

시청각적 경험(iconic experience)은 개념을 형성하는 데 있어 행동적 경험과 상징적 경험의 가교 역할을 한다고 할 수 있다. 즉, 직접적인 경험에는 미치지 못하지만 시청각적인 표현이나 주어진 현상을 관찰하며 얻게 되는 경험으로 어느 정도 구체성은 포함되어 있다. 시청각적 경험을 시범, 견학, 전시, 텔레비전, 영화, 녹음·라디오·사진·그림·슬라이드로 나누어 살펴보면 | 표 2-4 |와 같다.

| 표 2-4 | 시청각적 경험의 하위 유형

시범	• 교사가 어떠한 사물과 현상에 대한 개념 및 정보를 행동으로 보여 주는 것으로 시청각적 경험 중 가장 구체적임 • 언어적 설명으로는 이해되기 힘든 과정을 직접 행동을 보여 줌으로써 지식을 효과적으로 전달할 수 있음 • 예를 들어, 배변 훈련 시기에 있는 영아에게 변기를 사용하는 법을 직접 보여 주거나, 공을 던지는 자세를 알려 줄 때 교사가 공을 던지는 시범으로 보여 줄 수 있음 • 시범을 보여 줄 때에는 교사가 어떻게 시범을 보여 줄 것인지를 미리 계획해야 하며, 아동이 어디에 주목해야 하는지를 미리 알려 주어야 함
견학	• 주변 세계에 대한 학습이 필요할 때 직접 현장에 찾아가 경험하는 것으로 시범과 가장 유사한 경험 • 예를 들어, 젖소에 대해 알고자 할 때 농장을 방문하여 젖소의 먹이나 젖 짜는 과정을 관찰하고 만져 볼 수 있음 • 견학에서는 직접적으로 체험하지는 않아도 현장의 사람들이나 상황을 관찰, 또는 견학 기관의 전문가에게 이야기를 전해 들으며 지식을 얻게 됨
전시	• 벽면이나 테이블, 바닥에 전시되어 있는 실물, 모형, 표본, 사진, 그림, 책, 포스터 등의 전시물을 관람하는 것 • 아동은 전시물들을 관람하면서 자신의 느낌이나 생각을 정리하고 비교하는 경험을 갖게 됨
텔레비전	• 텔레비전은 현 시점 사건의 상황 전개를 생동감 있게 전달해 주며, 가치와 의식을 형성해 나감 • 먼 지역에서 발생하는 새로운 정보들을 빠르게 전달받을 수 있다는 장점을 지니고 있어서 학습자에게 영화보다 더 강한 영향력을 미칠 수 있음 • 상황들에 대해서 현실적인 경험으로 시각화시켜 준다는 장점과 프로그램 개발과 제작이 쉽다는 장점이 있는 반면, 전달되는 정보 혹은 경험이 구조화되어 있고 시청하는 아동의 반응과 관련 없는 일방적인 정보 전달의 문제점을 가지고 있음 • 상호작용의 필요에 따라 장단점, 즉 상호작용이 크게 영향을 미치지 않을 경우에는 효과적일 수 있으나 반대의 경우에는 비효과적
영화	• 영화는 텔레비전과 비슷한 효과를 지니고 있으나 실제보다는 가상으로 재조직한 것이므로 교육적 목표에 상응하는 영화를 적절히 선택하여 시청할 수 있음
녹음, 라디오, 사진·그림·슬라이드	• 텔레비전과 영화에서 시청각적 경험이 모두 다 주어졌다면, 녹음·라디오는 청각적 경험만을 제공하는 것이고, 사진·그림·슬라이드는 시각적 경험을 제공하는 매체 • 시각적 혹은 청각적 요소만을 경험하는 것은 상징성은 높아진 반면, 구체성은 낮아진 것으로 볼 수 있음

(3) 상징적 경험

상징적 경험(symbolic experience)은 추상적 경험이라고도 하는데, 이는 추상적 상징에 스스로 의미를 부여하기 때문이다. 즉, 주어진 상황에 갇혀 경험을 주는 자극으로 지식을 획득하는 것이 아닌 상징적인 형태에서의 인지적인 경험을 말한다.

경험의 원추 모형에서 상징적 경험으로 올라갈수록 매체의 수는 적어지지만 전달할 수 있는 지식의 양은 행동적 경험에 포함되어 있는 매체들이 전달할 수 있는 지식의 양보다 오히려 더 많다. 따라서 상징적 경험에서 사용되는 매체를 습득하기 위해서는 이를 이해하기 위한 지식의 양이 더 많이 필요하다. 상징적 경험의 하위 유형은 | 표 2-5 | 와 같다.

 | 표 2-5 | **상징적 경험의 하위 유형**

시각적 상징 매체	• 복잡한 내용을 간단히 표현하기 위한 수단인 지표, 도표, 도해, 기호 등으로 제시되는 것 • 시각적 상징 기호는 산과 강의 표시, 지도의 방위표시, + − = 등 • 예를 들어, 일기예보의 경우 그림으로 나타낸 상징적인 시각적 기호, 즉 ☀ ☁ ☂ ❄ 를 이용해 아동의 이해를 돕고 학습 촉진 가능 • 많은 내용을 함축적으로 나타내므로 간결하게 표현할 수 있다는 장점을 지닌 반면, 아동이 기호의 의미를 알지 못할 때에는 활용이 불가능하다는 제한점이 있음
언어적 상징 매체	• 언어는 생각이나 관찰에 의한 현상 등을 전달하기 위하여 사용하는 상징적 기호로 음성적 언어인 말과 문자적 언어인 글로 나누어지며, 의사소통의 기능을 가지고 있어 일상생활에서 매우 중요한 매체임 • 말과 글은 모두 추상적이지만, 말보다 글이 더 상징적이며 추상적임 • 말은 청각적이며 몸짓과 상황, 억양과 어감 등에 의해 의미를 해석할 수 있는 단서들이 많이 있는 반면, 글은 청각적인 신호를 시각적인 기호로만 제시할 수 있음 • 예를 들어, 동화를 들려주거나 글자 블록, 끝말잇기 등을 이용한 게임 경험을 통해 아동의 학습 촉진 가능

데일이 제시한 경험의 원추는 교육현장에서 학습자에게 적절한 학습환경 제공에 대

한 고려를 시사하고 있다. 즉, 경험의 원추는 실제적 경험이 뒷받침될 때, 이후 간접적인 경험이나 추상적인 경험을 의미 있게 받아들일 수 있음을 알려 주고 있다. 하지만 이렇게 나열된 학습경험은 실제 수업에서 제시되어야 할 매체의 순서를 제시한 것은 아니다. 어떤 유형의 경험이 다른 유형의 경험보다 교육적으로 더 유용하다거나 우월하다고 보지 않기 때문이다. 실제 교육현장에서는 어떤 매체가 절대적으로 완벽하다고 판단하거나 모든 종류의 수업과 방식에 적절하다고 볼 수 없다. 따라서 경험의 원추는 발달수준에 적합하고 수업 내용 및 방식에 적절한 교수매체를 활용하거나 여러 가지 매체를 통합하여 활용한 수업을 계획한다면 보다 효과적인 수업이 될 수 있음을 나타내고 있는 것이다. 특히 학습적 경험이 부족한 영유아를 대상으로 한 교육 현장에서는 다양한 경험을 제공해 줄 수 있는 교구 · 교재의 개발 및 제공의 필요성을 지지해 주고 있다.

3) 지각과 주의집중

지각이란 자극에 반응하여 받아들인 감각적 정보를 의미 있는 정보로 변화시키는 과정, 즉 해석을 통해 받아들여지는 과정이다. 인간은 감각을 통하여 바깥의 정보를 받아들이고 지각함으로써 배운다. 우리 주변에는 다양한 자극이 항상 존재하고 있으며, 이러한 자극에 노출되어 있지만 모든 자극에 주의를 기울이기는 어렵다. 다시 말해, 우리가 경험하고 있는 자극에 대하여 한순간에 지각할 수 있는 범위가 제한되어 있다. 만약 모든 자극에 주의를 기울인다면 그 자극에 대한 개념 형성, 상황 파악, 맥락의 이해에 대한 어려움이 생길뿐더러 모든 정보를 한꺼번에 처리할 수 없다. 즉, 작업기억 및 인지적 과정의 한계로 인하여 많은 양의 정보를 처리하는 것은 불가능하다고 할 수 있다. 따라서 우리는 감각을 통해 경험하게 되는 다양한 정보 중 특정한 자극을 강도, 지속성, 특성, 흥미, 정서적 상태, 경험 등에 따라 선택적으로 받아들이게 된다.

주의집중은 선택적 주의집중과 지속적 주의집중으로 분류될 수 있다. 선택적 주의집중은 과제와 관련 없는 정보를 무시하고 적절한 자극에만 주의를 기울이는 능력이며(Pérez-Edgar & Fox, 2005: 김태연, 2013 재인용), 지속적 주의집중은 장시간 어떤 자극에 대해 각성 상태를 유지하거나, 불규칙하게 나타나는 목표 자극에 대해 오랜 시간 주의를 유지하는 능력을 의미한다(Betts, Mckay, Maruff, & Anderson, 2006: 김태연, 2013 재인용). 크리스찬센(Christiansen, 1991)은 주의집중력이 없이는 더 나은 정보처리가 불가능하며, 우리는 무엇에 집중할지를 결정함으로써 감각기억에서 저장될 수 있는 의미 있는 형태(image)까지 어떠한 정보를 전달할 것인가를 결정한다(김보경 외, 2010 재인용)고 하였다. 다시 말해, 주의집중은 학습을 수행하기 위해 관심을 기울여야 하는 중요한 심리적 요인 중 하나로, 자극이 되는 사물이나 자신의 생각에 초점을 두고 그것을 유지하는 상태를 의미한다.

영유아는 연령이 증가함에 따라 자신에게 의미 있고 흥미 있는 자극을 선택하여 주목하는 선택적 주의집중이 나타나며, 이는 탐색 및 활동 여부에 따라 주의집중이 지속화될 수 있다. 따라서 영유아의 학습은 스스로 선택한 자극의 정보를 지각하고 의식해야 하며, 주의집중을 통해 정보를 처리하는 과정이 이루어져야지만 그 효과를 높일 수 있다.

선택적 주의집중과 지속적 주의집중은 점차 발달한다. 즉, 연령이 높아짐에 따라 복잡한 자극의 발생 중 필요한 자극에만 주의를 기울이거나, 불필요한 자극은 무시할 수 있는 선택적 주의집중 능력이 증가된다. 지속적 주의집중 능력은 한 가지 활동에 몰입한 시간을 나타내는 것으로 청소년기까지 지속적으로 발달될 수 있다. 예를 들어, 만 2세의 영아는 약 5분, 만 3세의 유아는 약 10분, 만 4~5세의 유아는 약 15분 이상 집중이 가능하다. 하지만 어떠한 활동이 이루어지고 있는가에 따라 지속 시간은 더 길어질 수도 짧아질 수도 있으며, 개별적 흥미나 능력에 따라 개인차가 존재할 수 있다.

3. 영유아 발달 이론과 교구 · 교재

1) 성숙주의 이론

성숙주의는 '아동중심' '아동 발달'을 강조하고 있는 듀이(Dewey)의 진보주의 교육이론에 기초하고 있으며, 환경보다는 유전적 요인을 더욱 중시하고 있다. 성숙주의 이론에서의 발달은 유전적으로 프로그래밍된 내적인 성장의 힘에 따라 이루어지며, 발달적 순서 역시 이러한 생물학적 성숙과정에 의해 조절된다고 본다(위영희, 문혁준, 이희정, 한성희, 박정원, 2013). 따라서 영유아의 학습을 흥미 영역으로 구분지어 개방적인 교육을 실시하고자 하며, 아동이 중심이 되어 건강한 발달을 조성하는 자원을 제공하는 데 초점을 두었다.

성숙주의에서는 '발달규준'과 '학습준비도'의 개념을 통해 성인의 개입과 간섭의 정도를 제한하고 있다. '발달규준'이란 게젤(Gesell)이 제시한 것으로 연령에 따른 보편적 발달의 특징을 나열하여 각 발달시기에 어떠한 행동을 보이는지 알 수 있도록 함으로써 개인의 발달이 늦거나 빠르게 진행되는지를 평가한다. 그리고 '학습준비도'란 학습의 시기는 성숙이 이루어진 후에야 가능하다는 개념으로 교사가 영유아의 지적 · 운동적 · 지각적 성숙이 되기 전 교육을 실시하면 학습에 아무런 도움이 되지 못함을 의미한다. 이상을 바탕으로 교사의 개입 시기 및 교수 환경에 대해 고려해야 할 사항은 다음과 같다.

첫째, 교사의 지나친 개입으로 성숙의 시기를 앞당기는 것은 바람직하지 못하다.

둘째, 영유아는 성장함에 따라 자연스럽게 배우므로 교사는 자연스러운 발달이 이루어질 때까지 기다려야 한다.

셋째, 교사는 영유아가 스스로 흥미를 느끼고 배울 준비가 되었을 때를 기다려 영유아의 발달 정도와 흥미가 고려된 교구 · 교재를 활용할 수 있도록 도와주어야 한다.

2) 행동주의 이론

행동주의 이론은 로크(Locke)의 경험주의로부터 시작하여 스키너(Skinner)에서 완성된 학습이론이다. 행동주의는 성숙적 요인을 최소화하고, 발달과 학습은 교사주도적인 실제와 가르침에 의해 학습자에게 제시되고 강화됨으로써 이루어진다고 보았다. 이에 따라 교육과정은 계획적이고 조직적이며, 체계성을 갖추고 있다. 그리고 교육과정의 목표는 학습자가 명확히 보여 줄 수 있는 행동으로 설정하기 때문에 영유아의 학습은 학습의 결과 혹은 과제의 수행 결과로서 평가된다.

행동주의에서는 영유아의 발달에 대하여 외적 환경 및 조건 등에 의해 계속적인 변화가 가능하다고 보았으므로 외적 강화물(예, 스티커, 칭찬 등)을 중요시하며, 개인의 행동을 환경이나 조건 등을 조절함으로써 발달을 촉진할 수 있다고 주장한다. 그리고 체계적이며 의도적인 교육내용과 구체적인 학습목표 성취를 위해 교사의 적극적인 개입을 필요로 하며, 영유아의 성장과 발달을 돕기 위한 구체적인 교수매체를 효율적으로 활용할 수 있는 역할을 요구한다.

3) 상호작용주의 이론

상호작용주의는 구성주의라고도 불리며, 듀이의 실용주의 교육철학에 기초하고 있다. 듀이는 행동주의의 자극-반응 개념을 부정하였고, 교육 시 생태학적 체계를 사용함으로써 자연환경 안에서의 협력적 과정인 실험을 강조하였다. 즉, 지식은 일방적인 주입으로는 불충분하므로 참다운 지식을 형성하고 전이 및 재생산될 수 있도록 하기 위해서는 반드시 구체적 상황과 맥락에서 이루어져야 한다는 것이다.

상호작용주의 이론의 대표적 학자는 비고츠키(Vygotsky)와 피아제(Piaget)로 분류된다. 비고츠키는 모든 학습자에게 주어지는 사회적 환경이 다름을 지적하고 학습은 교사나 타인과의 협력뿐 아니라 사회문화를 수용하는 결과로 이루어진다고 보는 반면, 피아제는 학습이 내재적인 능력을 표출한 결과로 발생한다고 주장하여 차이를 보이고 있다. 그러나 인간발달이 생물학적 원인에 크게 영향을 받기도 하지만 각자에게 주어

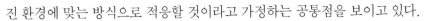

진 환경에 맞는 방식으로 적응할 것이라고 가정하는 공통점을 보이고 있다.

　영유아의 학습은 유전에 의해서 영향을 받기도 하며 환경에 의해서도 영향을 받는다. 예를 들어, 배변훈련과 같은 기본생활교육은 괄약근의 발달 등 유전적인 성숙이 선행된 후 화장실의 사용법을 배워야 하며, 수와 언어와 같은 인지적인 발달에 직접적 연관이 있는 교육도 유전과 환경의 영향을 받기는 마찬가지이다. 따라서 유전이나 환경 중 한 가지 요인에 의해서만 발달에 영향을 받는다는 주장보다 발달은 유전과 환경의 상호작용에 의해 결정된다고 보는 구성주의 관점이 더 우세하다.

　학습의 자발성은 영유아 자신에게 가지고 있는 불균형적인 지식을 보완하기 위한 내적 동기의 발현으로 이루어질 수 있다. 그러므로 이를 위해 영유아가 환경과 협력적으로 학습할 수 있도록 허용되는 교육과정을 필요로 한다. 이는 어떤 학습이든지 지식이 형성되고 전이되며 재생산이 가능하다는 것을 전제로 하고 있기 때문에 영유아가 주도적인 역할을 함으로써 능동적·적극적으로 학습할 수 있는 영유아 중심의 교육환경을 필요로 한다. 이를 위해 영유아의 교육활동은 스스로 환경에 대해 호기심을 가질 수 있도록 계획되어야 하며, 주도권을 가지고 능동적인 학습이 발현될 수 있도록 영유아에 대한 이해가 바탕이 되어야 한다. 따라서 교사는 영유아 발달에 적합한 교구·교재를 제시하는 역할에 중점을 두고 자발적인 학습을 유도하도록 적절한 반응과 행동을 해야 한다고 보았다. 그러므로 교육의 효과를 높이기 위해 교수과정을 성숙주의 관점이나 행동주의 관점에 너무 치중하여 계획하는 것은 바람직하지 않다. 영유아의 학습을 환경에만 초점을 두어 교수과정을 계획한다면 교육 가능성의 한계에 부딪히게 될 것이다. 반면 유전에만 너무 의존하면 발달적 성취가 이루어지지 않아도 발달을 돕기 위한 어떠한 노력도 기울이지 않을 수 있다. 따라서 교사는 영유아의 특성과 상황에 따라 적절한 발달 이론을 적용할 수 있는 관점을 지니고 있는 것이 바람직하다.

　인간의 발달에서 가장 중요한 시기는 영유아기이며, 이는 교육에 있어서도 가장 역점을 두어야 하는 당위성을 제공해 주고 있다. 따라서 교사는 영유아 발달 이론에 근거한 교육을 계획하게 되는데, 다양한 여러 발달 이론의 가치에 대한 신념 및 관점을 어떻게 지니고 있는가에 따라 교구·교재의 제시 목적과 내용, 교수방법이 달라질 수 있다. 영유아와 관련된 발달 이론 중 교육과정에 영향을 미친 이론은 대표적으로 행동

주의, 성숙주의, 구성주의라고 할 수 있다. 따라서 행동주의, 성숙주의, 구성주의 이론을 종합적으로 비교해 보면 |그림 2-4|와 같다.

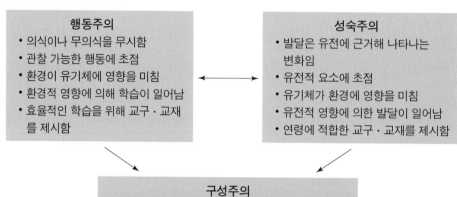

행동주의
- 의식이나 무의식을 무시함
- 관찰 가능한 행동에 초점
- 환경이 유기체에 영향을 미침
- 환경적 영향에 의해 학습이 일어남
- 효율적인 학습을 위해 교구·교재를 제시함

성숙주의
- 발달은 유전에 근거해 나타나는 변화임
- 유전적 요소에 초점
- 유기체가 환경에 영향을 미침
- 유전적 영향에 의한 발달이 일어남
- 연령에 적합한 교구·교재를 제시함

구성주의
- 학습자의 능동성과 상호작용에 초점을 맞춤
- 인간의 인지적 발달과 기능은 사회적 상호작용이 내면화되어 이루어짐
- 환경과 유기체가 서로 상호작용됨
- 학습과 발달이 함께 일어난다고 봄
- 자발적인 학습이 일어나도록 교구·교재를 제시함

 |그림 2-4| 행동주의, 성숙주의, 구성주의 이론

1. 교구·교재의 역사적 배경

1) 코메니우스와 『세계도회』

- 아동의 실제를 고려하여 감각적 매체를 활용한 교육을 실천하고자 하였음
- 최초로 교재에 삽화를 추가한 『세계도회』를 고안하여 좀 더 쉽게 언어학습이 이루어지도록 유도하였으며, 감각적 교육매체의 효시가 되었음

2) 페스탈로치와 직관 교수
- 언어에 의존한 교육보다 직접적 · 실증적 경험에 의한 학습을 강조하여, 실제의 현상을 관찰하고 대면할 수 있는 구체적 사물과 경험이 필요하다고 보았음

3) 프뢰벨과 가베(은물)
- 유아의 자발적 학습을 위해 이상적인 놀잇감(가베)을 고안하였음
- 가베는 입체, 점, 선, 면 등의 단순한 형태를 취하고 있으며, 이를 활용하면서 교육적 가치를 실현할 수 있는 놀이로 이끌어 냄

4) 몬테소리와 감각교구
- 영유아는 감각을 통해 환경과 상호작용하면서 학습이 이루어짐을 바탕으로 직접 만지고 느끼는 경험을 할 수 있는 감각교구를 고안함
- 감각활용능력의 발달을 중요시하며 구체적 사물로 정비된 준비된 환경을 강조하였음

2. 교구 · 교재의 기초 이론

1) 호반의 시각자료 분류
- 시청각자료를 사실성의 정도에 따라 분류하여 제시하였으며, 사실성이 높은 구체적 자료일수록 이해도는 높아짐
- 효과적인 지식 획득을 위해서는 구체적 경험에서 추상적 경험으로 옮아가야 함을 강조

2) 데일의 경험의 원추
- 호반의 시각자료를 확장하여 구체성과 상징성에 따른 유형, 즉 행동적 경험, 시청각적 경험, 상징적 경험으로 분류한 '경험의 원추 모형'을 제시함

3) 지각과 주의집중
- 감각적 자극을 해석하는 지각이 이루어지기 위해서 그 자극에 관심을 기울이고 유지하는 주의집중이 필요함

3. 영유아 발달 이론과 교구 · 교재

1) 성숙주의 이론: 영유아의 발달에 환경요인보다 유전요인에 더 초점을 두고 있으므로 교구 · 교재는 아동의 발달 정도와 흥미가 고려되어야 함을 강조
2) 행동주의 이론: 영유아는 외적 환경 및 조건에 의해 발달이 가능하다고 보고 있으므로 효과적인 교수매체로서의 교구 · 교재를 제공해야 함을 강조

3) 구성주의 이론: 영유아는 환경과 유전의 영향을 모두 받는 존재로 보고 구체적 맥락
   과 적합한 발달수준의 협력적인 교육과정을 계획함. 따라서 내적 동기에 의한 자발
   적 학습이 유발되는 교구·교재를 제공해야 함을 강조

강기수, 김선희(2014). J. A. Comenius『세계도회』의 아동교육 의미 고찰. 교육철학연구, 36(4), 1-34.

김병희, 김유라(2013). 세계 최초의 그림책『세계도회』에 나타난 언어교육론 고찰. 어린이문학교육연구, 14(3), 95-112.

김보경, 박신희, 방현선, 천송희, 한재화, 전병진(2010). 감각통합치료가 주의력에 문제가 있는 자폐스펙트럼아동에게 미치는 영향. 대한작업치료학회지, 18(4), 113-125.

김신옥, 민혜영, 김영희(2015). 교수매체를 활용한 영유아 교수학습방법론. 경기: 공동체.

김정규, 이광자, 조정숙, 한애향(2014). 교과교재 연구 및 지도법. 경기: 정민사.

김태연(2013). 읽기매체의 종류와 전자책의 자극 유형에 따른 유아의 주의집중 뇌파와 이야기 이해. 서울대학교 대학원 박사학위논문.

이후남(2014). 프뢰벨 놀이교육의 유아교육적 의의. 경상대학교 교육대학원 석사학위논문.

위영희, 문혁준, 이희정, 한성희, 박정원(2013). 영유아 교수법. 서울: 창지사.

정윤경(2015). 페스탈로치의 초등교육사상. 초등교육연구, 26(2), 211-221.

정연희(2014). 유아 교과교재 및 연구법. 경기: 창지사.

조관성(2014). 코메니우스의 인식론과 교육학. 범한철학, 72, 95-126.

가베월드 http://www.gabeworld.co.kr/

하나몬테소리 http://www.hanamontessori.co.kr/

제3장

영유아 발달에 적합한 교구·교재와 설비기준

영유아의 발달과 교구·교재는 밀접한 관련이 있다. 영유아는 이를 통해 다양한 영역의 기술을 획득하거나 대근육·소근육 및 인지, 언어, 사회·정서 발달의 도움을 받을 수 있다. 특히 장애영유아의 발달 및 장애 유형에 적합한 교구·교재는 최적의 성장과 발달을 지원할 수 있으며, 영유아 교육의 질적 향상을 도모할 수 있다.

이 장에서는 비장애영유아 및 장애영유아의 발달에 적합한 교구·교재를 제시함으로써 이를 바탕으로 현장에 적용할 수 있도록 하였다. 아울러 영유아교육현장에서 갖추어야 할 교구·교재를 보육시설 및 장애아 전문 보육시설, 유치원 특수학급의 교구·교재 설비기준으로 분류하여 구체적으로 살펴보고자 한다.

영유아 발달에 적합한 교구·교재와 설비기준

1. 영아 발달과 교구·교재
- 신체·운동 발달
- 인지·언어 발달
- 사회·정서 발달

2. 유아발달과 교구·교재
- 신체·운동 발달
- 인지·언어 발달
- 사회·정서 발달

3. 장애영유아 발달과 교구·교재
- 시각장애
- 청각장애
- 지적장애
- 지체장애
- 자폐성장애
- 정서 및 행동장애
- 의사소통장애
- 건강장애

4. 교구·교재 설비기준
- 보육시설의 교구·교재 설비기준
- 장애아 전문 보육시설의 교구·교재 설비기준
- 유치원 특수학급의 교구·교재 설비기준

학습목표

1. 영아기 발달에 적합한 교구 · 교재를 영역별로 현장에서 제시할 수 있다.
2. 유아기 발달에 적합한 교구 · 교재를 영역별로 현장에서 제시할 수 있다.
3. 장애영유아에게 적합한 교구 · 교재를 장애유형별로 현장에서 제시할 수 있다.
4. 보육시설 및 장애아 전문 보육시설, 유치원 특수학급의 교구 · 교재 설비기준을 비교 · 분석할 수
   있다.

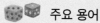 주요 용어

대상연속성: 어떤 대상이 눈에 보이지 않아도 존재하고 있음을 아는 것
직관적 사고: 판단이나 추론을 개입시키지 않고 대상에 직접적으로 관계하여 파악함
표상능력: 현재 대상이 없어도 이전 경험을 통해 마음속으로 떠올리는 능력
비정형화: 정해진 형태나 방법이 없는 것
잔존 감각: 완전히 없어지지 않고 남아 있는 감각
방향정위: 어느 방향으로 이동하고자 할 때 지각되는 자신과 환경의 관계

1. 영아 발달과 교구 · 교재

1) 신체 · 운동 발달

영아기는 제1성장급등기라고 불릴 만큼 신체적 성장의 급격한 변화와 더불어 기초적인 운동기능의 발달이 이루어지는 시기이다. 즉, 신생아기의 반사적 운동은 점차 사라지고 손으로 무엇을 잡으려고 하거나 자세를 취하고 이동을 하려는 기초적 수의 운동을 습득해 나가는 과정이 나타난다. 그리고 이런 과정을 거쳐 대 · 소근육 운동기능이 점진적으로 발달된다. 신체 · 운동의 발달은 신체를 움직이는 기능뿐만 아니라 사물 및 주변의 탐색을 유도하므로 다양한 경험을 할 수 있으며, 언어 및 지각 등의 인지적 발달을 도모할 수 있다.

그러나 스스로 옷을 입거나 식사를 하는 등 자조기술의 발달을 촉진하는 데 선행 조건이 되는 신체 · 운동 발달의 지체는 특정 기술을 습득하는 데 심각한 문제를 야기할 수 있다. 따라서 영아기에는 새로운 운동 기능을 획득하고 자신의 신체를 조절하고 운동 능력을 시험해 보려는 의욕을 고취시키기 위한 교구 · 교재가 요구된다.

대근육 발달 및 새로운 운동기능 습득을 위해서는 끌차, 탈것, 터널, 커다란 공 등을 제공해 주는 것이 바람직하다. 그리고 소근육의 기능적 활동을 돕기 위한 교구 · 교재는 쌓기 쉬운 큰 블록, 촉각 인형, 색칠하기 도구, 밀가루 반죽, 신문지 찢기, 큰 구슬 꿰기, 촉감판, 끼워 넣기 등을 제공해 줄 수 있다.

2) 인지 · 언어 발달

기초적인 언어 및 개념 형성이 이루어지는 영아기는 피아제(Piaget)의 인지발달 이론 중 첫 번째 단계인 감각운동기에 해당한다. 이 단계에서 보이는 빨기나 잡기와 같은 반사적 행동은 그 자체로 즐거움을 느끼는 한편, 주변 사물을 탐색하는 기능을 한다.

인지 영역에서 주요하게 다루어지는 개념은 대상연속성(object permanence)이다. 대상연속성 개념의 획득은 표상능력을 갖게 되었음을 의미하며, 이는 인지능력을 확장해 나갈 수 있는 토대가 마련되었음을 나타낸다.

영아기의 언어발달은 언어이전 시기와 언어획득 시기로 나눌 수 있다. 언어이전 시기는 최초 음성언어인 울음을 시작으로 쿠잉과 옹알이로 발달하게 된다. 옹알이의 반복 연습으로 자기 목소리를 인식하고 타인의 목소리를 모방하기도 한다. 생후 12개월 전후로 언어획득 시기에 도달하면 '엄마' '아빠'라는 한 단어를 시작으로 불완전한 언어를 효과적으로 사용하기 위해 시도하고 의사소통에 흥미를 느끼며 부정문과 두 단어 문장 사용이 가능하다. 따라서 이 시기의 언어발달은 '언어 폭발기'라고 불릴 만큼 어휘 확장이 빠른 속도로 이루어지며, 자기중심적인 언어와 전문식 문장을 사용한다는 특징을 보인다.

인지와 언어 발달은 다양한 요인들의 영향을 받으면서 촉진되므로 감각적 탐색을 지원하고 지적인 호기심을 충족시켜 줄 수 있을 뿐만 아니라 기본적인 언어발달을 조성할 수 있는 교구·교재가 지원되어야 한다. 이를 위해서 까꿍판, 비밀주머니, 주변 사물의 모형, 손잡이가 달린 1~2조각의 퍼즐, 헝겊책, 역할 놀잇감, 여러 재질의 인형 등이 마련되어야 한다.

3) 사회·정서 발달

영아의 기본적인 사회·정서 발달은 일반적으로 양육자와 적절한 상호작용을 통하여 이루어지며, 이를 통해 대인관계의 기초가 되는 애착(attachment)을 형성하게 된다. 즉, 영아의 반응은 양육자에게 자극이 되며 양육자의 반응은 영아의 자극이 되어 지속적인 사회·정서적 유대관계를 형성하게 되는 것이다. 이러한 경험은 이후 타인과의 관계에 대한 기초적 신뢰를 구축하게 되며, 타인과의 정서적 유대관계를 형성할 수 있게 됨과 동시에 인성발달의 기초가 된다. 또한 이 시기에는 또래에게 관심을 보이기 시작하며 상호작용을 시도하기도 하고 자신이나 또래의 기분을 파악하거나 짐작할 수 있을 뿐만 아니라 감정이입도 할 수 있다.

정서는 출생 시 미분화된 상태에서 점차 성숙과 다양한 자극을 통해 분화되면서 발달이 이루어진다. '일차 정서'라 불리는 기본 정서인 기쁨, 슬픔, 놀람, 분노, 공포 등은 누구나 생득적으로 가지고 있다. 그러나 돌이 지나서 나타나는 '이차 정서'인 죄책감, 수치심, 부러움, 자부심, 당혹감, 질투 등은 양육자의 양육방식에 의해 영향을 많이 받게 되므로 영아의 안정적인 정서와 더불어 기초적인 사회성을 증진시킬 수 있도록 양육자와 교사의 적절한 보호와 관심이 선행되어야 한다.

특히 영아기의 사회·정서 발달을 도모하기 위해서는 긍정적인 애착을 토대로 사회적 관계가 형성될 수 있도록 해야 하며, 자신의 정서를 바르게 인식하고 부정적인 정서를 발산하기 위한 교구·교재를 제공해 주는 것이 바람직하다. 따라서 거울, 다양한 얼굴표정을 인식할 수 있는 교구·교재, 리듬 막대 등이 적절하다.

이상에서 살펴본 바와 같이 영아기 발달에 적합한 교구·교재의 제공은 다양한 영역에 있어 영아의 발달을 촉진할 수 있는 매개체가 될 수 있다. 그러므로 이 시기에 교구·교재를 제공할 때는 다음과 같은 점에 유의하도록 한다.

첫째, 입으로 탐색해도 안전한 재질의 교구·교재가 제공되어야 한다. 이 시기에는 빨기, 물기와 같은 행동을 통해 탐색이 이루어지므로 발색에 들어간 원료를 살펴보는 등 세심한 주의를 기울여 교구·교재를 선택해야 한다.

둘째, 위생에 각별한 주의와 관심이 필요하다. 그러므로 항상 깨끗하게 보관하고 정기적으로 소독을 해 주어야 한다.

셋째, 충분한 수량의 교구·교재를 제공해 주어야 한다. 영아기에는 자신의 소유 개념이 생겨 교구·교재를 함께 공유하는 것이 어렵기 때문에 자칫하면 다툼이 일어날 수 있다.

넷째, 영아의 욕구를 충족시켜 줄 수 있는 교구·교재가 제공되어야 한다. 영아는 어떤 과제나 욕구가 있을 때 주로 성인에게 의존하지만 자율성이 발달됨으로써 독립심을 주장하고 주도적인 활동을 하고 싶어 하기 때문이다.

2. 유아 발달과 교구·교재

1) 신체·운동 발달

유아기는 영아기에 비해 신체적 성장은 다소 감소하지만 신체 중심에서 말초로 신체·운동 발달이 이루어짐에 따라 영아기에 획득한 기초적인 신체·운동 능력을 기반으로 대근육을 비롯한 소근육의 발달은 더욱 유연해지고 민첩해진다.

대근육의 발달로 특히 몸의 균형을 필요로 하는 뜀뛰기, 평균대 오르기 및 걷기, 달리기, 기어오르기, 세발자전거 타기, 튕겨진 공받기 및 계단을 한 발씩 교대로 올라가기 등이 가능해진다. 그리고 소근육의 발달로 눈과 손의 협응력이 적절하게 이루어짐에 따라 일상생활에 필요한 여러 가지 동작(예, 수저 사용, 단추 풀기) 및 작은 물체를 조작할 수 있으며, 만들기, 그리기 등을 수행할 수 있다.

이처럼 유아기에는 새롭게 획득한 기술들이 연습을 통하여 더욱 정교화되며, 복잡한 운동기술을 요하는 동작들도 혼자 가능하며, 다양한 신체·운동을 인식하고 즐기게 된다. 따라서 유아기의 신체·운동 능력을 효과적으로 지도하기 위해서는 영아기보다 세밀하고 구체적인 발달을 지원하기 위한 교구·교재가 필요하다.

대근육 활동을 촉진하기 위한 허들, 다양한 크기의 공, 줄넘기 줄, 훌라후프 등을 제공함과 더불어 평균대, 징검다리를 활용하면 균형감각 및 방향감각을 향상시킬 수 있다. 소근육 운동능력을 발달시키기 위해서는 다양한 작은 블록 종류, 칠교놀이, 작은 구슬 꿰기, 단추 끼우고 빼기, 가위와 오릴 자료, 미로 찾기, 그리기 및 색칠을 할 수 있는 자료 등이 제공되어야 한다.

2) 인지·언어 발달

유아는 뇌의 발달로 기억량이 증가하고, 기억을 떠올리는 표상능력 및 상징적으로 사고하는 능력의 향상으로 가상놀이가 가능해진다. 그리고 영아기에 비해 주의집중

시간이 길어져 어떤 대상의 특성이나 성질을 이해하는 지각능력이 향상되며, 관찰을 통해 비교와 대조도 가능해진다. 그러나 직관적 사고로 인해 사물의 중요한 특성을 고려하지 않고 눈에 보이는 상황이나 형태로만 사물을 판단한다.

이 시기는 뇌의 발달이 급격히 이루어진다는 점에서 인지발달을 극대화할 수 있는 교육과 자극이 필요하다. 이는 인지발달이 적절하게 이루어지지 않으면 모든 영역에 걸쳐 문제가 발생될 수 있는 소지가 있을 수 있으므로 이에 대한 교구 · 교재의 매개체가 필요하다.

언어는 의사소통 수단이 될 뿐 아니라 인지발달을 더욱 촉진할 수 있으므로 유아기는 언어발달이 중요한 과제가 된다. 왜냐하면 효율적인 의사소통은 정보를 수용하고 처리하는 데 토대가 될 수 있기 때문이다. 유아기는 필요한 의사소통이 가능해질 정도로 문장의 길이와 어휘가 증가되며, 과잉 확대 현상과 과잉 축소 현상의 특징이 나타난다. 그리고 자신이 한 말에 대해 사실을 확인하거나 동의를 구하기 위해 부가의문문을 많이 사용하기도 하며, 문법구조에 능숙해진다. 하지만 자기중심적 사고로 인하여 언어의 표현에도 자기중심적인 특성을 보이게 된다.

유아기의 인지발달을 위한 교구 · 교재는 체계적이고 논리적으로 사고하는 능력을 배양함과 아울러 구체적인 경험을 가질 수 있도록 배려하고 지원해야 한다. 따라서 표상능력 및 사고능력을 촉진할 수 있는 블록이나 만들기 자료, 각종 퍼즐류, 자연스럽게 보존개념을 획득할 수 있도록 도울 수 있는 크기가 다른 비커, 저울 등을 제공해 주는 것이 바람직하다.

언어발달을 위해서는 의문문이나 부정어, 부사, 형용사, 관사 등 다양한 요소를 포함한 복합문장의 구성 원리 및 의미의 이해를 도울 수 있는 자료를 제공해 주도록 한다. 그리고 여러 상황에 따른 다양한 의사소통 방법을 익힐 수 있을 뿐만 아니라 타인의 관점을 수용할 수 있는 조망수용능력의 발달과 더불어 습득 어휘의 확장에 영향을 미칠 수 있는 교구 · 교재를 제시해 주는 것이 바람직하다. 이를 위해서 동화책, 손 인형, 막대 인형, 동물 모형, 등장인물 머리띠, 이야기 소품, 동시판 등이 적절하다.

3) 사회·정서 발달

유아는 사회성의 발달로 가족 이외의 새로운 사회적 관계를 맺기 시작하며 놀이에 있어서도 역할놀이 및 게임과 같은 협동놀이 등의 발전된 놀이 형태가 나타나는데, 이를 통해 단체생활에서 필요로 하는 행동 규범과 사회성을 키우게 된다. 그리고 사회적 이해에 대한 발달로 자기에 대한 인식도 발달되므로 바람직한 자아개념이 형성되는 시기이다. 특히 긍정적인 자아개념은 이후 유아가 일상적인 생활을 영위하는 데 중요한 토대가 되며, 전인적인 발달에 직간접적인 영향을 미치게 된다.

정서발달에 있어서는 영아기와 달리 대부분의 정서가 분화되어 성인의 정서와 거의 비슷한 특성을 보인다. 그러나 감정 기복이 심해 감정 표현이 유동적이며 일시적이고 폭발적인 특징을 보인다. 이는 타인에 대한 이해보다는 자기중심적 사고로 인하여 정서를 다루는 데 미성숙하기 때문이다. 하지만 자신의 정서와 느낌을 표현하는 과정 중에 격렬한 감정을 주도적으로 조절하는 능력, 즉 충동조절을 하는 자기조절능력이 향상된다. 특히 정서표현에서 나타나는 강한 공포와 질투 등은 유아의 자율성과 주도성 때문에 일어나는 자연적인 현상이다. 그리고 자조기술의 발달로 인하여 자신의 힘으로 무엇인가를 해냈다는 성취감을 느끼게 되고 이를 통해 자신의 능력에 대한 자신감이 커지는 시기이기도 하다.

유아기의 사회·정서의 발달을 촉진하기 위해서는 자신과 타인과의 차이를 인식하며 또래와 규칙 지키기 및 협동적 놀이를 지원할 수 있는 교구·교재가 다음과 같이 제시되어야 한다.

첫째, 자신과 다른 사람의 차이를 존중할 수 있도록 각 문화권을 이해할 수 있는 소개 자료 및 다양한 가족 인형 모형 등을 구비하도록 한다.

둘째, 부정적인 정서를 사회적으로 용인될 수 있는 표현 방법으로 표출할 수 있는 경험을 촉진하기 위해 무독성 그리기 도구, 점토, 블록 등이 제시되어야 한다.

셋째, 또래와 사회적 역할을 시도해 볼 수 있는 놀이를 할 수 있도록 각종 역할놀이 교구 및 소품을 준비하도록 한다.

넷째, 규칙을 지키며 활동에 참여할 수 있는 놀이가 가능하도록 다양한 게임교구 등

을 보유해 두어야 한다.

이상에서 살펴본 바와 같이 유아기는 꾸준한 신체적 성장과 더불어 상징적 표상능력이 발달되고 의사소통이 어느 정도 원활할 뿐 아니라 독립된 존재로서의 자아개념을 형성하기 시작하고 또래와의 접촉을 통해 사회적 기술도 획득하게 된다. 그러므로 유아를 양육하는 부모 및 교사는 또래 관계를 통해 유아의 긍정적 자아개념 형성을 도모할 수 있는 환경적 배려와 더불어 유아의 자율성과 주도성 발달시키기 위해 노력해야 하며, 이를 위해 적절한 교구·교재를 제공해 주어야 한다. 그러므로 이 시기에 교구·교재를 제공할 때는 다음과 같은 점을 고려하도록 한다.

첫째, 비정형화된 교구·교재를 제공하도록 한다. 이러한 교구·교재는 결과보다 과정에 더 즐거움을 느낄 수 있으며 다양한 형태로의 구성이 가능하기 때문에 상징적 표상을 도울 수 있다.

둘째, 자기중심적 사고를 벗어나기 위한 교구·교재가 적합하다. 이를 촉진할 수 있는 다양한 교구·교재를 통해 타인의 감정을 수용하고 배려하는 방법을 습득하도록 도와주어야 한다.

셋째, 효율적인 의사소통을 도모할 수 있는 교구·교재를 제공하도록 한다. 이를 통하여 다양한 상황에서 타인과의 의사소통 방법 및 새로운 어휘 습득 향상에도 도움이 될 수 있도록 유도한다.

넷째, 보존개념의 이해를 돕는 교구·교재가 필요하다. 유아기는 직관적 사고로만 판단하기 때문에 이를 지양할 수 있도록 배려해야 한다.

3. 장애영유아 발달과 교구 · 교재

1) 시각장애

(1) 시각장애영유아의 특성
① 신체 · 운동 발달

신체적 발달은 비장애영유아의 성장발달 과정과 유사하지만, 자신의 신체에 대한 지각 및 잔존감각을 활용하여 주어진 환경 안에서 모든 대상과의 관계를 파악한 후 자신의 위치를 정하는 방향정위(orientation)능력이 떨어져 운동발달의 지체를 동반할 수 있다. 그리고 청각적 정보만으로는 움직이고자 하는 동기가 유발되기 어려워 운동경험 및 운동량이 부족하게 되어 신체 · 운동 발달의 지연이 발생되기도 한다.

② 인지 · 언어 발달

주로 사물의 모양, 색, 크기의 정보는 촉각적 단서를 활용하여 인지적 발달을 형성하며, 시각이 아닌 대안적 감각기관을 활용하여 주의를 기울이더라도 시각적 정보를 완전히 획득하지 못하므로 개념 형성 및 인지발달에 영향을 받는다. 그리고 구어에 동반되는 표정보다 억양에 더 주의를 기울이며, 목소리의 느낌, 어감에 의해 의미를 해석하므로 언어발달이 지연된다.

③ 사회 · 정서 발달

이동의 제한으로 인해 주변 환경에 능동적으로 참여하거나 또래와 상호작용 하는데 어려움이 발생할 수 있다. 그리고 장애에 대한 부정적인 반응으로 인해 심리적 · 정서적인 문제를 동반하거나 자아에 대한 왜곡된 태도가 사회 · 정서 발달에 부정적인 영향을 미칠 수 있다. 또한 시각적인 결함이 또래의 행동을 모방하거나, 우연적인 관찰을 통한 사회적 기술을 습득하는 데 방해 요소가 되어 사회적 상황을 인식하거나 파악하기 어려워 사회적 기술의 습득을 제한할 수 있다.

(2) 시각장애영유아를 위한 교구 · 교재

일반적으로 시각장애영유아를 위한 촉각 및 청각적 교구 · 교재는 비장애영유아와 같은 경험을 하도록 제공될 수 있지만 장애 정도나 요구 혹은 수행할 수 있는 능력에 따라 적절히 수정 · 보완되어 제시해 주는 것이 중요하다. 이는 단순하거나 낮은 수준의 활동을 위한 것이 아니라 장애 정도에 따른 활용방법 및 개별적 수행능력을 고려해야 하며, 한 가지의 감각적 경험에만 편중되지 않도록 고안되어야 함을 의미한다. 즉, 잔존 시력이 남아 있는 경우 최대한으로 시력을 활용할 수 있도록 도와주어야 하며, 맹(盲)인 경우에는 시각 외 다른 감각기관을 매개체로 사용할 수 있도록 다음과 같은 사항들을 고려하여야 한다.

첫째, 맹(盲)인 경우 시각 외의 감각기관을 활용하여 탐색할 수 있는 교구 · 교재를 제공하는 것이 바람직하다. 이를 위해 점자도서, 묵 · 점자 혼용도서, 전자도서, 녹음도서, 점자 달력 및 숫자, 향기나는 책, 점토류, 촉각 주머니, 촉각 도형, 봉제동물 인형, 소리 나는 장난감, 음성녹음 테이프 등이 제공될 수 있다.

둘째, 저시력인 경우 근접한 거리에서 교구 · 교재를 볼 수 있도록 고려되어야 한다. 이와 관련하여 촉각도서, 확대도서, 전자도서, 촉각 주머니, 촉각 도형, 촉각 숫자, 동물 모형, 점토류, 큰 블록, 명암의 구분이 분명하고 선명한 교구 · 교재를 제공하여야 한다.

셋째, 교구 · 교재를 제공할 경우 보조기기의 활용도 참고할 필요가 있다. 보조기기는 잔존 시력을 사용하도록 독려하며, 장애로 인한 결손 부분을 보완하여 탐색하고자 하는 교구 · 교재에 보다 용이하게 접근할 수 있도록 도와주기 때문이다. 따라서 보조기기의 활용은 교육기관에서 시각장애영유아 지도 시 다양한 영역의 활동을 지원할 수 있으므로 교육적인 효과가 증진되는 것을 기대할 수 있다.

2) 청각장애

(1) 청각장애영유아의 특성

① 신체·운동 발달

청각장애는 청각적 정보습득의 어려움을 갖지만 의사소통에 제한을 받을 뿐 체력이나 체격에 있어서는 비장애인과 큰 차이를 나타내지 않는다(윤지운, 한민규, 2014). 또한 운동발달에 있어서도 큰 차이를 보이지 않는다. 그러나 청각장애아동들 중 귀의 전정기관에 이상이 있는 경우 몸의 균형을 잡는 데 어려움을 겪을 수 있으며, 감각기관의 영향을 받아 협응력에 부족함을 보일 수 있다. 즉, 청각의 장애로 인해 신체활동이 제한을 받게 되고 이에 따라 운동기능이 저하될 수 있다.

② 인지·언어 발달

지적 능력에 있어서 청각장애만을 가진 경우에는 정상 청력을 가진 영유아와 큰 차이를 보이지 않는다. 그러나 언어적 경험이 제한되고, 청력의 문제로 인해 정보를 획득하는 데 어려움을 보이며 오랜 시간이 소요되므로 인지발달에 부정적인 영향을 미칠 수 있다.

언어발달은 청각장애로 인해 듣기, 말하기의 결손을 가져오므로 일반적으로 구어기술을 습득하기 어려워 말하기 능력이 지체된다. 그리고 경우에 따라 비음이나 탁한 소리를 내기도 하며, 특히 자신의 음도를 측정할 수 없어 매우 높은 음도를 가지고 있는 경우도 있다.

③ 사회·정서 발달

생후 초기에는 의사소통의 수단이 울음, 웃음, 옹알이, 몸짓 등 비언어적 의사소통이 주를 이루지만, 연령이 높아짐에 따라 구어를 통한 의사소통이 주를 이루게 된다. 그러나 청각장애영유아는 구화나 수화라는 또 다른 언어체계를 사용하므로 제한된 의사소통능력으로 인해 또래와 관계 맺기 및 유지에 어려움을 느끼게 되며, 타인과 상호작용이 제대로 이루어지기 어렵다. 이로 인해 또래와의 사이에서 고립감 및 좌절, 무력감을 경험하게 되어 정서적으로 불안정할 수 있다.

(2) 청각장애영유아를 위한 교구·교재

장애 정도 및 개별적 특성과 개인차를 고려하여 교구·교재를 제공하는 것이 중요하다. 즉, 청각의 손실 정도에 따라 잔존 청력을 활용하거나 청각 외 다른 감각을 활용할 수 있도록 지원되어야 함을 의미한다. 이를 위해 다음과 같은 교구·교재를 제시하는 것이 바람직하다.

첫째, 잔존 청력이 있는 장애영유아의 경우, 기기음이나 악기 소리, 음성 자극이 있는 교구·교재가 권장된다. 적절한 청각자극은 흥미를 유발하면서도 잔존 청력을 활용할 수 있도록 도울 수 있으며, 시각 정보 외에 청각자극을 가미하는 것은 장기기억에도 도움을 줄 수 있기 때문이다. 이와 관련된 교구·교재에는 음률 악기나 소리가 나는 장치가 들어 있는 것, 전화기, 노래가 나오는 전자책, 동화가 녹음된 CD, 방울이 들어간 인형 등이 있다.

둘째, 잔존 청력이 없는 경우에는 청각 외 다른 감각을 활용할 수 있는 시각자료, 즉 그림이나 사진, 자막이 들어간 동영상 자료를 활용함으로써 시각적으로 정보나 단서를 제공받을 수 있도록 지원해 줄 수 있다. 특히 촉각을 활용할 수 있는 자료, 예를 들어 촉감 책 및 시각을 활용하여 탐색할 수 있도록 선명한 색상 대비로 제작된 교구·교재를 제공하는 것이 바람직하다.

3) 지적장애

(1) 지적장애영유아의 특성
① 신체·운동 발달

신체발달에 있어서 일부 지적장애아동은 비장애아동과 큰 차이를 보이지 않지만 키, 몸무게, 골격 등이 일반적으로 평균 이하의 성숙을 보인다. 그리고 운동발달에 있어서도 기술적이고 민첩한 동작 및 연속동작, 정확성, 협응력, 대·소근육 운동, 평형 성능력에서 전반적으로 저조하게 성취되거나 지체되는 양상을 나타낸다. 이러한 특성은 지적장애가 심할수록 확연한 차이를 보인다.

② 인지 · 언어 발달

지적기능의 제한은 정상적인 발달 기술을 습득하는 데 있어서의 지체뿐만 아니라 정보의 투입 및 처리, 주의집중력, 단기 기억력, 일반화, 추상적인 사고능력의 문제를 야기한다. 특히 이로 인해 우발적인 학습이 이루어지기 어렵다.

말과 언어의 발달은 지적 발달과 밀접하게 연관되어 있기 때문에 비장애아동보다 말과 언어에 있어서 더 많은 문제를 보인다. 즉, 조음장애 및 구어발달의 지연과 제한된 어휘, 발음의 문제, 부적절한 문법 사용 등이 나타난다(임경옥, 박경화, 조현정, 2017).

③ 사회 · 정서 발달

지적장애영유아는 또래와 함께 상호작용할 때 자신의 역할을 제대로 수행하지 못함으로써 또래들에게 거부당하기도 한다. 그리고 이로 인한 좌절, 실패, 거부의 경험은 낮은 자존감을 형성시켜 부정적인 자아개념뿐만 아니라 낮은 자기효능감을 가지게 된다. 또한 실패에 대한 예상으로 동기유발에 대한 문제 및 학습된 무력감을 가지게 되며, 일반적으로 외적 통제소, 외부 지향적인 성격을 형성시켜 사회 · 정서 발달에 부정적 영향을 미치기도 한다.

(2) 지적장애영유아를 위한 교구 · 교재

지적 능력에 적합한 교구 · 교재의 제공은 지적장애영유아에게 스스로 할 수 있는 기회 및 성취감을 경험하게 할 수 있다. 따라서 다양한 영역의 발달을 위한 교구 · 교재가 필요하며, 이를 통해 지적 발달 및 기능적인 기술 습득을 도모할 수 있다. 특히 교구 · 교재를 통해 실생활에 필요한 기술을 습득하고 숙련함으로써 축적된 성공의 경험은 지적장애영유아로 하여금 독립성을 촉진하며, 타인에 대한 의존성을 낮출 수 있다. 그러므로 다음과 같은 사항을 고려한 교구 · 교재가 제공되어야 한다.

첫째, 구체적이며 감각적인 교구 · 교재가 적합하다. 추상적 사고능력이 빈약한 지적장애영유아에게는 특히 구체적이며 감각적인 경험을 통해 전인적인 발달을 도모해야 한다. 이를 위해 여러 가지 물건 및 동식물 등의 실물이나 모형을 제시하여 직접적인 조작과 더불어 감각적 탐색을 통해 흥미를 유발시키고 보다 쉽게 이해할 수 있도록 도와야 한다.

둘째, 구체화된 교구·교재로 기능적인 기술을 습득할 수 있도록 해야 한다. 예를 들어, 식사 도구를 사용하는 법을 알려 주기 위해서는 그림이나 사진의 자료보다는 실제 식사 도구나 모형으로 제작된 교구·교재를 제공하는 것이 바람직하다. 따라서 생활과 직결된 기능을 훈련할 수 있는 동전이나 지폐, 그릇 모형, 빗과 거울, 옷을 입히고 벗길 수 있는 인형 등이 제공되어야 한다.

셋째, 반복적인 연습이 가능한 교구·교재를 제공하여야 한다. 예를 들어, 수성펜으로 쉽게 쓰고 지울 수 있는 보드나 자석으로 붙였다 뗄 수 있는 자석칠판, 다양한 모양을 만들 수 있는 점토 및 반복적인 패턴 교구 등은 실패 경험을 완화시킬 수 있으며, 반복적으로 활용할 수 있어 이해를 심화시키고 성취감을 증진시킬 수 있다.

넷째, 활용방법이 간단한 교구·교재를 제공해야 한다. 복잡한 활동 과정을 요하는 교구·교재는 지적 흥미를 끌지 못할뿐더러 다루기 어려울 수 있다. 따라서 활용방법이 간단한 블록, 점토, 컵 쌓기 등을 제시하여 활용의 기회를 갖도록 하여야 한다.

4) 지체장애

(1) 지체장애영유아의 특성
① 신체·운동 발달

운동장애로 인해 전반적으로 근육운동의 협응이 어렵고, 비정상적인 근 긴장도나 반사작용을 유지하기도 한다. 즉, 비정상적인 반사와 자세의 문제, 근 긴장도의 이상이라는 특징을 보인다. 또한 바르게 앉기, 기기, 서기, 걷기 등의 정상적 발달을 하는 데 어려움을 보인다(임경옥 외, 2017). 따라서 지체장애영유아의 경우 신체적인 문제를 동반하고 있기 때문에 정상적인 신체발달이 이루어지기 어렵고, 이로 인해 신체발달이 지체될 뿐만 아니라 운동기술을 습득하기가 용이하지 않아 전반적으로 운동발달이 지체된다.

② 인지·언어 발달

인지적인 특성은 우수한 경우부터 심한 인지적 결함을 나타내는 등 다양하며, 신체적인 제약으로 직간접적인 경험이 제한될 수 있어 사고력에도 영향을 미칠 수 있다. 그리고 지체장애로 인해 발음의 문제, 말의 속도나 흐름, 리듬의 요소에 영향을 미쳐 조음장애 및 유창성장애가 함께 동반되기도 한다. 특히 지적 결함을 가진 뇌성마비의 경우 언어의 표현력에 있어 일반영유아보다 현저히 저하되기도 한다.

③ 사회·정서 발달

신체적 장애 때문에 야기될 수 있는 표현언어의 결함은 또래와의 사회적 상호작용을 방해할 수 있어 사회적 적응에 문제를 가져올 뿐 아니라 신체적인 문제는 정서에도 부정적인 영향을 미치게 된다. 또한 부모나 주변의 과잉보호가 일상화될 수 있어 의존적인 성향을 가질 수 있다. 그리고 장애를 보조하기 위한 보장구 사용에 대한 주위의 시선으로 심리적인 위축감을 느낄 수 있으며, 이로 인해 낮은 자존감이나 욕구불만 등의 정서적인 문제를 동반할 수 있다.

(2) 지체장애영유아를 위한 교구·교재

신체를 활용할 수 있는 정도에 따라 신체적 특징 및 기능상의 결함과 사용하고 있는 보조공학기기를 고려하여 교구·교재를 제공하는 것이 중요하다. 이를 위해 고려해야 할 사항은 다음과 같다.

첫째, 움직임이 가능한 신체를 활용할 수 있는 교구·교재가 제시되어야 한다. 예를 들어, 왼쪽 편마비를 지닌 영유아에게는 오른손을 사용하여 조작할 수 있는 교구·교재를 제시해야 한다. 그리고 양쪽 팔의 마비를 지닌 영유아에게는 양쪽 발을 사용하여 블록을 쌓거나, 발로 종을 칠 수 있도록 크기를 조정하여 제시할 수 있다.

둘째, 사용하고 있는 보조기기를 고려한 교구·교재가 제공되어야 한다. 지체장애 영유아가 사용하고 있는 보조공학기기들은 신체기능을 보완하기 위한 수단이 될 뿐만 아니라 교구·교재를 사용하고 활용할 수 있는 상황과 직결되어 중요한 역할을 한다. 예를 들어, 휠체어를 사용하는 영유아에게는 휠체어가 접근할 수 있는 책상에 교구·

교재를 고정시켜 주거나 교사가 경사진 판 위에 제작한 교구·교재를 제시함으로써 신체적으로 쉽게 접근할 수 있도록 도와줄 수 있다.

5) 자폐성장애

(1) 자폐성장애영유아의 특성

① 신체·운동 발달

신체발달수준은 비장애영유아와 큰 차이가 없지만 일반적으로 신체 지각을 못하는 경우가 많다. 그리고 운동기술을 습득하는 부분에서는 다양한 원인으로 전반적인 결함을 나타낸다. 특히 운동기능에 문제가 있을 경우 신체를 비전형적으로 움직인다거나 걸음을 독특하게 걷는 등의 특성을 보인다.

② 인지·언어 발달

자폐성장애영유아는 다양한 인지 분포를 나타내고 있어 고기능 자폐(High-Functioning Autism: HFA)나 아스퍼거 증후군(asperger disorder)의 경우 평균 이상의 지적능력을 나타낸다. 그러나 일반적으로 사회적 인지, 추상적인 개념 등에서 결함을 보인다. 언어적인 특성에 있어서는 표현언어 및 수용언어를 비롯하여 기능적인 언어를 사용하는 데 어려움을 보인다. 그리고 반향어(echolalia)를 사용하는 경우도 있으며, 의사소통 기술이 전반적으로 부족하여 부적절한 행동을 통해 의사를 표현하기도 한다.

③ 사회·정서 발달

사회적 행동에서의 결함은 비구어적 행동의 사용에 있어서의 손상, 발달수준에 적절한 또래 관계의 결여, 즐거움·관심·성취를 자발적으로 다른 사람들과 나누려고 하지 않음, 사회적 또는 정서적 상호성의 결여(APA, 2000: 이소현, 박은혜, 2011 재인용)로 나타난다. 또한 타인에 대한 무관심으로 타인과의 교류가 제대로 이루어지지 않아 서로의 감정을 교환하거나 이해하는 것이 어렵고 적절하게 반응하지 못하게 된다. 따라서 정서를 표현하는 기술을 습득하는 것도 용이하지 않을 뿐만 아니라 상호작용 경험의 부족은 정서발달에 있어서도 결함을 나타내게 된다.

(2) 자폐성장애영유아를 위한 교구·교재

자폐성장애영유아의 경우 특히 의사소통 및 사회성을 증진시키기 위해 시각적 단서를 활용한 교구·교재의 지원이 필요하다. 그리고 자신이 선호하는 것에 집착하는 경우가 많아 개별적인 특성을 반영함과 아울러 다음과 같은 사항들을 고려하여 제공해 줄 필요가 있다.

첫째, 시각적 단서를 활용할 수 있는 교구·교재가 제시되어야 한다. 자폐성장애영유아의 경우 다른 감각에 비해 시각적 단서를 통해 정보를 좀 더 효과적으로 받아들일 수 있으므로 그림, 사진, 카드 등의 교구·교재가 의사소통 및 사회성 발달을 촉진하는 데 도움이 될 수 있다.

둘째, 사회성을 증진하기 위해 또래와 함께 활용할 수 있는 교구·교재가 제공되어야 한다. 즉, 교구·교재를 활용하여 또래와 함께 놀이에 참여하는 것은 사회적 상호작용 및 사회적 기술, 의사소통 방법을 관찰하고 배울 수 있는 기회가 될 수 있다. 특히 역할놀이 소품 및 핸드벨과 같이 여러 명이 함께 합주가 가능한 악기, 캐치볼 등은 또래와 어울릴 수 있는 기회를 자연스럽게 유도할 수 있다.

6) 정서 및 행동장애

(1) 정서 및 행동장애영유아의 특성
① 신체·운동 발달

신체·운동 발달은 일반적으로 비장애영유아와 유사하다. 따라서 신체적인 성장이나 운동발달은 정상적으로 이루어진다. 그러나 무력감 및 정서적인 불안 등이 경우에 따라 신체·운동 발달에 부정적인 영향을 미칠 수 있다.

② 인지·언어 발달

일반적으로 평균 지능은 하위 평균을 보이는 것으로 알려져 있으나 최근의 연구들은 지능 분포의 다양성을 언급하고 있다. 그러나 상당수의 정서 및 행동장애영유아들이 과다 행동, 산만함, 충동성을 특성으로 하는 주의력결핍 과잉행동장애를 동반하고 있어 지적 발달에 어려움을 겪는다. 또한 이로 인해 표현언어 및 수용언어에 있어서의 결함을 보일 수 있으며, 특히 내재적 행동문제를 가지고 있을 경우 언어발달에 문제가 발생할 수 있다.

③ 사회 · 정서 발달

겉으로 드러나는 외현적 행동, 즉 공격적 행동과 방해하는 행동 및 미성숙하고 위축된 행동을 보이는 경우 사회 · 정서 발달에 심각한 영향을 미칠 뿐 아니라 성인이 된 후에도 사회적 기술의 결핍을 보일 수 있다. 특히, 정서 및 행동장애영유아가 나타내는 행동특성은 또래 관계에서의 고립, 새로운 관계 형성의 문제를 야기해 사회성 발달을 저해할 뿐만 아니라 부정적인 정서를 가질 수 있다.

(2) 정서 및 행동장애영유아를 위한 교구 · 교재

정서 및 행동장애를 가진 영유아를 위해서는 다음과 같이 정서 및 행동 특징을 고려하여 교구 · 교재를 선택해 주어야 한다.

첫째, 공격성을 표출할 수 있는 교구 · 교재가 적절하다. 공격적이고 과격한 행동을 행할 경우, 타인에게 신체적 · 정신적 위협을 가할 수 있으므로 안전하게 공격성을 표출할 수 있는 교구 · 교재가 제공되어야 한다. 즉, 자신이 원하는 대로 만들고 부술 수 있는 블록이나 점토, 모래 등은 잠재된 공격적 행동을 감소시키고 정서적인 안정감을 느끼도록 할 수 있다.

둘째, 자신의 내면을 표현할 수 있는 교구 · 교재가 제시되어야 한다. 우울이나 불안과 같은 심리적 상태를 경험하는 영유아의 경우 자신을 표현할 수 있는 도구, 예컨대 그리기, 지점토 등과 같은 비정형화된 재료 및 도구를 준비하여 자신의 감정을 표현할 수 있도록 도울 수 있다.

셋째, 상호작용을 형성할 수 있는 교구 · 교재를 제공하는 것이 바람직하다. 예를 들면, 또래와의 상호작용을 촉진할 수 있는 게임판, 혹은 다양한 역할극의 소품 및 의상의 제공은 자연스럽게 의사소통이 이루어지면서 사회적 기술을 습득할 수 있어 또래와 원만한 관계를 형성할 수 있도록 지지해 준다.

넷째, 규칙을 지킬 수 있도록 도와주는 교구·교재가 지원되어야 한다. 반복적으로 혹은 지속적으로 규칙을 지키지 않는 경우, 예컨대 차례와 규칙이 요구되는 보드게임판, 순서를 번갈아 가며 쌓아 올릴 수 있는 블록 등을 제공함으로써 자연스럽게 규칙을 익히도록 할 수 있다. 반면 지나치게 공격적이거나 경쟁을 부추기는 교구·교재는 오히려 부정적 정서를 자극하여 공격성을 증가시키고 부적응행동을 촉진할 수 있으므로 유의해야 한다.

7) 의사소통장애

(1) 의사소통장애영유아의 특성
① 신체·운동 발달

신체의 발달은 일반적으로 비장애영유아의 발달단계와 같다. 그러나 의사소통의 문제와 더불어 특히 수용언어에 문제가 있을 경우에는 암기 및 기억 등이 운동기술의 반응에 영향을 미쳐 운동발달의 지체를 유발할 수 있다.

② 인지·언어 발달

의사소통장애영유아는 지적 능력과 성취도 평가에서 평균보다 낮은 점수를 보여 인지 및 의사소통의 문제를 불러일으킨다. 즉, 인지와 언어의 상호 연관성은 지적 발달을 방해할 뿐만 아니라 수용언어와 표현언어의 결함은 추상, 기억력, 어휘의 제한, 유창성의 문제 등으로 표면화될 수 있다.

③ 사회·정서 발달

의사소통 결여는 또래나 주변인과의 상호작용의 어려움뿐만 아니라 요구에 대한 적절한 표현을 하지 못하므로 사회성 기술이 결여되거나, 좌절, 분노, 고립, 위축행동 등이 나타나게 된다. 이로 인해 열등감을 느끼게 되고 일반적으로 낮은 자존감 및 자신

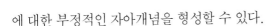

에 대한 부정적인 자아개념을 형성할 수 있다.

(2) 의사소통장애영유아를 위한 교구·교재

의사소통 능력을 촉진하기 위해서는 다양한 교구·교재가 제시되어야 하며, 실제 상황에서도 적용될 수 있도록 일반화에 초점을 두어야 한다. 의사소통장애영유아에게 제공되어야 할 교구·교재를 말장애와 언어장애로 분류하여 제안하면 다음과 같다.

첫째, 말장애의 경우, 간단한 단어부터 적절한 억양과 발음으로 자연스럽게 의사를 표현할 수 있도록 유도하는 교구·교재를 제시할 수 있다. 이를 위해 녹음기, 헤드폰, 낱말카드, 동요 CD와 같은 말하고 들을 수 있는 도구, 동화책, 역할극 소품 등을 제공한다. 특히 낱말 카드, 동요 CD는 읽고 말을 따라해 볼 수 있는 기회를 제공할뿐더러 반복적 활용이 가능하므로 말장애의 경우 유용하게 활용할 수 있다.

둘째, 언어장애의 경우, 상황을 이해하고 유용한 표현을 익힐 수 있는 교구·교재가 요구된다. 따라서 어휘나 낱말의 개념 형성 및 빈약한 문법, 언어의 이해력을 도울 수 있는 단어카드, 동화책, 동시판 등의 문해 자료가 적절하다. 특히 손 인형 등의 역할극 자료는 역할극을 유도하여 적절한 의사소통을 모방하고 연습할 수 있는 기회를 제공하고, 스크립트 자료는 의미 있는 상황을 인지하고 표현양식을 익힐 수 있다.

8) 건강장애

(1) 건강장애영유아의 특성
① 신체·운동 발달

건강장애영유아는 체력의 저하, 질병 감염에 대한 우려, 잦은 입원, 약물치료 등으로 인하여 운동발달을 촉진할 수 있는 다양한 신체적 프로그램 및 실외 활동에의 참여가 제한된다. 따라서 신체의 발달이 또래에 비해 저조하거나 운동기술의 발달에 부정적 영향을 미치게 된다.

② 인지·언어 발달

질병으로 인한 과잉보호 및 과잉통제 등으로 정상적인 생활경험이 빈약하여 지적 발달 및 언어발달을 촉진하기 위한 최적의 기회를 놓칠 수 있다. 더불어 신체적 제한으로 교육을 제대로 받지 못하는 상황에 놓여 환경적 자극에 노출되지 못할 경우 지능에 문제가 없어도 인지 및 언어 발달의 결손이 나타날 수 있다.

③ 사회·정서 발달

부모 및 주변의 지나친 보호와 관심은 자아개념에 부정적인 영향을 미칠 뿐만 아니라 사회적·정서적 적응에 방해가 되기도 한다. 또한 만성적인 질병으로 인해 사회적 고립을 초래하므로 또래와의 관계 형성이 어려워져 사회성 발달에 문제를 가져오기도 한다. 더불어 또래의 호기심 및 무시, 활동의 제한 등은 의존, 낮은 자존감, 우울을 비롯한 정서적 문제를 초래할 수 있는 잠재적인 요소가 된다.

(2) 건강장애영유아를 위한 교구·교재

건강장애를 지닌 영유아의 경우 비장애영유아의 발달단계에 따라 교구·교재를 제공하면 된다. 그러나 천식 및 혈우병의 경우 최적의 교구·교재를 제공하기 위해서 다음과 같은 사항을 고려해야 한다.

첫째, 천식을 앓고 있는 영유아에게는 위생적인 관리가 용이한 교구·교재를 제공해야 한다. 특히 천식은 먼지, 오염물 등에 의해서도 자주 유발되므로 먼지가 잘 일어나지 않고, 더러움을 쉽게 제거할 수 있거나 세탁할 수 있는 재질의 교구·교재를 제공해 주어야 한다.

둘째, 혈우병을 앓고 있는 영유아에게는 상처가 날 위험이 적은 교구·교재를 제공해야 한다. 이들은 작은 상처에도 피가 멎지 않아 심각한 위험에 처할 수 있으므로 가볍고 부드러운 재질의 교구·교재가 우선적으로 고려되어야 한다.

4. 교구 · 교재 설비기준

1) 보육시설의 교구 · 교재 설비기준

보육시설은 교구 · 교재의 의무적 비치기준이 마련되어 있지 않지만, 보육시설의 질적 수준을 점검할 수 있는 평가인증지표를 기준으로 설비기준을 제시하고자 한다. 평가인증의 점검 지표 중 교구 · 교재와 관련 있는 보육환경 영역의 지표를 살펴보면 |표 3-1|과 같다.

 | 표 3-1 | **보육환경 영역의 평가인증 점검 지표**

구분	영아	유아
신체활동 자료 (대근육)	4종 이상	3종 이상
언어활동 자료 (듣기, 말하기, 읽기, 쓰기)	누락 영역 없이 총 5종 이상	
예술활동 자료 (음악 · 동작, 미술)	각 4종 이상	(2세) 각 3종 이상
수 · 조작 · 과학 활동 자료 (수 · 조작, 과학)	각 4종 이상	(감각 · 탐색 자료) 3종 이상
역할 및 쌓기 놀이 자료 (역할놀이, 쌓기놀이)	각 4종 이상	(2세) 각 3종 이상

출처: 한국보육진흥원(2017), p. 41.

2) 장애아 전문 보육시설의 교구 · 교재 설비기준

유치원 및 학교의 특수학급의 경우 시설 · 설비기준과 교구 · 교재 기준이 각 시 · 도 교육청마다 구체적으로 제시되어 있는 반면, 보육시설의 경우에는 그 기준이 없어 교구 · 교재의 비치 여부가 인가 및 허가에 적용되지 않고 있다. 하지만 보육시설의 장애아 전문 평가인증지표(보건복지부, 한국보육진흥원, 2017)를 통해 교구 · 교재의 제공 시 고려해야 할 점과 갖추어야 할 자료 예가 제시되어 내실화를 도모하고 있다. 이를 참고하여 각 영역별 교구 · 교재 평가기준 및 설비기준을 제시하면 │표 3-2│와 같다.

 │표 3-2│ 영역별 교구 · 교재 평가기준 및 설비기준

영역	평가기준	교구 · 교재 종목
신체활동	대 · 소근육 자료의 구비성과 발달의 적절성	• 대근육: 다양한 크기와 재질의 공, 미끄럼틀, 각종 운동기구류, 바퀴달린 놀잇감 등 • 소근육: 퍼즐, 단추 끼우기 및 지퍼 올리기 등의 신변처리 자료, 오리기 자료 및 점토 종류, 구슬 끼우기 등
언어활동	언어활동 자료의 구비성과 발달의 적절성	• 말하기 및 듣기: 그림책, 막대 인형 및 손 인형, 카세트, 사물이나 동물울음 소리 및 동요, 동화가 녹음된 CD 등 • 읽기: 그림이 제시된 책, 다양한 촉감의 감각 그림책, 실생활에서 볼 수 있는 그림과 단어카드 등 • 쓰기: 다양한 모양과 크기의 종이, 따라 그릴 수 있는 점선 도안이 인쇄된 종이, 굵은 색연필과 사인펜 등
자연탐구활동	수 · 과학 활동 자료의 구비성과 발달의 적절성	• 수활동: 크기가 다른 막대, 수 게임자료, 주사위가 활용된 보드게임 등 • 과학활동: 촉감 및 소리 상자, 쉽게 키울 수 있는 식물, 열매, 확대경, 색 혼합 안경, 다양한 크기의 자석, 자연물 등
예술활동	음악 · 동작, 미술 활동 자료의 구비성과 발달의 적절성	• 음악활동: 리듬막대나 탬버린, 다양한 크기의 북, 멜로디언, 실로폰, 다양한 음악이 녹음된 CD 등 • 동작활동: 여러 가지 색의 스카프, 리본 테이프 등 • 미술활동: 다양한 미술용품 및 그리기 자료, 조형 자료, 다양한 크기와 재질의 종이류, 폐품 등
역할놀이 및 쌓기놀이	역할놀이 및 쌓기놀이 자료의 구비성과 발달의 적절성	• 역할놀이: 주방기구 및 도구의 모형과 음식 모형, 소꿉놀이 용품, 각종 인형, 여러 가지 직업을 표현할 수 있는 의상 등 • 쌓기놀이: 종이, 스펀지, 우레탄 재질로 만들어진 다양한 종류의 블록과 더불어 쌓기놀이를 촉진할 수 있는 자동차 및 표지판 모형 등

3) 유치원 특수학급의 교구・교재 설비기준

특수학교 및 특수학급에 필요한 교구・교재는 「고등학교 이하 각급 학교 설립・운영 규정」 제8조에 따라 각 지방자치단체에서 교육과정에 따라 갖추어야 할 최소한의 기준을 정함으로써 권장 종목을 갖추도록 하고 있다. 경기도교육청에서 제시하고 있는 유치원 특수학급 교구・교재 설비기준은 | 표 3-3 |과 같다.

 | 표 3-3 | 유치원 특수학급 교구・교재 설비기준

구분		교구・교재 유형	종목	소요 기준
쌓기	1	블록세트	종이벽돌블록, 우레탄블록 등 3종 이상	학급당 1
	2	자동차류	미니카, 소방차 등	학급당 1
	3	인형류		학급당 1
	4	동물류	다양한 동물 모형	학급당 1
	5	식물류	다양한 식물, 채소 및 과일 모형 세트	학급당 1
	6	모자류	소방원, 헬멧 등	학급당 1
	7	교통표지판류		학급당 1
역할	8	소꿉놀이(주방용품)	싱크대, 모형냉장고, 각종 그릇류 등	학급당 1
	9	가족놀이	각종 의상, 모자류, 가방류, 신발류, 인형류	학급당 1
	10	병원놀이세트		학급당 1
	11	우체국놀이	우체통, 집배원 가방 등	학급당 1
	12	미장원놀이	헤어드라이어, 빗 등	학급당 1
	13	은행놀이	모형화폐, 지갑 등	학급당 1
	14	소방서놀이		학급당 1
	15	교통기관놀이	교통경찰관 모자, 교통표지판, 자동차 등	학급당 1
언어	16~18	작은 융판 및 융판자료, 그림 카드 언어게임 등 인형극 자료		학급당 1
	19	듣기자료	녹음기와 CD 자료	학급당 1
	20	읽기자료	동화, 동시 등	학급당 1

	21	유아용 도서	전래동화, 창작동화 등	학급당 1
언어	22	쓰기자료	모양종이, 글자 바느질, 칠판, 쓰기도구	학급당 1
	23	화폐놀이세트	다양한 화폐 모형	학급당 1
	24	그림 맞추기 자료	퍼즐(그림, 도형)	학급당 1
	25	일상생활 자료-끼우기	구슬, 끈 등	학급당 1
	26	바느질 자료	바늘, 실 등	학급당 1
수·조작	27	옮겨담기	구슬, 씨앗, 접시 등	학급당 1
	28	일상생활 훈련 자료	단추 끼우기, 지퍼 올리기, 볼트너트 맞추기 등	학급당 1
	29	구성놀이 자료	끼우기 자료(레고)	학급당 1
	30	수 놀이 자료	분류, 비교, 서열, 전체와 부분 등	학급당 1
	31	퍼즐세트	4, 6, 8 등 여러 분할 퍼즐	학급당 1
	32~33	각종 게임 및 윷놀이 자료		학급당 1
	34	여러 가지 측정도구	저울, 자, 시계, 온도계	학급당 1
	35	실험 및 관찰 도구	자석, 돋보기, 거울(오목, 볼록)	학급당 1
	36	공구류	드라이버, 나사못 등	학급당 1
	37	감각 상자	소리, 무게 상자 등	학급당 1
과학	38	요리용 도구	도마, 플라스틱 칼, 접시, 냄비, 가열기, 프라이팬 등	학급당 1
	39~40	요리 관련 책, 지구본		학급당 1
	41	과학도서	동식물, 물, 바람, 흙, 도구 관련 책	학급당 1
	42	지도	우리나라 지도, 세계지도	학급당 1
	43	동물사육과 식물재배 도구	화분, 우리 등	학급당 1
조형	44~47	각종 종이류, 그리는 도구류, 만드는 도구류, 명화집, 그림 화보 등		학급당 1
	48	전통악기	소고, 장구, 북, 꽹과리, 징 등	원당 1
음률	49	리듬악기	리듬막대, 트라이앵글, 탬버린, 캐스터네츠, 방울, 리듬막대, 우드블록, 핸드벨, 마라카스 등	학급당 1

음률	50	타악기	큰북, 작은북, 심벌즈 세트	원당 1
	51	가락악기	실로폰, 멜로디언 등	학급당 1
	52	피아노 또는 오르간(전자 키보드)		학급당 1
	53	멜로디 악기	멜로디언, 실로폰, 목금, 철금 등	학급당 1
	54	감상활동 자료	녹음기, CD 자료, 헤드폰 등	학급당 1
	55	움직임을 위한 자료	리듬막대, 리본막대, 스카프, 한삼 등	원당 1
운동	56	공	여러 종류의 공	원당 3
	57	침대	유아용	학급당 1
	58~59	훌라후프, 줄넘기		학생당
	60~72	매트, 줄, 뜀틀, 실내암벽, 고리 던지기, 자전거, 터널, 유니바 세트, 볼링놀이 세트, 전통놀이 세트, 물놀이 세트, 모래놀이 세트, 이불 · 베개 세트		원당 1

출처: 경기도교육청(2016), pp. 20-21 재구성.

1. 영아기 발달에 적합한 교구 · 교재

- 신체 · 운동 영역: 영아가 주변 사물을 탐색할 수 있도록 자신의 신체를 조절. 운동능력 촉신
- 인지 · 언어 영역: 감각에 의한 지각능력 개발 지원
- 사회 · 정서 영역: 안정적인 정서를 지원하며 주도적 활동 촉진

2. 유아기 발달에 적합한 교구 · 교재

- 신체 · 운동 영역: 정교화된 운동기술 개발
- 인지 · 언어 영역: 상징적 사고능력과 인지적 개념, 효율적인 의사소통 습득
- 사회 · 정서 영역: 사회성 및 자기조절 능력의 신장, 자아정체감 확립

3. 장애영유아 발달에 적합한 교구 · 교재

- 시각장애영유아의 특성 및 교구 · 교재: 시각적 결함으로 인해 학습 및 언어 사회성에 부정적 영향을 미치게 되며 다른 감각기관을 활용하여 주변을 이해함. 교구 · 교재는 대안적 감각을 활용할 수 있도록 고려하되 잔존 시력을 최대한 신장시킬 수 있어야 함
- 청각장애영유아의 특성 및 교구 · 교재: 청력 손실에 의해 의사소통에 어려움을 겪게 되며, 학업적 성취에도 연관됨. 교구 · 교재는 청각 자극을 주어 잔존 청력을 활용하도록 돕되 청력 손실이 심한 경우 개별적 특성에 적합하게 고안되어야 함
- 지적장애영유아의 특성 및 교구 · 교재: 평균 이하의 지적 능력과 제한된 적응기술을 가지고 있음. 따라서 교구 · 교재는 구체적이며 적응상의 기술을 습득할 수 있도록 고안
- 지체장애영유아의 특성 및 교구 · 교재: 지체기능의 부자유로 인해 활동범위가 제한되어 있음. 교구 · 교재는 신체적 특징에 따른 형태적 보완 필요
- 자폐성장애영유아의 특성 및 교구 · 교재: 사회적 상호작용의 질적 결함이 존재함. 교구 · 교재로는 활동방법이 간단하고 쉽게 이해할 수 있는 시각적 자료 제공
- 정서 · 행동장애영유아의 특성 및 교구 · 교재: 보통의 규준으로부터 심하게 일탈된 행동을 보임. 교구 · 교재는 자기조절능력을 키우고 부정적 정서를 발산할 수 있어야 함
- 의사소통장애영유아의 특성 및 교구 · 교재: 음성적 기능이나 표현 및 수용 언어의 문제로 의사소통에 어려움을 느낌. 교구 · 교재는 통합된 언어체계를 지원할 수 있는 자료
- 건강장애영유아의 특성 및 교구 · 교재: 잦은 입원이나 통원으로 인하여 교육기회가 제한되고 고립감을 경험할 수 있음. 교구 · 교재는 개인의 우선적 교육 요구에 적합해야 하며 위생 관리에 각별한 주의 필요

4. 교구 · 교재 설비기준
  1) 보육시설의 교구 · 교재 설비기준: 평가인증지표의 보육환경 영역은 보육시설의 질적
    수준을 점검하는 기준으로 제시됨
  2) 장애아 전문 보육시설의 교구 · 교재 설비기준: 장애유형과 개별적 발달 특성을 고려한
    교구 · 교재가 제공되어야 함
  3) 유치원 특수학급 교구 · 교재 설비기준: 각 시 · 도 교육청은 활동영역별 특성에 따라
    최소한으로 갖추어야 권장 종목을 제시함

 참 고 문 헌

경기도교육청(2016). 특수학교(급) 교구 · 교재 설비기준. 경기도교육청.
보건복지부, 한국보육진흥원(2017). 2017년 어린이집 평가인증 안내(장애아전문 어린이집). 보
    건복지부 · 한국보육진흥원.
윤지운, 한민규(2014). 청각장애와 비장애 학생의 신체활동 수준에 따른 건강체력 비교. 스포츠
    사이언스, 31(2), 111-117.
이소현, 박은혜(2011). 특수아동교육. 서울: 학지사.
이현아(2013). 정서행동장애아동의 내면화, 외현화 문제의 완화 및 감소를 위한 미술치료사례
    연구. 미술치료연구, 20(4), 763-789.
임경옥, 박경화, 조현정(2017). 특수교육학개론. 서울: 학지사.
한국보육진흥원(2017). 2017년 어린이집 평가인증 운영체계 및 지표안내자료. 한국보육진흥원.

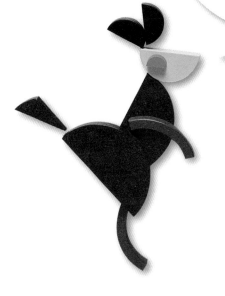

제4장
교구·교재의 제작계획 및 제작

    교구·교재를 제작하는 것은 영유아 교사의 중요한 업무 중 하나이다. 교구·교재를 제작하기 전에 철저한 계획과 충분한 검토가 이루어져야 시행착오를 줄일 수 있다. 즉, 사전에 충분히 검토된 제작계획은 제작과정의 효율성을 높일 뿐만 아니라 제작을 보다 용이하게 하며, 교사의 시간 및 인력을 효과적으로 관리할 수 있다. 따라서 교구·교재의 제작의도 및 방법, 예산 등을 고려해 가능한 한 구체적이고 체계적으로 계획하여 효율적인 제작을 실천할 수 있도록 해야 한다.

    이 장에서는 교구·교재 제작계획의 필요성 및 고려해야 할 점을 살펴보고자 한다. 그리고 이를 바탕으로 교구·교재 제작을 위한 계획 및 계획서 작성 요령과 제작에 사용되는 재료 및 도구들을 살펴보고자 한다.

교구 · 교재의 제작계획 및 제작

1. 교구 · 교재 제작계획의 필요성 및 고려사항
- 교구 · 교재 제작계획의 필요성
- 교구 · 교재 제작계획 시 고려사항

2. 교구 · 교재의 제작계획
- 교구 · 교재 제작계획의 단계
- 교구 · 교재 제작 계획서의 작성
- 교구 · 교재 제작 계획서의 예

3. 교구 · 교재의 제작재료
- 종이류의 특징 및 활용법
- 헝겊류와 비닐류의 특징 및 활용법
- 보드류의 특징 및 활용법
- 스티커류의 특징 및 활용법
- 그리기 재료와 점토류의 특징 및 활용법
- 소품류의 특징 및 활용법
- 끈 종류의 특징 및 활용법
- 접착제류의 특징 및 활용법

4. 교구 · 교재의 제작도구
- 교구 · 교재의 제작도구류

학습목표

1. 교구 · 교재 제작계획의 필요성을 제시할 수 있다.
2. 교구 · 교재 제작 시 고려사항을 설명할 수 있다.
3. 교구 · 교재 제작 계획서를 작성할 수 있다.
4. 제작에 활용될 수 있는 여러 가지 재료의 특징을 설명할 수 있다.

 **주요 용어**

시행착오: 목표된 작업에 있어서 확실한 방법을 몰라 잘못이 반복적으로 나타남

합리적: 이론에 부합되며 효율적이고 실용성을 추구함

효율적: 노력에 비해 목적을 반영하는 효과가 큼

경제적: 제작하는 데 있어서 소비되는 재료나 시간을 아낌

체계적: 제작하는 데에 있어서 전체 과정에 영향을 미치는 항목들을 짜임새 있게 조직함

1. 교구 · 교재 제작계획의 필요성 및 고려사항

1) 교구 · 교재 제작계획의 필요성

교구 · 교재의 제작계획은 제작을 구체화하고 적용시키는 데 기초가 되는 작업이다. 치밀하게 계획할수록 예기치 못한 상황을 방지할 수 있으며, 효율적이고 합리적으로 수행할 수 있도록 도울 수 있다. 또한 앞으로 발생할 수 있는 여러 가지 시행착오를 대폭 줄여 완성도가 높은 교구 · 교재를 제작할 수 있게 한다. 하지만 아무리 구체적인 계획을 세웠어도 실행하는 과정에서 계획대로 원활히 이루어지지 않을 수도 있다. 제작시기나 교육적 요구, 새로운 아이디어에 따라서 제작방법이 달라질 수가 있기 때문이다. 따라서 충분한 검토가 필요하며 수정 · 보완의 작업을 거칠 수 있음을 염두에 두어야 한다. 교구 · 교재 제작계획의 필요성을 구체적으로 살펴보면 다음과 같다.

첫째, 효과적으로 사용될 수 있는 교구 · 교재를 구상하기 위해서이다. 교육의 목적을 극대화하려는 전략과 함께 효율적인 제작방법을 개발할 수 있다. 그리고 기존에 개발되었던 교구 · 교재에 새로운 아이디어를 적용하여 기존의 교구와 중첩되지 않고 제작하기 위해서이다.

둘째, 제작된 교구 · 교재에 대한 동료 교사의 전반적인 이해를 돕기 위함이다. 교구 · 교재 제작 계획서를 통해 제작의도에 대한 체계적인 이해를 도울 수 있고, 이를 통해 불필요한 시간을 줄일 수 있다. 그리고 추후 다른 교사가 교구 · 교재를 활용할 경우에도 도움을 줄 수 있다.

셋째, 순서에 따라 구체적으로 작성하므로 제작방법을 쉽게 이해할 수 있도록 하기 위해서이다. 이는 기본 계획의 내용을 바탕으로 효율적이며 경제적인 방법으로 제작을 실천하는 데 있다. 따라서 구체적이고 세부적인 계획을 작성함으로써 계획의 실천력을 높이며, 제작의 어려움이 발생될 수 있는 조건과 더불어 제작방법의 노하우에 대한 정보를 서로 공유할 수 있다.

2) 교구·교재 제작계획 시 고려사항

교육과정을 계획하는 과정에서 효율적인 교육, 흥미 및 호기심을 충족시켜 주기 위한 수단으로 교구·교재가 요구된다. 일반 교육과정 계획에서의 요구뿐 아니라, 특정 영역이나 전반적으로 발달이 지체되어 있는 장애영유아는 특별한 교육적 요구를 지니고 있으므로 이에 적합한 교구·교재가 발견되기도 한다. 이러한 요구들은 교구·교재를 제작하는 중요한 목적이며, 어떻게 구상해야 할지에 직접적으로 영향을 미친다. 즉, 영유아의 개별적 특성을 비롯하여 동기유발에 대한 효과, 발달의 수준, 교육내용을 효과적으로 전달하기 위한 방안, 교육목표의 적합성, 교육방법의 효율성 등을 충분히 고려하면 가치 있는 교구·교재를 계획할 수 있게 되므로 시간과 노력을 허비하지 않을 수 있다. 따라서 교구·교재를 제작할 때에는 분명한 목적을 설정하고 계획하는 것이 바람직하다.

교구·교재 제작 계획서는 계획한 교사뿐 아니라 다른 교사들과 함께 공유하며 서로 의견을 주고받을 수 있는 자료가 될 수 있어야 한다. 자료를 공유함으로써 어려움이 예측되는 제작방법 및 재료의 선택, 좀 더 새롭고 창의적인 제작방법, 경제적으로 활용될 수 있는 대체 재료, 재료를 쉽게 다룰 수 있는 방법 등 다양한 정보를 동료 교사에게서 얻을 수 있기 때문이다. 즉, 교구·교재 제작 계획서는 제작과정상의 문제점을 발견하고 시정할 계기를 제공하기 때문에 보다 합리적으로 제작할 수 있도록 도움을 받을 수 있다.

교구·교재 제작 계획서를 작성할 때에는 다음과 같은 사항을 고려해야 한다.

첫째, 영유아의 발달단계에 적합하도록 제작한다. 영유아의 발달단계는 교구·교재의 활용 능력과 밀접한 관련이 있다. 즉, 활용이 너무 어려우면 좌절을 경험하는 반면 너무 쉬우면 성취감을 얻을 수 없다. 특히 발달의 특수성을 지닌 장애영유아는 발달의 개인차가 크므로 객관성에 너무 치중하지 말고 개별적 발달의 정도를 파악하는 것이 매우 중요하다. 또한 다양한 수준의 활동방법을 선택할 수 있는 교구·교재를 제작한다면 다수의 영유아가 자유롭게 활동을 선택하고 구성할 수 있으므로 보다 효율적으로 활용될 수 있다.

둘째, 교육목표에 적절하도록 제작한다. 교구・교재는 교육의 목표를 효과적으로 달성할 수 있어야 한다. 따라서 내용 및 기능은 계획된 교육프로그램을 고려하여 제작하여야 한다. 장애영유아의 차별화된 교육을 실천하기 위해서는 개별적 교육목표를 고려해야 하며, 이에 적합한 교육내용을 효과적으로 전달하는 데 기여할 수 있어야 한다.

셋째, 영유아의 흥미와 관심을 끌 수 있도록 제작한다. 교구・교재의 활용도를 높이기 위해서는 충분히 주의를 기울이고 집중을 유지시킬 수 있어야 하는데, 영유아는 흥미와 관심을 끌 만한 무언가를 발견했을 때 집중력이 발휘되며 적극적으로 활동에 참여하게 된다. 따라서 영유아의 선호를 파악하여 친숙감, 새로움, 즐거움, 심미감 등을 고려하여 교구・교재 제작 시 반영해야 한다.

넷째, 영유아가 사용하기에 적합한 크기를 고려하여 제작한다. 교구・교재는 활용방법이나 사용하는 공간에 따라 그 크기가 달라질 수 있다. 따라서 활용방안에 대한 명확한 이해가 필요하며, 더불어 영유아가 쉽게 이동하거나 움직일 수 있도록 고려하여 크기를 설계하고 제작해야 한다.

다섯째, 전시와 보관에 용이한지를 고려하여 제작한다. 교구・교재는 교구장 및 보관실에 손쉽게 전시되고 정리될 수 있어야 한다. 교실 안 교구장에 제시할 교구・교재는 교구장의 선반의 높이와 너비를 초과하지 않도록 제작하여야 하며, 크기가 큰 교구・교재는 분리와 조립이 쉽도록 제작하여 보관이 용이하게 해야 한다.

여섯째, 안전과 위생을 고려한 재료 및 제작기법을 사용하여 제작한다. 교구・교재 제작에 들어가는 기초 재료는 안전해야 하며, 더러움을 잘 닦아낼 수 있어야 한다. 영유아가 반복적으로 사용함에 따라 오염되기 쉬우므로 깨끗하게 세척이 가능한 재료로 사용하는 것이 좋다. 또한 입에 넣거나 만지고 냄새를 맡아도 해가 되지 않도록 접착제 등 화학물질에 충분히 주의하여 재료를 선택하는 것이 바람직하다.

일곱째, 경제성을 고려하여 제작한다. 시중에는 다양한 교구・교재 재료가 판매되고 있다. 경제적 효율성을 고려한다면 구입할 재료는 비용과 제작 시 소요되는 인력과 시간, 그리고 교구・교재 기능의 효과를 모두 포함하여 신중하게 선정해야 한다. 어떤 재료는 제작을 수월하게 돕는 반면 비용이 너무 높을 수 있고, 또 어떤 재료는 저렴하지만 견고하지 않거나 의도한 기능을 발휘하지 못할 수 있기 때문이다. 따라서 실용적 가치가 높으면서도 가격이 저렴한 재료들을 선정하여 계획하는 것이 바람직하다. 그리고 재활용품이나 자연물들을 활용하면 창의적이면서도 구입 비용을 낮출 수 있다.

2. 교구 · 교재의 제작계획

1) 교구 · 교재 제작계획의 단계

교구·교재를 제작하기 위해서는 영유아의 발달수준 및 흥미 등을 고려하여 계획을 수립해야 한다. 이를 위해서는 준비단계, 선정단계, 제작단계로 나누어 계획해야 하며, 활용에 대한 구체적인 내용은 제5장에 상세히 설명되어 있다.

첫째, 준비단계는 교구·교재의 요구에 관한 사전조사단계라고 할 수 있다. 즉, 영유아에게 영향을 미칠 수 있는 교구·교재의 필요와 기능과의 연계성을 알아보는 것이다. 이를 위해 영유아의 발달과 능력 및 흥미 등을 고려해야 하며, 효과적인 교수방법과 전략 등 활동목표를 달성할 수 있도록 돕는 수업 형태나 방법 등을 결정해 두어야 한다.

둘째, 선정단계는 앞 단계의 내용들을 고려하여 어떠한 교구·교재를 제작할 것인지를 선정하는 단계이다. 제작계획에 제작비용, 소요시간, 재료, 적절성, 크기, 견고성, 안전성 등을 고려하여 구체적인 구상이 선행되어야 하며, 제작 순서에 따라 의도에 맞도록 가다듬는 것이 중요하다.

셋째, 제작단계는 실제 교구·교재를 제작하는 단계로, 먼저 제작 계획서를 작성하는 것이 바람직하다. 제작 계획서를 작성하면 제작과정에서 다반사로 벌어지는 여러 가지 문제점 및 시행착오를 파악할 수 있으며, 순서에 의한 체계적인 작업을 추진할 수 있다. 필요한 재료들은 구입하기 전에 먼저 기관에 보관되어 있는 재료들의 목록을 살펴보고, 주변에서 구할 수 있는 재료들을 활용함으로써 새로 구입해야 하는 재료비의 지출을 줄일 수 있다. 그리고 제작과정 및 순서를 충분히 숙지하여 효율적인 작업이 될 수 있도록 해야 한다.

교구·교재의 제작계획 단계의 과정은 | 그림 4-1 |과 같다.

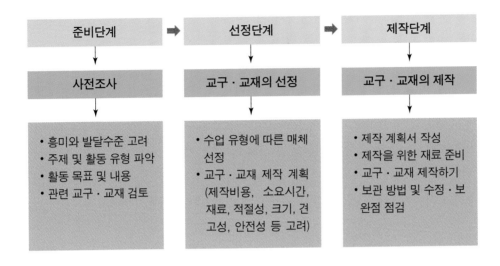

| 그림 4-1 | **교구 · 교재 제작을 위한 계획단계**

출처: 김은심 외(2016), p. 51.

2) 교구 · 교재 제작 계획서 작성

교구 · 교재의 제작 계획서는 반드시 기록해야 할 내용, 즉 활동명, 대상연령, 활동영역, 활동목표, 제작재료, 제작방법, 활동방법, 유의점 및 참고사항 등을 기록하여 체계적으로 작성해야 한다. 이에 대한 구체적인 내용은 다음과 같다.

(1) 활동명

교구 · 교재의 이름은 활동의 주제나 활동방법의 특징이 잘 드러나도록 결정하여야 한다. 예를 들면, '옛날과 오늘날의 물건' '전통 악기 퍼즐 맞추기' 등이 있다. '옛날과 오늘날의 물건'은 옛날 물건과 오늘날의 물건을 분류해 보는 활동이거나 옛날 물건과 오늘날의 물건 중 쓰임새가 같은 물건을 짝지어 보는 활동으로 유추해 볼 수 있다. '전통 악기 퍼즐 맞추기'는 전통 악기 그림이나 사진 자료를 가지고 퍼즐 조각을 맞추는 활동임을 짐작할 수 있다. 교구 · 교재명은 이렇듯 활동의 특징을 대표할 수 있어야 교사가 의도한 활동에 적합한 교구 · 교재를 쉽게 선택할 수 있도록 도울 수 있다. 영유아의 호기심을 자극하고 동기를 유발시키기 위하여 재미있는 단어나 알기 쉬운 단어를 사용하는 것도 좋다.

(2) 대상연령

대상 연령은 곧 교구·교재를 직접적으로 활용할 대상의 연령을 일컫는 것으로서 보편적인 발달단계에 따라 난이도를 조정할 수 있는 근거가 된다. 하지만 장애영유아를 위한 교구·교재가 계획될 때에는 그 대상 연령의 보편적 수준보다는 능력 범위를 신중히 고려하여 난이도를 I수준, II수준으로 조정하여 제시할 수 있다.

(3) 활동영역

어느 활동영역에서 활용되는 교구·교재인지를 작성하는 것으로 연령에 따라 활동영역의 구분이 달라질 수 있다. 영아반에서 교구·교재가 활용되는 주된 영역은 자유놀이활동이고, 유아반에서는 자유선택활동과 대·소집단 활동이다.

(4) 활동목표

교육과정 관련 요소와 관계되는 것으로 교사가 의도했던 활동이 수행되었을 때 얻어지는 효과를 구체적으로 작성한다. 즉, 제작한 의도 및 활동방법을 통해 기대되는 효과를 명료화하여 목표를 명확히 살피는 것이다. 목표가 교구·교재의 제작의 방향을 제시하여 주는 것과 마찬가지로 요구되는 교구·교재의 활용방법 및 기능이 달라지기 때문에 그 내용을 분명하고 구체적으로 작성하여야 한다.

(5) 제작재료

계획한 교구·교재를 제작하는 데 필요한 재료는 그 이름과 양을 구체적으로 작성해야 경비 지출에 대한 효율적인 탐색을 할 수 있다. 즉, 예산안에서의 지출이 가능한지를 짐작할 수 있으며, 기관 내 필요한 재료가 확보되어 있는지, 새로 구입해야 하는지를 점검해 볼 수 있다.

(6) 제작방법

제작의 순서와 흐름에 따라 구체적으로 작성해야 작업이 쉬워지게 된다. 그리고 제작방법에서 한 부분을 수정할 경우, 다른 부분에 영향을 적게 끼치도록 도울 수 있다. 보통 제작과정의 순서는 전후가 연계되어 있으며, 순서의 역방향으로 진행하긴 곤란하므로 제작과정은 번호를 이용하여 순서를 표시해 두어야 한다. 그리고 언어로 표현하기 어려운 작업 내용은 참고가 될 만한 사진 자료를 붙여 놓거나 도식화한 그림을 그려 넣어 제작과정을 더 쉽게 파악할 수 있도록 한다.

(7) 활동방법

교구・교재를 영유아에게 보여 줌과 동시에 어떻게 흥미를 이끌어 내고 어떠한 방법으로 활동을 전개시켜 나갈 것인지를 계획해야 한다. 즉, 학습자가 이해를 돕고 스스로 과제를 수행할 수 있도록 제공해야 하는 교사의 전략과 교수방법에 관한 것이다. 활동 자체가 그 교육적 목표에 달성하게 되는 과정이 되므로 다양한 방법을 활용하여 자연스럽게 전개시켜 나갈 수 있는 방법을 충분히 계획해야 한다. 또한 확장하여 연결될 수 있는 활동이 있다면 함께 작성할 수 있다.

(8) 유의점 및 참고사항

교구・교재를 제작하는 데 있어서 특별히 신중해야 할 부분이나 주의해야 할 점 등을 작성하는 것으로 제작자를 배려할 수 있으며, 효율적인 제작과정을 이해할 수 있도록 돕는다.

3) 교구・교재 제작 계획서의 예

교구・교재 제작 계획서에는 활동명, 활동주제, 대상연령, 활동영역, 활동목표, 제작재료, 제작방법, 활동방법, 유의점 및 참고사항이 포함되어야 한다. 이에 따른 교구・교재 제작 계획서의 예는 |표 4-1|과 같다.

| 표 4-1 | **교구·교재 제작 계획서의 예**

활동명	다양한 교통수단을 알아보아요		
활동영역	자연탐구, 의사소통	**대상연령**	4~5세
활동목표	1. 하늘, 바다, 땅을 이용하는 교통수단을 분류할 수 있다. 2. 다양한 탈것의 기능에 대해 말할 수 있다.		
제작재료	펠트지(빨강, 주황, 노랑, 라임, 하늘, 파랑, 보라, 회색, 검정), 바늘, 실, 솜, 글루건, 하드보드지, 색연필, 벨크로테이프, 코팅지		
사진	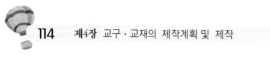		
제작방법	① 하드보드지에 교통수단(소방차, 기차, 비행기, 버스, 자동차, 배)과 배경을 그린다. ② 그림을 물감으로 연하게 색칠한다. ③ 그림을 완성한 뒤 코팅지나 투명 시트지를 붙여 판 제작을 마무리한다. ④ 판에 붙일 교통수단을 펠트지를 이용해 소방차, 기차, 비행기, 버스, 자동차, 배 모양으로 2개씩 자른다. ⑤ 잘라놓은 교통수단 모양의 펠트지를 겹쳐 솜을 넣어 가며 바느질한다. ⑥ 바느질을 완성한 교통수단 모형을 펠트지로 꾸며 마무리한다. ⑦ 마무리된 판과 교통수단 모형에 찍찍이를 붙여 교구를 완성한다.		
활동방법	① 아동과 함께 교통수단에 대한 경험을 이야기한다. ② 교통수단 모형을 만지며 탐색하게 한다. ③ 교통수단 모형을 아동과 함께 보며 교통수단의 특징들에 대해 이야기한다. ④ 교통수단 모형을 모두 이해한 뒤, 배경 그림을 보며 경험을 떠올린다. ⑤ 아동과 함께 배경과 모형의 연관성을 이야기하며 교통수단을 붙인다. ⑥ 다시 모형을 떼어 아동이 스스로 찾아 붙이도록 한다.		
유의점 및 참고사항	하드보드지 위 교통수단과 펠트지로 제작한 교통수단의 모양과 크기를 같게 한다. 교통수단이 붙여지는 공간에는 까슬이와 보슬이가 서로 잘 맞닿을 수 있도록 위치를 확인한 후 붙인다.		

3. 교구 · 교재의 제작재료

1) 종이류의 특징 및 활용법

색종이
- 특징: 색상이 선명하고 두께가 얇음. 양면 색종이는 양면의 색이 다르며 단면 색종이는 한 면에만 색이 있음
- 활용법: 게시판이나 환경판을 비롯한 평면 자료를 제작함

하드보드지
- 특징: 두께가 약 1mm로 다른 종이보다 견고하여 커터칼을 사용하여 잘라야 함
- 활용법: 게임판, 동시판, 카드, 퍼즐 등 단단한 보드나 상자 등을 제작함. 습기에 약하므로 시트지로 감싸 주어야 함

종이접시
- 특징: 여러 색이 입혀진 종이 접시로 매우 가벼움
- 활용법: 돌림판, 모빌 등 입체감 있는 원형 모양으로 활용됨. 가위로 가위집을 내어 휘어 주면 꽃을 표현할 수 있음

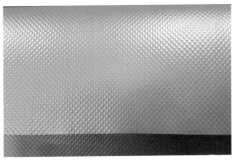

파인애플지
- 특징: 종이에 입체적인 격자무늬가 들어가 있으며 은은한 광택이 있음
- 활용법: 장식용 및 종이접기용으로 활용됨

구김지
- 특징: 종이를 구겼다가 펴 놓은 것과 같은 질감을 가지고 있음
- 활용법: 종이접기 및 북아트의 겉표지로 사용될 수 있음

흑마분지
- 특징: 두꺼운 도화지로 양면이 검정색이며 가격이 비교적 저렴함
- 활용법: 우주 표현의 바탕 재료로 사용됨

포일지
- 특징: 반짝이는 은색 알루미늄으로 종이처럼 얇음. 빛을 반사할 수 있으며, 쉽게 구겨져 덩어리로 표현할 수 있음
- 활용법: 구겨진 포일은 장식을 하거나 빈 공간을 채우는 데 활용됨. 사물의 겉이 보이지 않도록 덮어씌울 수 있음

사포지
- 특징: 종이의 한 면에 숫돌을 입혀 표면이 매우 거칠음
- 활용법: 목조각의 거친 부분을 부드럽게 마감하거나 촉감판에서 거친 면으로 사용됨. 크레파스의 화지로도 활용될 수 있음

주름지
- 특징: 종이에 촘촘한 주름이 잡혀 있음. 주름진 부분의 양쪽을 잡아당기면 주름이 펴지면서 늘어남
- 활용법: 주름이 있는 부분과 주름을 편 부분을 이용하여 꽃이나 커튼 등으로 표현할 수 있음

머메이드지
- 특징: 일반 도화지보다 두꺼우며 색감이 선명하고 표면이 입체적임
- 활용법: 한 번 접어 놓으면 형태가 쉽게 변형되지 않아 책 표지, 바람개비의 날개 등으로 활용될 수 있음. 입체적 표면에 의해 색연필로 그림을 그리면 독특한 색감을 표현할 수 있음

색상지
- 특징: 색상이 매우 다양하며, 양면이 같은 색으로 되어 있음
- 활용법: 게시판 및 각종 교구의 바탕자료, 동화자료 등에 사용됨. 양면이 같은 색으로 되어 있고 잘 접히기 때문에 책 내지로 사용하거나 아코디언 책을 만들 때 적합함

골판지
- 특징: 두께나 강도에 비해 가볍고 다양한 색상을 갖추고 있음. 한 면에 파형의 골심지가 접착되어 있음
- 활용법: 골 자체가 무늬가 되며, 골이 있는 면이 밖으로 향해 돌돌 잘 말리기 때문에 평면적 표현뿐 아니라 입체적 표현도 가능함

2) 헝겊류와 비닐류의 특징 및 활용법

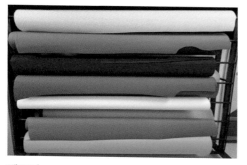

펠트지
- 특징: 부드럽고 따뜻한 느낌이 들며 색상이 다양함
- 활용법: 인형 및 동화 자료를 만들기 용이함. 펠트지를 접착할 때에는 글루건, 본드를 사용해야 함

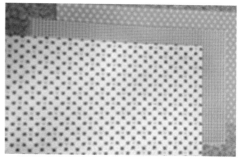

무늬펠트지
- 특징: 펠트지 위에 다양한 패턴과 모양이 입혀져 있음.
- 활용법: 역할놀이 소품인 인형 옷, 가방 등을 만들 때 주로 사용함

융
- 특징: 보풀이 일어난 천으로 까끌이와 잘 붙음
- 활용법: 하드보드지나 우드락에 붙임으로써 융판을 제작할 수 있음

색상 시트지
- 특징: 접착력이 매우 강한 비닐 시트로 색상이 다양하며 원목 모양 등 다양한 무늬를 가지고 있음
- 활용법: 원하는 모양을 오려 스티커처럼 사용이 가능함. 접착 면에 붙어 있는 종이를 조금씩 떼내어 마른 수건으로 문질러 붙여야 함

투명 시트지
- 특징: 투명한 비닐 시트로 접착 면이 있음
- 활용법: 두께가 두꺼워 코팅하기 어려운 카드, 그림 자료 위에 덮어씌워 교구·교재를 보호하는 용도로 많이 쓰임

OHP 필름
- 특징: 투명한 비닐지로 접착 면이 없음
- 활용법: 프린트가 가능하여 자료를 쉽게 제작할 수 있음. 동화 배경과 등장인물을 따로 제작하여 오버랩함으로써 자료의 양을 줄이고 흥미를 더할 수 있음

코팅지
- 특징: 2장의 얇은 비닐지로 되어 있으며 사이에 평면 자료를 넣어 열을 가하면 압착되어 비닐 막을 씌우게 됨
- 활용법: 그림 카드나 융판 자료 등의 평면 자료를 보호해 줌

아세테이트지
- 특징: 두꺼운 비닐지로 투명함
- 활용법: 비닐 가방을 만들거나 자료를 보호하기 위해 겉면을 포장하는 데 활용됨

셀로판지
- 특징: 투명 비닐 용지로 셀로판지를 통해 밖을 보면 셀로판지의 색상처럼 보임
- 활용법: 선글라스나 색의 혼합 관찰 자료 등 과학실험 도구를 제작하는 데 활용됨

3) 보드류의 특징 및 활용법

우드락
- 특징: 스티로폼 재질로 만들어져 습기에 강하고 가볍지만 견고성이 약함
- 활용법: 정교한 모양을 오릴 때에는 우드락 커터를 사용해야 함. 시트지로 마감하여 동시판, 게시판, 카드, 퍼즐 등으로 제작할 수 있음

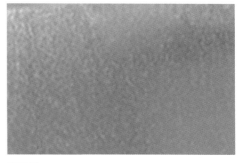

함석판
- 특징: 엷은 철판으로 자석이 잘 붙음
- 활용법: 자석을 이용하여 떼었다가 붙이는 바탕 재료로 많이 사용됨. 절단 면이 날카로워 제작 시 손이 다치지 않게 주의해야 함

융판
- 특징: 우드락 보드에 융이 접착되어 있음
- 활용법: 벨크로가 붙여진 자료를 떼었다가 붙일 수 있는 바탕 재료로 많이 사용됨. 칼집을 내면 쉽게 삼각대를 제작할 수 있음

4) 스티커류의 특징 및 활용법

야광 스티커
- 특징: 어두운 곳에서 빛을 내는 스티커임
- 활용법: 암막천이 사용된 교구・교재에서 많이 사용됨. 밤하늘이나 우주, 별자리 등을 실감나게 표현할 수 있음

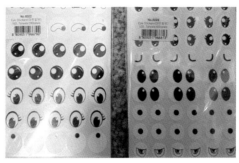

눈알 스티커
- 특징: 여러 특징을 가진 눈의 스티커임
- 활용법: 사람이나 동물의 눈을 쉽게 표현할 수 있으나 눈을 성격이나 특징들을 고려하여 붙여야 함

숫자 스티커
- 특징: 숫자가 쓰여 있는 스티커임
- 활용법: 그래프, 달력, 수 세기 교구・교재 및 종이접기와 같은 순서도에서 순서 및 수를 표현할 수 있음

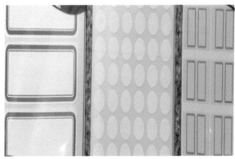

견출지
- 특징: 메모할 수 있는 공간이 있으며 뒷면에 접착제가 발라져 있음
- 활용법: 교구・교재의 이름이나 자료의 이름을 쉽게 표기하여 부착할 수 있음

모양 스티커
- 특징: 다양한 모양 및 크기의 스티커임
- 활용법: 동일한 모양을 여러 개 표현할 때 쉽게 활용될 수 있음

5) 그리기 재료와 점토류의 특징 및 활용법

수성 물감
- 특징: 물에 염료가 섞여 있는 것으로 여러 색이 있음. 서로 혼합하면서 다양한 색을 표현할 수 있음
- 활용법: 종이에 쉽게 흡수되어 채색할 때 사용됨. 물을 많이 사용하거나 적게 사용함으로써 투명한 정도를 표현할 수 있음

아크릴 물감
- 특징: 아크릴 에스테르 수지로 만들어진 물감으로 건조가 빠름. 종이뿐 아니라 모든 바탕 재료에 착색할 수 있음
- 활용법: 물에 잘 용해되어 유용하게 사용됨. 다른 물감보다 빨리 마르므로 교구·교재 제작에 더욱 효율적임

파스텔
- 특징: 고운 색가루 원료를 굳힌 것으로 가루를 내어 채색함
- 활용법: 가루를 내거나 직접 채색한 후 손가락이나 휴지 등을 사용하여 번지게 함으로써 파스텔 톤으로 표현이 가능함. 우드락 본드와 파스텔 가루를 섞어 굳히면 유리 등에 붙일 수 있는 자료를 제작할 수 있음

우드락 물감
- 특징: 우드락에 채색될 수 있는 전용 물감임
- 활용법: 붓을 이용하여 우드락 보드에 그림을 그리거나 글씨를 쓸 수 있음

페이스 페인팅 물감
- 특징: 무독성으로 얼굴이나 몸의 피부에 그림을 그릴 수 있음
- 활용법: 분장용으로 사용하며 활동이 끝난 후 물로 깨끗이 닦아 냄

패브릭 염색 물감
- 특징: 천 조각에 염색이 가능하여 세탁 후에도 색이 없어지지 않음
- 활용법: 손수건, 천 가방 등 직물 소재에 그림 그린 후 종이나 얇은 천을 대고 다리미(고온)로 열처리함

유성 매직
- 특징: 색이 다양하며 필요에 따라 굵기가 다른 제품들을 선택할 수 있음
- 활용법: 종이 뿐 아니라 유리, 시트지 위에 선명한 그림 및 글자를 표현할 수 있음. 뚜껑을 오랫동안 열어 놓으면 펜 심이 말라 잉크가 잘 나오지 않으므로 사용 후에는 뚜껑을 닫아 놓아야 함

반짝이 가루
- 특징: 곱고 가벼운 가루로 반짝임
- 활용법: 채색할 공간에 오공본드를 바른 뒤 반짝이 가루를 뿌려 굳힘으로써 표현함. 완성된 후 투명 매니큐어나 투명 래커 스프레이를 뿌려 반짝이 가루가 떨어지지 않도록 함

우드락 래커
- 특징: 우드락에 채색하는 스프레이식 도료임
- 활용법: 유성이므로 실내보다는 야외에서 사용하는 것이 좋음. 바람에 도료가 흩날릴 수 있어서 채색할 우드락을 빈 박스에 넣어 래커를 뿌려 주며, 얇게 여러 번 뿌리는 것이 좋음

컬러 점토
- 특징: 부드럽고 반죽이 쉬우며 여러 가지 색이 있음
- 활용법: 반죽하고 빚음으로써 다양한 조형물을 만들 수 있음. 탄성재료로 만들어진 점토는 공 모양으로 만들어 탱탱볼을 제작할 수 있음

천사점토
- 특징: 지점토에 비해 상당히 무게가 가벼우며 부드러운 질감을 가지고 있음
- 활용법: 조형물을 만들어 건조시킨 후, 사인펜, 물감, 마커 등으로 색을 표현할 수 있음. 우드락본드를 이용하여 접착할 수 있음

찰흙
- 특징: 반죽하면 찰지고 부드러워져 원하는 조형물을 만들기 용이함
- 활용법: 완성된 조형물은 그늘에서 말려야 갈라지는 현상을 막을 수 있음. 조형물이 완전히 건조된 후 투명 래커를 뿌리기도 함

6) 소품류의 특징 및 활용법

백업

- 특징: 비닐을 원료로 한 스펀지로 기다란 원기둥 형태를 하고 있으며 쉽게 구부러짐
- 활용법: 게시판의 테두리에 둘러 붙이거나 중심을 단면으로 잘라 반원기둥 모양의 형태로 사용. 접착할 때 글루건을 사용하면 열에 의해 표면이 녹아버리므로 셀로판테이프를 돌돌 감아 이어붙임

방울과 종

- 특징: 흔들면 청량한 소리가 남
- 활용법: 자체로도 장식품으로 활용하지만 소리가 필요한 교구 · 교재에 효과적으로 활용될 수 있음. 팔찌, 막대기, 인형 등에 매달아 두면 움직일 때마다 소리가 나므로 적극적인 활동을 유도할 수 있음

색 돌

- 특징: 주변에서 쉽게 볼 수 있는 자연물로 시중에는 색을 입힌 색 돌을 구입할 수 있음
- 활용법: 돌의 크기에 따라 부딪히면서 내는 소리가 다르므로 마라카스의 속 재료로 사용될 수 있음. 환경구성 시 꾸미기 재료로 활용될 수 있음

퐁퐁이

- 특징: 공 모양으로 만들어진 보들보들한 털로, 색과 크기가 매우 다양함
- 활용법: 인형, 꽃, 꾸미기 재료 등으로 사용됨. 크기가 큰 퐁퐁이는 공, 촉감자료 등 그 자체로 활용될 수 있음

눈알
- 특징: 동그란 흰 바탕 위로 까만 눈동자가 들어 있음. 눈알이 흔들리면 눈동자도 함께 움직임
- 활용법: 인형, 얼굴이 그려진 평면자료 등에 붙임으로써 생동감 있는 눈을 표현할 수 있음

단추
- 특징: 여러 모양과 색의 단추로 가운데 단추 구멍이 있음
- 활용법: 인형의 옷이나 단추 끼우기와 관련된 교구·교재를 제작하는 데 많이 활용됨. 단추의 색, 모양, 구멍 개수로 분류하는 활동자료로 사용할 수 있음

스펀지
- 특징: 물을 쉽게 빨아들이고 머금을 수 있으며 푹신하고 탄력이 있음
- 활용법: 스펀지 도장, 촉감판 등을 제작하는 데 활용됨

나무조각
- 특징: 주변에서 쉽게 구할 수 있는 재료임
- 활용법: 환경판, 꾸미기 재료로 활용되며, 오공본드나 글루건을 사용하여 붙일 수 있음

조개껍데기
- 특징: 조개의 종류에 따라 다양한 껍데기의 모양을 관찰할 수 있음
- 활용법: 과학 영역의 탐색자료로 활용되거나 환경 구성 및 모빌 등 꾸미기 재료로 활용됨

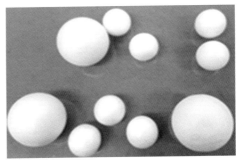

스티로폼 볼
- 특징: 스티로폼 재질의 공으로 가벼움
- 활용법: 눈덩이를 표현할 수 있음. 오공본드나 이쑤시개를 이용하여 서로 이어 붙일 수 있음. 아크릴 물감으로 채색이 가능하기 때문에 필요에 따라 다양한 색을 표현할 수 있음. 칼로 잘라 반구 모양으로도 활용할 수 있음

구슬
- 특징: 구 모양의 플라스틱, 나무 등 다양한 원료로 만들어져 있음. 구의 중심을 통과하는 구멍이 있음
- 활용법: 구슬의 구멍에 실을 통과시켜 구슬 꿰기, 목걸이 만들기, 패턴을 학습할 수 있는 교구・교재로 제작하는 데 적당함

자석
- 특징: 철을 끌어당기는 성질이 있으며, 원, 막대, 말발굽 등의 모양이 있음
- 활용법: 함석판에 붙일 자료의 뒷면에 붙임. 자석의 크기와 개수는 자료의 크기 및 무게를 고려하여 결정해야 함

나무집게
- 특징: 가볍고 크기가 다양함
- 활용법: 사진, 그림, 카드 등을 꽂는 데 활용됨. 꽂아야 할 자료의 크기와 무게에 따라 집게의 크기 및 개수를 함께 고려해야 함

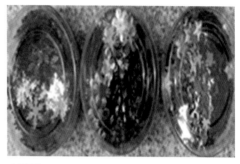

스팽글
- 특징: 금속이나 합성수지로 만들어진 얇은 조각으로 다양한 모양이 있고 화려한 색을 나타냄
- 활용법: 무대의상이나 신체표현 도구에 붙임으로써 더욱 화려하게 꾸며 줄 수 있음

압핀
- 특징: 플라스틱이나 금속의 머리 부분에 뾰족한 바늘을 붙여 놓은 도구임
- 활용법: 융판, 코르크보드 등 침핀을 꽂을 수 있는 바탕에 자료를 고정하는 용도로 쓰임

훅
- 특징: 벽면에 붙일 수 있는 조각에 갈고리 형태가 결합되어 있음
- 활용법: 고리가 달려 있는 카드나 펀치 구멍이 뚫려 있는 자료들을 걸어 놓는 데 활용됨. 여러 개를 사용하면 자료의 분류, 서열 및 순서대로 배열할 수 있는 도구로 활용될 수 있음

7) 끈 종류의 특징 및 활용법

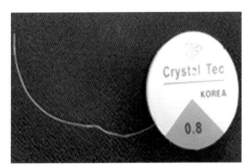

낚싯줄
- 특징: 얇은 줄로 잘 엉키지 않고 끊어지지 않음
- 활용법: 모빌을 매다는 줄에 많이 사용됨. 모빌 조각의 균형을 잘 맞출 수 있도록 무게 중심을 및 평형을 잘 맞추어 달아야 함

모루
- 특징: 철사 겉면에 부드러운 융천으로 감싸져 있음
- 활용법: 쉽게 구부러지므로 다양한 모양을 만들 수 있음. 교구 · 교재의 테두리를 감싸거나 동물, 꽃 등 다양한 모양을 구성할 수 있음

보석줄
- 특징: 금속이나 플라스틱 재질의 화려한 모양으로 장식되어 있음
- 활용법: 필요한 만큼 가위로 쉽게 잘라내어 교구 · 교재의 가장자리나 인형 옷 등에 붙여 장식함

헝겊 고무줄
- 특징: 고무줄에 헝겊이 덧대어져 있으며, 탄성이 높아 잘 늘어나며 부드러움
- 활용법: 동물머리띠나 가면을 착용하기 위한 이마, 귀, 턱에 거는 고무줄로 사용함

운동화 끈
- 특징: 탄성은 없으나 줄이 견고하여 여러 번 반복하여 사용하여도 변형이 적음
- 활용법: 구멍에 줄을 통과시키는 조작 영역의 교구·교재를 제작할 때 많이 활용됨

지끈
- 특징: 말려 있는 종이를 염색한 것으로 독특한 색감이 있음
- 활용법: 말려 있는 상태에서는 가방 끈, 게시자료의 고리 등으로 제작되며, 펼친 상태에서는 장식용으로 활용될 수 있음

빵끈
- 특징: 가운데에 철사가 들어 있어 쉽게 구부러지며 힘이 가해지지 않는 이상 꼿꼿하게 서 있음
- 활용법: 둥근기둥의 막대기에 돌돌 감아 막대기를 빼내면 스프링 모양이 만들어져 장식용이나 인형의 팔과 다리 등에 표현될 수 있음. 비닐봉투의 끝을 묶는 데 활용됨

리본테이프
- 특징: 부드러운 천의 띠 테이프로 쉽게 묶이고 바람에 잘 흩날림
- 활용법: 막대기 끝에 리본테이프를 길게 잘라 붙여 리본막대를 쉽게 만들 수 있음. 게시판이나 교구·교재의 테두리에 붙이거나 리본으로 매듭지어 꾸미기 재료로 활용됨

8) 접착제류의 특징 및 활용법

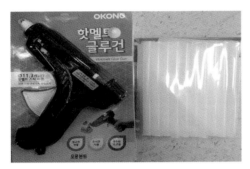

글루건
- 특징: 글루건 스틱을 열로 녹이면 액체 형태의 접착제가 나오고 식으면서 딱딱하게 굳음
- 활용법: 열에 강한 재료들을 붙이는 데 사용됨. 벌어진 곳을 메꾸는 용도로도 사용될 수 있음

목공풀
- 특징: 마르면서 투명하게 변하므로 접착 자국이 남지 않게 붙일 수 있음
- 활용법: 나무, 천, 가죽, 플라스틱 등 다양한 재료들을 접착할 수 있음. 접착하고자 하는 물체의 양면에 먼지나 더러움 등을 깨끗이 닦아 낸 후 접착제를 발라야 함

스프레이 접착제
- 특징: 종이, 천, 스티로폼, 비닐, 플라스틱 등에 직접 분사하여 접착제를 도포할 수 있음
- 활용법: 접착제를 도포할 범위를 깨끗이 닦은 후 사용하며, 분사 후 10초 정도 방치 후 접착할 물체를 가볍게 눌러 줌

마스킹테이프
- 특징: 색 테이프로 한 면에 접착제가 발라져 있음
- 활용법: 여러 장의 종이를 묶은 스테이플러 침의 날카로운 부분을 감싸는 용도로 많이 사용됨. 게임판이나 주사위 등의 모서리 부분을 감싸 붙이기도 함

벨크로테이프(까슬이와 보슬이)
- 특징: 까슬이와 보슬이가 함께 구성되어 있음. 서로 잘 붙고 떼어내기도 쉬움
- 활용법: 다양한 교구·교재를 붙였다 뗐다 하는 데 사용할 수 있음

양면테이프
- 특징: 양면에 접착제가 발라져 있어 필름, 헝겊, 종이 등 다양한 재질을 편리하게 접착시킬 수 있음
- 활용법: 양쪽 접착면에 붙어 있는 종이 중 한쪽만 떼어 접착할 표면에 붙인 후 반대 면의 종이를 떼어 다른 접착 재료를 눌러 붙임

4. 교구 · 교재의 제작도구

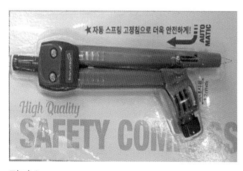

컴퍼스
- 특징: 원을 그릴 수 있는 도구로 컴퍼스의 다리 간 거리가 멀수록 큰 원을 그릴 수 있음
- 활용법: 컴퍼스의 침을 그리고자 하는 원의 중심에 꽂은 후 연필을 고정시켜 놓은 다리를 돌려 원을 그림

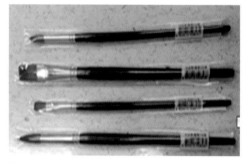

붓
- 특징: 동물의 털을 모아 원추형으로 만든 것으로 두께와 모양에 따라 원하는 곳의 채색을 효율적으로 도움
- 활용법: 붓에 염료를 묻힌 후 채색할 곳을 칠하는 데 사용함

가위
- 특징: 양 쪽 날을 교차시킴으로써 헝겊, 종이, 끈 등을 자르는 도구임
- 활용법: 교구·교재에 필요한 색종이를 비롯하여 헝겊 등을 자르는 데 사용함

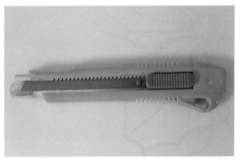

커터칼
- 특징: 사용하기 전 자르고자 하는 재료의 두께를 살핀 후 적절하게 칼날의 길이를 빼어 사용함
- 활용법: 하드보드지 및 우드락 등을 정교하게 자르는 데 사용함

만능 톱
- 특징: 얇은 톱날이 손잡이에 고정되어 있으며, 다른 톱에 비해 크기가 작은 편임
- 활용법: 철재, 알루미늄, 플라스틱, 목재 등의 재료를 절단하는 용도로 직선뿐 아니라 곡선의 절단도 가능함

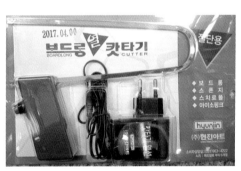

우드락 커터
- 특징: 우드락을 절단하는 부분은 실처럼 얇으며 열이 전달됨
- 활용법: 우드락을 곡선이나 정교한 모양으로 매끄럽게 절단할 때 사용

반짇고리

- 특징: 실, 바늘, 실고리, 가위 등이 들어 있음
- 활용법: 펠트지 등의 헝겊을 기울 때 사용함. 헝겊의 두께에 따라 실의 두께를 달리하여 사용해야 함. 헝겊과 보색인 실을 사용하면 바느질 선을 드러나게 표현할 수 있음

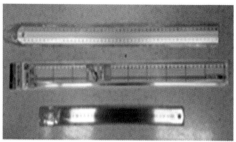

막대 자

- 특징: 길이를 측정하는 도구로 플라스틱이나 금속 재질로 만들어짐
- 활용법: 곧은 선을 그리거나 길이를 재는 데 활용됨. 여러 장의 겹쳐진 종이, 우드락, 하드보드지 등의 두꺼운 재료에 자를 대고 커터칼로 자르면 자르는 선이 빗겨 잘리지 않도록 도움

줄자

- 특징: 얇고 잘 구부러지는 재질에 길이의 눈금이 표시되어 있음
- 활용법: 곡선이 있거나 입체적인 사물의 둘레를 재어 보는 데 사용함

1. 교구·교재 제작계획의 필요성 및 고려사항

1) 교구·교재 제작계획의 필요성

- 효과적으로 사용될 수 있는 교구·교재를 구상하기 위함
- 동료 교사에게 제작할 교구·교재에 대한 전반적인 이해를 돕기 위함
- 제작방법을 쉽게 이해할 수 있도록 하기 위함

2) 교구·교재 제작계획 시 고려사항

- 영유아의 발달단계에 적합하도록 제작함
- 교육목표에 적절하도록 제작함
- 영유아의 흥미와 관심을 끌 수 있도록 제작함
- 영유아가 사용하기에 적합한 크기를 고려하여 제작함
- 전시 및 보관이 용이한지를 고려하여 제작함
- 안전과 위생을 고려한 재료 및 제작 기법을 사용하여 제작함
- 경제성을 고려하여 제작함

2. 교구·교재의 제작계획

1) 교구·교재 제작계획의 단계

- 준비단계(사전조사) → 선정단계(교구·교재의 선정) → 제작단계(교구·교재의 제작)

2) 교구·교재 제작 계획서 작성

- 활동명: 활동의 주제나 활동방법의 특징이 잘 드러나도록 결정하며, 영유아의 호기심 및 동기를 유발하기 위한 단어를 사용함
- 활동주제: 교육 기간 및 활용 기간을 결정하는 생활주제를 작성하는 것으로, 두 가지 이상의 주제에서 활용될 수 있는 경우 모든 주제를 작성함
- 대상연령: 교구·교재를 활용할 대상의 연령을 제시함
- 활동영역: 영아는 자유놀이활동, 유아는 자유선택활동과 대·소집단 활동에서 분류

된 영역을 토대로 활용될 수 있는 활동영역을 제시함
- 활동목표: 교구·교재를 통해 기대되는 효과를 분명하고 구체적으로 작성함
- 제작재료: 경비 지출 및 재료 선택의 점검을 위해 재료의 이름과 양을 상세히 작성함
- 제작방법: 제작과정의 순서를 설명하고 사진 자료나 그림을 넣어 쉽게 파악하도록 함
- 활동방법: 전개시킬 수 있는 교수전략 및 교수방법을 작성함
- 유의점 및 참고사항: 제작상 특별히 신경써야 할 사항을 별도로 제시하기 위해 작성함

3. 교구·교재의 제작재료
- 교구·교재를 제작하는 데 쓰이는 재료는 종이류, 헝겊류와 비닐류, 보드류, 스티커류, 그리기 재료와 점토류, 끈 종류, 접착제류가 있으므로 제작재료의 특성에 따라 적합하게 활용해야 함

4. 교구·교재의 제작도구
- 교구·교재를 제작하는 데 쓰이는 도구들은 제작재료의 특성 및 제작 방식에 따라 적합하게 선택함으로써 효과적으로 활용해야 함

참 고 문 헌

김은심, 유향선, 최현정(2016). 영유아를 위한 교과교재 연구 및 지도법. 서울: 창지사.

제5장

교구·교재의 배치 및 활용과 평가

교사가 의도하는 교육적 목표를 효과적으로 달성하기 위해서는 교육활동에 즉각적이고 지속적인 피드백을 제공하여 줄 수 있도록 교구·교재를 적절하게 교육환경에 배치하거나 활용하는 방법에 대해 숙지하고 있어야 한다. 그리고 활용이 끝난 후 객관적으로 평가하고 이를 추후 반영해야 하며, 합리적으로 관리해야 한다. 이러한 일련의 과정은 통합환경 및 장애전담 교육환경에서 장애영유아의 발달지원을 돕고 개인의 흥미와 능력이 반영된 활동을 이끌어 내며, 독특한 개별적 학습을 지원해 줄 수 있다.

이 장에서는 교구·교재의 일반적인 배치와 장애영유아를 위한 배치, 집단 활동이나 영역별 활용 및 평가, 교구·교재의 효율적이고 체계적인 관리를 살펴봄으로써 교구·교재에 대한 실제적인 이해를 돕고자 한다.

교구 · 교재의
배치 및 활용과
평가

1. 교구 · 교재의 배치
- 일반적 교구 · 교재의 배치
- 장애영유아를 위한 교구 · 교재의 배치

2. 교구 · 교재의 활용
- 교구 · 교재의 제시
- 교구 · 교재의 소개
- 교구 · 교재의 활용방법
- 교구 · 교재의 활용전략

3. 교구 · 교재의 평가
- 교구 · 교재의 평가

4. 교구 · 교재의 관리
- 효율적인 교구 · 교재 관리
- 체계적인 교구 · 교재 관리
- 교구 · 교재 목록표 문서 작성

학습목표

1. 일반적 교구·교재 배치와 장애영유아를 위한 교구·교재의 배치 시 유의점을 비교·분석할 수 있다.
2. 교구·교재를 제시할 때 고려해야 할 시기와 순서에 대한 고려사항을 설명할 수 있다.
3. 교구·교재의 활용 과정에서 교사에게 요구되는 역할을 제시할 수 있다.
4. 장애영유아를 위한 교구·교재 활용 전략을 현장에서 실행할 수 있다.
5. 현장에서 교구·교재를 효율적으로 관리할 수 있다.

.

주요 용어

배치: 활용될 수 있도록 적절한 위치나 공간에 나누어 둠
활용방법: 기능을 충분히 이용할 수 있는 수단과 방식
활용전략: 목적을 이루기 위해 치밀하게 계획된 방법
평가: 필요와 목적에 맞게 활용되었는지를 점검함
효율적: 노력 및 비용에 비하여 기대되는 효과가 큰 것
체계적: 일정한 원리에 따라 설정되고 운영되는 것
목록표: 공통된 속성에 따라 일정한 기준으로 나누어 표로 작성한 것

1. 교구 · 교재의 배치

1) 일반적 교구 · 교재의 배치

교사는 기본적으로 영유아가 교구 · 교재를 편리하게 활용할 수 있도록 적절한 배치와 진열 방법을 숙지하고 있어야 교육적 가치를 높일 수 있다. 특히 교사는 개별 영유아를 세심하게 관찰하여 난이도, 수량 등을 조절한 후 교구 · 교재를 재배치하거나 활용도를 높일 수 있는 방안을 강구하여야 한다.

일반적으로 교구 · 교재의 효율성과 활용도를 높이기 위해서는 다양한 교구 · 교재를 확보하여 활동 영역별로 융통성 있게 배치하여야 한다. 이렇게 함으로써 영유아에게 활동에 대한 선택의 기회를 주며, 더불어 영유아 자신이 스스로 계획 활동을 수행할 수 있도록 배려함으로서 자율성을 키워 줄 수 있다. 또한 물리적 경계의 설정으로 인한 구분이 명확해지므로 안정된 분위기에서 활동을 지속할 수 있다. 더불어 다양한 활동에 모든 영유아가 적절하게 참여할 수 있도록 교사가 도울 수 있으며, 효율적인 배치로 교사의 교구 · 교재 관리 시간을 줄일 수 있는 효과가 있다. 따라서 교구 · 교재 배치 효과를 높이기 위한 일반적인 유의점을 살펴보면 다음과 같다.

첫째, 영유아들의 인원 및 교실의 크기 등을 고려해야 한다. 교구 · 교재를 배치할 때에는 학급의 영유아 수와 활용 빈도 등에 따라 수량이 조절되어야 하며, 물리적 공간의 효율적인 사용을 고려하여 배치되어야 한다. 즉, 학급 내의 영유아들이 한곳으로 편중되지 않고 골고루 공간을 확보하며, 놀잇감을 충분히 활용할 수 있도록 배치되어야 한다.

둘째, 영유아의 시야에 들어올 수 있도록 구성해야 한다. 즉, 호기심을 가질 수 있도록 눈에 쉽게 띄어야 하며, 시각적으로 보고 선택할 수 있도록 배치되어야 한다. 만약 상자 안에 교구 · 교재가 보관되어 있다면 상자 겉면에 내용물을 확인할 수 있는 사진이나 그림을 부착하도록 한다.

셋째, 영유아가 쉽게 꺼낼 수 있도록 전시해야 한다. 영유아의 키에 적합하게 낮은 교구장과 높은 교구장을 적절하게 활용하여 쉽게 꺼내고 집어넣을 수 있도록 배치해야 한다. 특히 크고 무거운 교구·교재는 교구장의 가장 아래 칸에 배치하여 꺼내고 정리하기 쉽도록 한다.

넷째, 배치 공간은 고정되지 않고 융통성 있게 변화를 주어야 한다. 활동 프로그램이나 활용방법에 따라 배치 공간은 변화될 수 있다. 그러나 한꺼번에 너무 큰 변화를 주어 영유아가 교구·교재의 위치를 파악하는 데 시간이 많이 소요되지 않도록 주의하여야 한다.

다섯째, 관련 있는 교구·교재를 근접하게 배치한다. 흥미 영역별로 배치하되 관련이 있는 영역과 인접하게 구성·배치하면 필요한 교구·교재를 찾는 데 많은 노력을 기울이지 않아도 된다. 그리고 이를 활용한 놀이에 대한 몰입과 더불어 관련된 놀이의 확장을 도울 수 있는 부가적인 효과를 얻을 수 있다.

여섯째, 분실되기 쉬운 교구·교재는 바구니나 상자에 담아 배치한다. 작은 구성물이 들어 있는 도구들, 예를 들어 작은 퍼즐 조각이나 게임 말판과 같은 것은 보관 용기가 없다면 잃어버리기 쉬우므로 이를 고려하여야 한다.

일곱째, 호기심을 유발할 수 있도록 매력적으로 배치한다. 아무리 좋은 교구·교재라 할지라도 영유아의 호기심을 끌 수 없다면 의미가 없다. 매력적인 배치는 영유아들의 미적 감각을 고취시켜 줄 수 있을 뿐만 아니라 활용도 및 교육적 효과를 배가시킬 수 있다.

2) 장애영유아를 위한 교구·교재의 배치

장애영유아가 자유선택영역에 참여하는 정도는 영역 내에 비치되어 있는 교구·교재의 배치에 의해 많은 영향을 받을 수 있다. 특히 장애영유아는 스스로 교구·교재를 선택하기가 쉽지 않고 어떻게 활용해야 할지 모르는 경우가 대부분이다. 또한 구조적으로 조직화되어 있지 않거나 적절하게 배치되어 있지 않을 경우 흥미를 느끼지 못하고 소외되기 쉽다. 따라서 교구·교재의 활용을 높이기 위해 장애영유아의 특성을 파악해야 하며, 발달 정도, 난이도, 선호도에 따라 따라서 교구·교재를 배치해야 한다.

이로써 자율성을 키우며, 교구·교재를 통한 경험을 넓히도록 지원해 주는 것이다. 그리고 교사는 장애영유아가 교구·교재를 어떻게 활용하고 있는지 항상 관찰하는 태도를 갖추어야 하며, 적절한 시기에 장애영유아의 특성을 고려하여 교구·교재를 제공해 줄 필요가 있다. 이에 일반적인 교구·교재 배치 시 유의점을 바탕으로 장애영유아가 지닌 특징에 따른 배치 시 주의해야 할 사항을 살펴보면 다음과 같다.

첫째, 시각장애영유아를 위해 잔존 감각을 최대한 활용할 수 있도록 배치해야 한다. 시각장애영유아가 필요로 하는 교구·교재를 적절하게 사용할 수 있도록 하기 위해서는 활동에 앞서 청각·후각·촉각 단서를 활용하여 쉽게 찾을 수 있도록 배려해 주어야 한다. 예를 들어, 언어 영역에는 까슬이를 붙여 놓고, 조작 영역에는 방울을 달아 놓아 영역 간 경계를 표시해 줌으로써 교구·교재를 반복적이며 지속적으로 이용할 수 있도록 해 준다. 특히 잔존 시력이 있는 영유아의 경우 명확하게 구분된 바구니 색이나 적당한 공간은 교구·교재를 쉽게 확인하고 꺼내는 데 도움이 될 수 있다. 또한 일관적인 배치는 시각장애영유아가 위치를 확인하고 기억하는 데 도움이 될 수 있다. 따라서 위치가 변경되거나 새롭게 진열할 때에는 한꺼번에 많은 양을 바꾸기보다 조금씩 교체하여 교구·교재가 어디에 있는지 확인하고 기억할 수 있도록 도와야 한다.

둘째, 자폐성장애영유아의 경우 예측 가능하도록 일관성 있게 배치한다. 자폐성장애를 지닌 영유아는 동일 환경에 대한 집착이 강하며 낯선 물건이 보이거나 진열 공간 및 배치가 변하면 두려움을 느끼기도 한다. 또한 주변 환경의 사소한 변화에도 적응하지 못하고 저항행동을 보일 수 있다. 따라서 교구·교재 배치 시 자폐성장애영유아가 예측할 수 있도록 시각적인 방법을 동원하여 미리 변화의 위치를 알려 주어야 하며, 자주 변화를 주는 것은 바람직하지 않다.

셋째, 지체장애영유아를 위해서는 동선을 최대한 줄여 준다. 이동의 문제를 고려하여 교구·교재의 선택을 위한 동선은 최대한 줄이되 영역 내에는 보조 장비를 위한 공간을 마련하여 자유롭게 다닐 수 있도록 해야 한다. 지체장애영유아는 이동의 문제로 인해 교구·교재의 탐색이 활발하게 이루어지지 않을 수 있다. 즉, 휠체어로 이동하면서 또래 영유아와 부딪힐 수 있으며, 경직된 근육으로 인하여 교구·교재를 직접 만지고 조작하는 데 어려움이 따를 수 있다. 이를 완화시켜 주기 위해 휠체어가 다닐 수 있는 동선과 걸어 다니는 동선을 바닥에 시트지로 구분해 줌으로써 지체장애영유아의 탐색을 도와줄 수 있으며, 특히 책상에 고정되어 있는 교구 · 교재는 책상에서 떨어지거나 뒤집어지지 않기 때문에 탐색하고 조작하는 데 도움이 될 수 있다.

　넷째, 청각장애영유아의 경우 시각적인 배치에 초점을 두어야 한다. 즉, 최대한 시각적인 점을 부각하여 눈에 쉽게 들어올 수 있도록 다양한 색과 모양에 따라 교구 · 교재를 분류하여 배치해야 한다.

2. 교구 · 교재의 활용

1) 교구 · 교재의 제시

　교구 · 교재를 제시하는 목적은 일반적으로 비장애영유아 및 장애영유아로 하여금 교사가 의도한 교육목표를 성취하도록 하기 위한 것이다. 이러한 목적을 달성하기 위해서는 영유아가 교구 · 교재에 주의를 집중할 수 있어야 한다. 영유아는 교구 · 교재의 모양, 크기, 미적인 부분, 조직화 및 친숙도, 난이도 등의 외적 요인과 동기, 욕구, 흥미 등의 내적 요인에 따라 주의집중에 영향을 받는다. 따라서 교사가 교구 · 교재를 제시할 때는 주의 집중과 흥미를 유발할 수 있는 사전활동을 고안하여 발달수준에 알맞은 교구 · 교재를 제시하고 난이도에 따라 제시 순서를 고려해야 한다. 그러므로 교구 · 교재 제시 시 교사의 세심한 계획과 고려가 필요하며 교사의 역할이 매우 중요하다. 왜냐하면 교구 · 교재를 언제, 어떤 방법으로 어떻게 제시하느냐에 따라서 교사가 의도한 교육목표를 달성할 수도 있고 그러지 못할 수도 있다. 이는 교구 · 교재가 교사의 의도적이고 체계적인 활동, 즉 수업과 영유아의 자율적인 활동인 자유선택활동 시간에서도 활용되기 때문이다. 또한 교사가 제시하는 교구 · 교재는 교육의 질을 좌우할 수 있는 하나의 요인이 될 수 있다.

　주제와 관련 있을 경우에는 제시의 시기가 어느 정도 정해져 있지만, 어떤 교구는 교육 주제와 상관없이 제시되기도 한다. 물리적 현상(예, 바퀴 달린 자동차, 자석과 클립)

수·공간의 기초적인 개념(예, 구슬 꿰기, 모양 탑 쌓기) 신체·운동 영역(예, 리본 막대, 볼링과 볼링공) 등과 관련된 교구들이 그 예이다. 또한 교구·교재의 양은 학급의 영유아의 수와 공간의 크기를 고려하여 제시하여야 한다. 영유아 수보다 너무 적은 제시는 갈등과 경쟁의식을 가져올 수 있으며, 너무 많은 양을 제시할 경우 영유아가 흥미를 잃을 수 있을 뿐만 아니라 산만해질 수 있기 때문이다. 따라서 데이(Day, 1983)는 교구·교재의 제시와 관련된 교사의 역할에 대하여 영유아가 교구·교재를 스스로 선택하고, 영유아 간에 상호 협력적으로 사용하며, 관리와 보존의 필요성을 느끼고 이를 실천하고 있는지 살펴보아야 한다고 하였다.

교구·교재를 제시할 때 고려해야 할 시기와 순서에 대한 고려할 점을 정리해 보면 다음과 같다(오연주, 이지영, 손진실, 2015).

첫째, 주제와 관련된 교구·교재를 제시한다. 교사는 현재 진행되고 있는 주제와 관련된 교구·교재인지 판단한 후 영유아에게 제시하여야 한다. 교구·교재를 효율적으로 제시하려면 교육계획의 바탕이 되는 주제와 관련 있는 교구·교재가 제시되어야 한다. 주제의 내용과 연관 있는 교구·교재는 주제의 개념을 더욱 심화하고 이해시키는 데 도움이 된다. 이는 교구·교재가 교육의 목표와 내용을 효과적으로 전달하는 기능을 할 수 있게 한다.

둘째, 영유아의 능력을 고려하여 교구·교재를 제시한다. 영유아는 각각의 발달수준 및 능력이 다르므로 이에 적합한 교구·교재를 제시함으로써 유아의 흥미와 지속성을 높일 수 있도록 해야 한다.

셋째, 같은 주제의 교구·교재라도 제시의 순서를 정한다. 주제와 관련 있는 교구·교재가 확보된 후에는 영유아가 이해하기 쉬운 것부터 어려운 것으로, 구체적인 것부터 추상적인 것으로 순서를 정하여 제시하도록 한다.

넷째, 자유선택영역의 교구·교재는 여러 개를 한꺼번에 제시하지 않도록 한다. 영유아의 능동적인 참여로 이루어지는 자유선택활동의 교구·교재가 한꺼번에 새로운 것으로 제시된다면 참여하는 데 혼란스러워질 수 있다. 때문에 주기적으로 몇 개의 교구·교재를 조금씩 교체해 준다면 이러한 혼란스러움을 막을 수 있다. 또한 교구·교재를 제시하기에 앞서 이야기 나누기 시간에 활동방법이나 유의점 등을 소개함으로써 새로운 교구·교재에 쉽게 적응하도록 도울 수 있다.

다섯째, 교구·교재를 제시하기 전과 후에는 연계활동을 계획하여야 한다. 교구·교재와 관련된 사전활동은 이전 경험을 만들어 주므로 교구·교재에 대한 흥미를 높일 수 있으며 이해도를 높일 수 있다. 또한 교구·교재를 활용한 후에는 이와 관련된 확장활동을 함으로써 활용도를 높이고 교구·교재의 활용을 지속화할 수 있도록 한다.

2) 교구·교재의 소개

교구·교재를 소개하는 목적은 영유아가 교구·교재를 적절하게 활용하고 관리할 수 있도록 돕는 것이다. 그러므로 교육목적의 효과를 높이고 안전하게 사용할 수 있도록 활용방법 및 주의점 등을 소개해 주어야 한다. 이때 활용방법과 관리법을 이해시키기 위하여 영유아의 관심도와 집중도를 고려하여 명료하고 간결하게 설명해 주어야 한다.

특히 장애영유아에게 교구·교재를 소개할 때는 소집단이나 개별적으로 접근하는 것이 효율적이다. 또한 다양한 활용방법을 생각해 볼 수 있는 기회를 주는 것은 새로운 교구·교재에 관심을 갖게 하는 좋은 방법 중 하나이다. 교사가 교구·교재를 소개하는 방법을 대집단 활동과 자유선택영역으로 나누어 살펴보면 다음과 같다.

(1) 대집단 활동

대집단 활동에서는 교구·교재의 유형에 따라 소개하는 방법이 융통성 있게 변화되어야 한다. 일반적으로 영유아의 자리 배열이 고정되어 있으며, 수가 많기 때문에 감각적 탐색이나 조작이 필요한 경우 동시 참여가 어려울 수 있다. 따라서 교사는 영유아가 교구·교재의 활용방법을 이해할 수 있도록 적절한 전략을 선택하여 소개해야 한다. 예를 들어, 조작이 필요한 경우에는 조작방법을 순서대로 설명한 그림이나 사진과 같은 보조적인 자료를 같이 제시하면서 소개하는 것이 적절하다.

집단 활동에서 교구·교재를 소개할 경우에는 쉽고 단순한 것부터 소개하여 점차 난이도를 높여 가야 한다. 특히 새로운 교구·교재를 소개할 때는 특징이나 종류를 고려하여 소개하도록 한다. 그리고 소개된 교구·교재를 영유아가 어떻게 활용할 수 있는지 추측해 보도록 한다. 이러한 추측하기 활동은 영유아에게 교사가 소개하는 교구·교재에 대한 관심 및 흥미를 유발하여 시선을 집중시킬 수 있다.

교구·교재를 소개할 때는 모든 영유아가 각자의 자리에서 적절한 크기로 볼 수 있어야 한다. 이를 위해서 영유아의 자리를 U자 형태로 배열하는 것이 효과적이다. U자 배열은 교사와 제시되는 교구·교재를 모든 영유아가 잘 볼 수 있고, 대집단 활동에 적극적인 참여가 가능하며, 주의를 집중할 수 있다. 더불어 교사가 영유아의 집중 및 이해도를 관찰하기가 용이하기 때문이다. 특히 장애를 지녔거나 발달이 지체되는 영유아의 경우 교사가 위치한 곳에서 가깝게 앉도록 배려하여야 한다. 대집단 활동 시 영유아의 자리 배열은 |그림 5-1|과 같다.

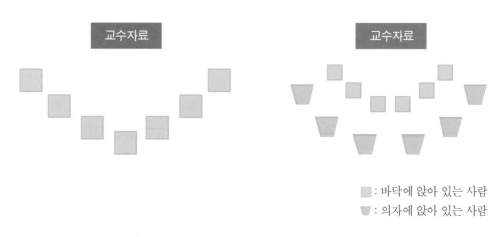

|그림 5-1| **대집단 활동 시 영유아의 자리 배열**

(2) 자유선택영역

자유선택영역에 새로운 교구·교재를 배치하기 전에 활용방법 및 주의점 등을 소개하는 과정은 중요하다. 그 이유는 의도하지 않았던 교수과정, 즉 자유선택영역에서 교구·교재가 영유아에게 다양한 활동이 가능하도록 연결할 수 있으며, 놀이로 심화·

확장되어 학습효과에 영향을 미치기 때문이다. 그러므로 교사는 교구·교재를 소개하는 방법과 배치과정에 주의를 기울여 각각의 영역에서 교구·교재와 영유아 간 적절한 상호작용이 가능할 수 있도록 연결해 주도록 한다. 교구·교재에 대한 소개가 잘 전달되지 못하는 경우에는 자유선택영역에서 반복하여 소개하기, 활동의 수행 과정을 관찰하기, 칭찬과 격려하기 등 개별적인 지도가 이루어지도록 고려해야 한다.

자유선택영역은 놀이를 중심으로 교육을 실행할 수 있기 때문에 각각의 영역에 따라 배치되는 교구·교재를 소개하도록 한다. 그러고 나서 학급 내 자유선택영역에 배치하여 추후 학습활동이 반복적으로 일어날 수 있도록 지원해 주어야 한다. 이를 위해서는 자유선택영역 배치 시 활용방법을 설명한 간단한 그림이나 사진을 교구장 벽면에 게시하거나 필요시 상자에 안내판을 붙여 놓는 것이 효과적이다. 이는 교사가 교구·교재의 활용방법을 반복적으로 알려 주지 않아도 효과적으로 활용될 수 있으며, 영유아가 자발적으로 사용할 수 있는 기회가 될 수 있다.

3) 교구·교재의 활용방법

영유아교육에서 교구·교재의 중요성은 지속적으로 강조되어 왔으며, 교구·교재가 영유아의 흥미 및 동기 유발에서부터 결과적으로는 교육효과에 영향을 주므로 교구·교재를 적합하게 선택, 활용해야 한다(김정숙 외, 2014). 왜냐하면 교수자와 학습자를 연결하여 주는 매개수단인 교구·교재는 교수활동과 학습활동을 통해서 교육적 성과를 도모하는 데 큰 영향을 미치기 때문이다. 따라서 교구·교재를 적절하게 활용하는 것은 교육효과를 높이는 데 중요한 요소가 된다. 즉, 교구·교재를 어떻게 활용하느냐에 따라 교육의 효과가 좌우될 수 있으며, 동일한 교구·교재의 경우에도 활용방법에 따라 영유아의 활동수준과 범위에 영향을 미치므로 교사의 역할은 매우 중요하다고 할 수 있다. 그러므로 교구·교재의 활용 과정에서 교사에게 요구되는 역할은 다음과 같다(Day, 1983).

첫째, 조력자(supporter)로서 영유아가 교구·교재를 이동 및 사용하거나 정리하는 데 도움을 주어야 한다.

둘째, 참여자(participant)로서 영유아와 함께 교구·교재를 활용하고, 그 결과와 즐거움을 같이 나누어야 한다.

셋째, 시범자(demonstrator)로서 영유아에게 교구·교재의 활용방법을 시범 보이고, 활용하는 과정과 태도를 실제로 보여 주어야 한다.

넷째, 관찰자(observer)로서 영유아의 교구·교재 선정과 활용과정을 관찰하고, 교재의 활용 정도나 배열 상태, 관리 상태를 점검하여야 한다.

따라서 교사는 대집단 활동을 비롯한 영역별 활동의 목적에 부합되는 활용방법을 수립하는 것이 필요하다.

(1) 집단 활동

교구·교재의 활용은 집단 활동과 자유선택활동 시 각각 다른 방법으로 이루어지게 된다. 일반적으로 집단 활동은 대집단 활동과 소집단 활동으로 구분되며, 생활주제 및 활동 종류, 교육기관의 여건 등에 따라서 대집단 혹은 소집단으로 나누어져 활동한다. 집단을 대상으로 하는 교구·교재는 대부분 교사가 주로 다루게 되며, 영유아는 이를 주시하게 된다.

언어적 설명만으로 이해가 어려운 경우, 즉 활용방법을 잘 이해하지 못하는 비장애영유아 및 장애영유아는 수준에 따라 교사가 직접 시범을 보여 주거나 활동을 수행하는 전 과정을 보여 줄 수도 있다. 그리고 학급의 영유아를 몇 개의 소집단으로 나누어한 집단씩 돌아가면서 활용방법을 설명해 주고 영유아에게 감각적 탐색 및 조작을 해보도록 할 수 있다.

특히 장애영유아의 경우 교구·교재의 활용에 대한 기능이나 능력이 부족할 수 있으므로 장애의 특성을 고려하여 적절하게 활용할 수 있는 방안을 강구하여야 한다. 장애영유아와 통합된 집단 활동에서 교구·교재의 특징 및 활용방법을 살펴보면 다음과 같다.

① 실물 및 모형 자료

실물 및 모형 자료는 영유아에게 직접 관찰할 수 있는 기회를 제공한다. 그러므로 집단 활동에서 가능하다면 영유아들이 최대한 실물 및 모형 자료와 가까이 앉아 관찰

할 수 있도록 배려해야 한다. 만일 위험한 것이라면 제시하기 전에 위험 요소에 대해
충분히 설명한 후 안전한 관찰이 이루어지도록 규칙에 대한 설명이 선행되어야 한다.
위험하지 않은 것이라면 충분히 만져 볼 수 있는 기회를 제공해 주고, 실물 및 모형 자
료에 대한 사전 경험이나 모양, 활용방법에 대해 영유아들의 생각을 나누어 볼 수 있도
록 돕는다. 그리고 실물 자료와 모형 자료의 차이점에 대해 알아보도록 한다.

　장애영유아에게는 실물 및 모형 자료를 통한 경험이 가장 효과적이므로 오감각을
활용하여 충분히 탐색할 기회를 제공해야 한다. 그리고 수업이 끝난 후 활동 영역에
배치할 때에는 다른 영역의 활동으로 연결할 수 있도록 하거나 연관된 다른 주제로 추
후 활동을 할 수 있도록 한다.

② 그림 및 사진 자료

　시각 자료들 중 가장 보편적으로 활용되는 그림이나 사진은 다양한 활동에서 유용
하게 쓰이는 자료들 중 하나이다. 이러한 자료는 주변에서 쉽게 볼 수 없는 장면들을
보여 주거나 혹은 세밀한 모습을 보여 주기 위해 주로 사용되며, 어떤 상황 및 사물을
설명하거나 언어적 설명을 보완하는 데 도움이 된다.

　그림이나 사진을 활용하여 의견 나누기 활동을 할 경우에는 자료를 제시한 후 관련
된 실제 경험을 떠올릴 수 있는 충분한 시간을 제공해 주어야 한다. 그리고 정보나 지
식을 전달하는 목적의 활동에서는 자료들을 천천히 보여 주고 구체적으로 설명을 해
줄 필요가 있다.

　장애영유아의 경우 그림 및 사진 자료를 이해하거나 활용하기 어려울 수 있으므로
실물 및 모형 자료를 활용하여 제시된 자료의 이해를 돕도록 배려해야 한다. 집단 활
동 후 자료는 자유선택영역에 배치하거나 게시판에 붙여 놓아 확장활동으로 연계될
수 있도록 한다.

③ 융판 자료

　융판 자료는 그림, 사진 혹은 동화 속 인물, 숫자카드 등에 까슬이, 보슬이를 붙여 융
판에 붙여 사용하는 자료를 말한다. 융판 자료는 대집단, 소집단 및 개별 활동에 다양

하게 사용될 수 있으며, 쉽게 제작이 가능하고 다른 자료와 함께 사용하거나 상황에 따라 제시 방법을 다양하게 변화시킬 수 있는 장점을 가지고 있다.

융판 자료는 동화, 이야기 나누기, 조작놀이, 신체게임 등 다양한 영역에서 활용이 가능하며, 각 영역의 활동 시 영유아가 직접 융판 자료를 선택하여 붙여 볼 수 있고 장애영유아의 경우에도 쉽게 활용할 수 있다. 예를 들어, 이야기 나누기 제시 과정 중 교사가 등장인물을 가리켜 주고 장애영유아에게 붙여 볼 수 있는 기회를 제공할 수 있다.

④ 자석 자료

자석 자료은 융판 자료와 비슷하나 자석이 갖는 특성을 이용하여 동적인 움직임 효과를 활용할 수 있으며, 비장애영유아 및 장애영유아도 직접 조작해 보면서 흥미를 느낄 수 있으므로 교육활동의 효과를 증진할 수 있다. 그리고 붙인 채 밀어서 이동시킬 수 있으며, 자석의 붙는 성질을 이용하여 자석 자료들을 서로 겹쳐서 붙이며 활용할 수 있어 비장애영유아뿐만 아니라 장애영유아의 주의도 집중시킬 수 있다.

자석판과 자석 자료는 자유선택활동 시 각 영역에서 활용할 수 있으며, 대집단 및 소집단 활동 시 이야기 나누기, 노래 배우기, 동화 및 동시 들려주기, 게임 시간 등 폭넓게 활용될 수 있다. 자료 활용 시에는 자석판의 높이를 영유아의 눈높이와 맞추고, 특히 자료의 무게 및 크기로 인해 자석판에서 쉽게 떨어지거나 미끄러지지 않도록 항상 확인해야 한다.

(2) 자유선택영역

일반적으로 비장애영유아는 자유선택영역에서의 활동 시간에 다양한 교구 · 교재를 활용하여 놀이를 주도하거나 스스로 선택이 가능하기 때문에 즐겁고 행복한 시간을 가질 수 있다. 그러나 장애영유아의 경우 구조화되어 있지 않은 자유선택활동에서 어려움을 느끼며, 교구 · 교재를 적절하게 활용하지 못하는 경우가 대부분이다. 그러나 자유선택영역은 장애영유아의 자기결정력을 증진시킬 수 있고, 또래와의 상호작용을 경험할 수 있는 영역이므로 교사 및 또래의 긍정적인 지원이 요구된다.

자유선택영역에서는 일반적으로 영유아들이 나름대로의 놀이방법과 활용방법을 고안하여 활동하므로 교사의 개입 정도가 낮다. 따라서 교구·교재의 활용방법을 명확하게 제시하기는 어렵지만 각 영역에서 대표적으로 교구·교재를 활용할 수 있는 방법을 살펴보고자 한다.

① 쌓기 및 역할놀이 영역

쌓기 및 역할놀이 영역은 유아교육기관에서 일반적으로 교구·교재의 활용이 가장 빈번한 영역으로 영유아는 자유선택활동 시간 중 많은 시간을 이 영역에서 활동한다. 이 영역의 다양한 소품을 이용하여 역할놀이 시 활용하기도 하고, 구성물을 이용하여 놀이를 심화·확장시키기도 한다. 그러므로 영유아의 발달수준과 어떤 주제의 놀이가 진행되는지에 따라 교구·교재를 적절하게 활용할 수 있도록 고려해야 한다.

쌓기 및 역할놀이 영역에서 영유아가 적절하게 교구·교재를 활용할 수 있도록 지원하는 방법은 다음과 같다.

첫째, 블록을 통한 구조물을 구성하기에 도움이 되는 책자 및 사진 자료를 제시하여 준다.

둘째, 영유아가 완성한 구조물을 학급 내에서 소개해 주거나 사진을 찍어 다른 영유아들도 감상할 수 있도록 돕는다.

셋째, 역할놀이의 확장을 위해서 다양한 직업군과 사회적 환경에 대한 정보를 제공한다.

넷째, 필요한 소품이 없다면 블록으로 구성하여 대체하거나 조형 영역과 연계하여 만들어 놀이에 사용할 수 있도록 한다.

다섯째, 장애영유아의 경우 교구·교재의 활용 및 또래와의 상호작용을 통해 사회성을 지도할 수 있는 가장 적절한 영역이다. 그러므로 간단한 의사표현, 예를 들어 교구·교재를 활용하여 "놀자." "빌려줘." 등을 표현할 수 있도록 도와주고, 의사표현이 어려운 경우 동작을 사용할 수 있도록 지도한다.

여섯째, 장애영유아가 교구·교재를 사용한 후, 예컨대 같은 색깔이나 모양으로 정리할 수 있도록 지도하여 같은 색 혹은 같은 모양으로 분류하는 개념을 배울 수 있도록 지도한다.

0~1세의 쌓기 영역과 역할놀이 영역 구성의 예는 ∣그림 5-2∣, 2세의 쌓기 영역과 역할놀이 영역 구성의 예는 ∣그림 5-3∣, 3~5세의 쌓기 영역과 역할놀이 영역 구성의 예는 ∣그림 5-4∣와 같다.

∣그림 5-2∣ **0~1세 쌓기 영역과 역할놀이 영역 구성의 예**

출처: 보건복지부, 육아정책연구소(2013), p. 221.

 ∣그림 5-3∣ **2세 쌓기 영역과 역할놀이 영역 구성의 예**

출처: 보건복지부, 육아정책연구소(2013), p. 232.

 | 그림 5-4 | 3~5세 쌓기 영역과 역할놀이 영역 구성의 예

출처: 보건복지부, 교육과학기술부(2013), p. 184.

② 언어 영역

의사소통 능력을 지원해 줄 수 있는 언어 영역은 음성적 의사소통과 더불어 그림, 문자 등을 통해 자신의 생각과 의견을 다양하게 표현할 수 있는 수용적인 환경으로 구성되어야 한다. 또한 다양한 활동을 할 수 있도록 말하기, 듣기, 읽기, 쓰기의 발달을 촉진할 수 있는 교구·교재가 제공되어 이를 활용한 통합적인 의사소통이 이루어지도록 고려해야 한다.

언어 영역에서 영유아가 적절하게 교구·교재를 활용할 수 있도록 지원하는 방법은 다음과 같다.

첫째, 말하기 및 듣기와 관련된 교구·교재를 활용하여 적절한 크기와 어투로 표현하도록 도울 수 있으며, 음성적 정보를 받아들임으로써 해석하고 이해하는 능력을 함양하도록 한다.

둘째, 쓰기와 읽기에 관련된 교구·교재를 활용하여 발음을 정교화할 수 있도록 돕고 글자에 대한 친숙함을 느끼게 지원한다.

셋째, 영유아에게 흥미 있는 동화나 이야기 CD 등을 통하여 주의 깊게 듣는 기회를 제공함으로써 기억력 및 사건의 전후관계 등을 인지할 수 있는 능력을 함양할 수 있다.

넷째, 장애영유아의 경우 사운드 북, 입체책, 촉감책, 만지면 향기가 나는 책 등을 비치하여 관심과 흥미를 촉구할 수 있으며, 예컨대 시각장애를 지닌 영유아에게는 큰 글자로 쓰여 있는 책을 제공하여 읽기 활동을 촉진하거나, 후각과 촉감을 이용하여 교구·교재를 활용할 수 있도록 한다.

다섯째, 신체기능에 문제가 있는 영유아에게는 자료를 수정하여, 예컨대 지체장애를 지닌 영유아에게는 책장을 넘길 수 있는 보조 장비를 제공하거나, 쓰기 활동을 할 때 책상에 종이를 테이프로 고정시켜 움직이지 않게 하여 도울 수 있다.

0~1세의 언어 영역 구성의 예는 |그림 5-5|, 2세의 언어 영역 구성의 예는 |그림 5-6|, 3~5세의 언어 영역 구성의 예는 |그림 5-7|과 같다.

 |그림 5-5| **0~1세 언어 영역 구성의 예**
출처: 보건복지부, 육아정책연구소(2013), p. 219.

 |그림 5-6| **2세 언어 영역 구성의 예**
출처: 보건복지부, 육아정책연구소(2013), p. 230.

 | 그림 5-7 | **3~5세 언어 영역 구성의 예**

출처: 보건복지부, 교육과학기술부(2013), p. 182.

③ 조형 영역

영유아가 여러 가지 재료나 폐품 등을 사용하여 자신의 경험이나 생각, 느낌들을 자유롭게 표현하고 만들어진 조형물을 감상할 수 있는 조형 영역은 예술적 경험을 갖게 한다. 따라서 영유아가 자유롭게 자료를 탐색하고, 독창적이고 창의적인 표현을 표출할 수 있도록 충분한 자료와 적절한 비품들이 구비되어 있어야 하며, 이를 활용한 탐색과 다양한 활동이 이루어질 수 있도록 지원해 주어야 한다.

조형 영역에서 영유아가 적절하게 교구·교재를 활용할 수 있도록 지원하는 방법은 다음과 같다.

첫째, 일련의 과정이 필요한 조형 활동은 순서도를 비치하여 수행할 수 있도록 한다. 예를 들어, 종이 접기의 경우 접는 순서를 순서대로 비치하여 쉽게 따라할 수 있도록 돕거나 종이에 접는 선을 순서대로 표시해 주는 방법이 있다.

둘째, 조형 작품의 결과물을 전시하여 전시된 자신의 작품을 통해 성취감을 느낄 수 있게 하거나 예술작품을 감상할 수 있는 기회를 제공하도록 한다.

셋째, 그리기나 색칠하기에 어려움을 보이는 영유아의 경우 단순한 도안 그림이나 그림 도구를 변형하여 제공해 주도록 한다. 예를 들어, 지체장애를 지닌 영유아는 근육의 마비 및 긴장으로 인해 그리기가 어려울 수 있으므로 그리기 재료를 쉽게 잡을 수 있도록 연필 교정기를 끼워 주면 도움이 된다.

넷째, 장애영유아는 일반적으로 단순한 활동을 선호한다. 따라서 교사는 이를 고려하여 그림 그리기가 어려운 경우 색칠하기로 대체해 줄 수 있으며, 스티커 붙이기, 물감 찍기 등 간단한 활동을 제공하여 성취감을 느끼도록 도울 수 있다.

2세의 조형 영역 구성의 예는 │그림 5-8│, 3~5세의 조형 영역 구성의 예는 │그림 5-9│와 같다.

 │그림 5-8│ **2세 조형 영역 구성의 예**

출처: 보건복지부, 육아정책연구소(2013), p. 233.

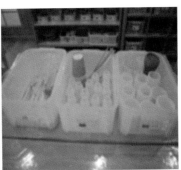

 │그림 5-9│ **3~5세 조형 영역 구성의 예**

출처: 보건복지부, 교육과학기술부(2013), p. 192.

④ 수·조작 영역

수와 관련된 교구·교재 및 손으로 조작하는 장난감 등이 배치되어 있어 이를 활용하여 수와 연계된 개념을 지도하고 소근육의 발달을 촉진할 수 있는 영역이다. 특히 연령이 어리거나 장애를 가진 영유아는 수·조작 영역의 교구·교재를 적절하게 활용하기 어렵고, 작은 자료를 입에 넣어 사고가 발생할 수 있으므로 이를 방지하기 위해 세심하게 관찰하여야 한다.

수·조작 영역에서 영유아가 적절하게 교구·교재를 적합하게 활용할 수 있도록 지원하는 방법은 다음과 같다.

첫째, 숫자를 이용한 게임 등을 활용하여 숫자를 재미있게 습득할 수 있도록 도와줄 수 있다.

둘째, 집단 게임을 위한 자료, 예컨대 윷놀이를 통하여 사회성 향상, 또래에 대한 배려, 규칙에 대한 준수 등을 습득하도록 활용할 수 있다.

셋째, 장애영유아가 성취감을 느낄 수 있는 활동, 예컨대 퍼즐 맞추기 시 교사가 퍼즐을 하나만 빼고 다 맞추어 준 후 나머지 하나를 장애영유아가 완성하게 하거나 구멍이 큰 구슬을 제공하여 쉽게 구슬 꿰기를 할 수 있도록 한다.

3~5세의 수·조작 영역 구성의 예는 | 그림 5-10 |과 같다.

 | 그림 5-10 | **3~5세 수·조작 영역 구성의 예**

출처: 보건복지부, 교육과학기술부(2013), p. 186.

⑤ 과학 영역

　과학 영역에서는 동식물 키우기, 측정 활동, 실험하기, 관찰기록 등을 하면서 제시된 자료에 대해 실험·탐색을 해 보는 기회를 통해 논리적인 과학의 개념을 형성할 수 있다. 그러나 이런 과정이 장애영유아에게는 어려운 활동이 될 수 있으므로 구체적인 경험을 통해서 이루어질 수 있도록 교사의 지원을 통해 그 경험을 통합시키도록 도모해야 한다. 과학 영역에서 영유아가 적절하게 교구·교재를 활용할 수 있도록 지원하는 방법은 다음과 같다.

　첫째, 자신의 주변 세계에서 직접 경험했던 상황, 즉 일상생활과 관련된 문제 상황을 실험해 볼 수 있는 교구·교재를 제공하여 호기심과 흥미를 유발할 수 있도록 한다.

　둘째, 관찰 자료를 영유아의 눈높이에 맞는 선반 등 개방된 곳에 진열하여 직접 탐색하고 관찰될 수 있도록 한다.

　셋째, 장애영유아에게는 과학 활동에 필요한 실험도구나 설비에 대해 간단하고 단순한 것부터 반복적으로 알려 주어 활용할 수 있도록 지원하거나 또래를 활용하여 도울 수 있다.

　넷째, 장애영유아의 경우 단순한 시각적 자극이나 청각적 자극만으로 과학적 사실을 이해하고 학습하는 데에는 어려움이 따른다. 따라서 직접 조작해 보면서 다양한 감각을 이용하여 교구·교재를 활용할 수 있도록 지원할 수 있다.

　3~5세의 과학 영역 구성의 예는 │그림 5-11│과 같다.

 │그림 5-11│ **3~5세 과학 영역 구성의 예**
출처: 보건복지부, 교육과학기술부(2013), p. 188.

⑥ 음률 영역

음률 영역은 영유아가 자유롭게 악기를 사용하거나 신체를 이용한 음악활동이 동적으로 이루어지는 공간이다. 영유아가 즐거운 음악활동에 참여할 수 있도록 교사는 여러 가지 음률 악기나 리듬 악기, 신체표현을 돕는 도구들을 제공하여 음악적 활동이 왕성하게 이루어지도록 도울 수 있다. 음률 영역에서 영유아가 적절하게 교구·교재를 활용할 수 있도록 지원하는 방법은 다음과 같다.

첫째, 악기를 두드리거나 흔들게 함으로써 불필요한 행동이나 상동행동을 줄이며 대·소근육의 발달을 지원할 수 있다.

둘째, 악기의 합주 등을 활용하여 또래 및 교사와 즐거움을 함께 공유하므로 친밀감을 형성하거나 사회성을 향상시키도록 도울 수 있다.

셋째, 장애영유아의 경우, 예컨대 자폐성장애영유아 중에는 언어를 잘 사용하지 않더라도 노래 부르기를 좋아하는 장애영유아도 있다. 따라서 흥미 있고 재미있는 노랫말 가사판은 노래 부르기 활동을 촉진하여 발화능력 및 언어적 발달을 촉진할 수 있다.

넷째, 가사에 노랫말 대신 관련된 그림이나 사진을 활용하여 발달이 지체되거나 언어가 지체된 영유아의 참여를 독려할 수 있다.

2세 음률 영역 구성의 예는 | 그림 5-12 |, 3~5세 음률 영역 구성의 예는 | 그림 5-13 | 과 같다.

 | 그림 5-12 | **만 2세 음률 영역 구성의 예**

출처: 보건복지부, 육아정책연구소(2013), p. 234.

 | 그림 5-13 |　**3~5세 음률 영역 구성의 예**
출처: 보건복지부, 교육과학기술부(2013), p. 190.

⑦ 감각 및 탐색 영역

　감각 및 탐색 영역은 영아가 소근육을 활용할 수 있는 활동으로 감각기관을 충분히 활용할 수 있는 교구·교재로 구성되어 있다. 영아의 손의 소근육 발달 정도를 고려하여 조작이 가능한 조작물들을 제공해 주어야 하며, 다양한 감각기능을 활용할 수 있도록 여러 가지 재질로 제작된 교구·교재가 필요하다. 영아가 조작하거나 감각기능을 활용할 때 교사는 영아의 활동 과정을 언어로 표현해 줌으로써 언어적 발달 및 확장을 도와야 한다. 예를 들어, 촉감책을 만지고 있는 영아에게 "이건 까끌까끌하구나!" "이건 매끄럽구나!"라고 교사가 말해 준다면 영아는 자신이 경험하는 느낌을 언어적 표현으로 연결하여 배울 수 있다.

　0~1세의 감각 및 탐색 영역 구성의 예는 | 그림 5-14 |, 2세의 감각 및 탐색 영역 구성의 예는 | 그림 5-15 |와 같다.

| 그림 5-14 | 0~1세 감각 및 탐색 영역 구성의 예
출처: 보건복지부, 육아정책연구소(2013), p. 220.

 | 그림 5-15 | 2세 감각 및 탐색 영역 구성의 예
출처: 보건복지부, 육아정책연구소(2013), p. 231.

영역별 교구·교재의 효과적인 활용을 지원할 수 있는 환경 구성 시 유의해야 할 점과 더불어 교사의 역할을 살펴보면 다음과 같다.

첫째, 정적인 영역과 동적인 영역의 구분지어 공간을 구성하여 각 영역의 활동에 방해가 되지 않아야 한다.

둘째, 관찰이나 직접적 조작이 이루어지는 활동 영역은 채광이 잘 되는 곳이나 조명이 밝은 곳에 구성되어야 한다.

셋째, 각 영역의 교구·교재는 발달에 적합하고 흥미 있는 교구·교재로 구성되어야 한다.

넷째, 교구·교재의 안전성에 대한 규칙 및 주의점은 활동이 일어나기 전 공지하고 교구·교재의 이동이 위험하다면 정해진 자리에 고정시키도록 한다.

다섯째, 교구·교재의 활동 성격에 따라 교사의 적절한 지도와 지원이 필요하다. 따라서 모든 영역은 영유아의 활동을 관찰할 수 있도록 구성 및 배치되어야 한다.

4) 교구·교재의 활용전략

(1) 일반적인 활용전략

교구·교재의 활용전략을 세우기 전, 먼저 영유아와 교구·교재의 상호작용이 조화롭게 이루어져야 함을 고려해야 한다. 그러기 위해서는 교구·교재가 지닌 기능을 익힌 후 활용하는 방법에 대해 확인이 필요하다. 다양한 상황 및 교육의 목적에 따라 쓰일 수 있는 전략을 살펴보면 다음과 같다.

① 주의집중과 동기유발의 기회 제공

학습은 학습자에게 흥미롭고 관심 있는 주제에 집중하여 탐색해 보고자 하는 동기를 유발시킬 때 효과적으로 일어난다. 즉, 매력적이고 흥미 있는 교구·교재는 접근을 유도할 뿐 아니라 학습이 잘 이루어질 수 있도록 도울 수 있다. 특히 대집단 활동에서 배회하는 영유아에게 교구·교재에 대한 관심은 활동에 집중할 수 있도록 돕는 역할을 할 수 있다.

② 능동적 태도 지지

영유아가 스스로 해결할 수 있는 능력의 범위에 해당하는 교구·교재는 도전감을 일으키지 않는다. 반면 너무 어려운 교구·교재는 오히려 좌절감과 실패감을 느끼게 하여 활동의 참여를 저해할 수 있다. 따라서 교사는 영유아들에게 도전감을 느낄 수 있는 다양한 수준의 교구·교재를 제공하여 자율적으로 계획하고 수행할 수 있도록 충분한 시간과 자유를 주어야 한다. 모든 영유아의 발달수준 및 능력은 개인차가 있으므로 다양한 수준과 난이도가 포함된 교구·교재를 제공함으로써 실제적이고 의미 있는 활동이 이루어지도록 돕는다면 스스로 해결하고자 하는 능동적 태도를 유지시킬 수 있다.

③ 다양한 의사소통의 기회 제공

교구·교재를 활용하면서 다양한 상황을 맞이하게 된다. 이때 자신이 느꼈던 감정을 비롯하여 문제 상황의 어려움, 도움을 요청하는 의사소통, 해결과정에서 보이는 격려와 칭찬의 의사소통은 영유아에게 다양한 의사소통 기술을 익히는 기회를 제공해 준다.

교구·교재를 활용하면서 다양한 의사소통이 자연스럽게 이루어지는 경우가 일반적이지만 의사소통을 잘 시도하지 않는 영유아에게는 의도적으로 의사소통의 기회를 만들어 줄 수 있다. 예를 들어, 영유아가 좋아하는 교구·교재를 의도적으로 손에 닿지 않는 곳에 배치한다면 영유아가 교사에게 교구·교재를 꺼내 달라고 도움을 청할 수 있다. 또는 교사가 재미있게 교구·교재를 가지고 놀이하는 영유아에게 다가가 함께 놀이하자고 제안하거나 놀이방법에 대해 의사소통하는 기회를 가질 수도 있다. 그러므로 교구·교재를 활용하는 시간은 의사소통을 하도록 하는 중요한 동기를 부여하고 다양한 의사소통 기회를 제공하게 된다.

④ 자기조절능력의 신장

영유아기에는 연령이 어릴수록 자기중심적인 사고가 강하다. 영유아는 양보하며 차례를 기다리는 경험을 통해 점차적으로 자기중심적 사고방식에서 탈피하기 시작한다. 교구·교재는 여럿이 함께 지내는 환경에서 일상생활의 행동이나 말, 마음이 성숙하도록 도와주며 자기조절능력을 갖출 수 있는 기초를 마련하여 준다.

(2) 장애영유아를 위한 활용 전략

장애영유아는 주어진 환경에 대하여 적응능력 및 상황에 대한 대처능력이 부족하여 적극적인 탐색이 이루어지지 않을 수도 있으며, 교구·교재에 관심이 없을 수도 있다.

발달의 정도가 늦은 장애영유아를 위해서는 좀 더 낮은 수준의 교구 · 교재를 준비하여 제공하거나 어려운 과제 수행에 도움이 되는 약간의 단서나 해결의 실마리를 제공해 주어 원활하게 교구 · 교재를 활용할 수 있도록 지원해 주어야 한다. 장애영유아가 즐겁게 교구 · 교재를 활용한 활동에 참여하기 위해서는 다음과 같은 전략을 사용할 수 있다.

① 장애영유아에게 교구 · 교재의 사용법 지도하기

장애영유아는 학급 내에 비치된 교구 · 교재의 활용방법을 모를 수도 있기 때문에 다른 또래와 함께 놀이하는 능력이 부족해질 수 있다. 따라서 자유선택놀이 시간에 교사는 교구 · 교재를 활용하는 방법을 직접적으로 가르칠 수 있다. 이러한 지도를 통하여 혼자서 놀이하거나 다른 친구들과 함께 놀이에 참여할 수 있는 기회를 증진시킬 수 있다.

② 스스로 시행착오를 경험하도록 기회 제공하기

장애영유아가 흥미로운 것들을 발견하였을 때 스스로 자기주도적 시행착오를 경험하도록 유도한다. 교사의 지나친 개입을 지양하여 유아가 시행착오적 탐색을 하고 과제 지속성을 기를 수 있도록 해야 한다.

③ 장애영유아의 활동을 중심으로 확장시키기

장애영유아는 보편적으로 활동을 스스로 확장 · 심화시키는 데 어려움을 보인다. 그래서 교사는 장애영유아가 어떠한 활동에 몰입하고 있을 때를 기회로 포착하여 학습을 지원하기 위해 교사의 의도된 활동으로 유도하기 쉽다. 하지만 교사의 의도된 활동은 정작 장애영유아의 관심 밖의 활동으로 전이될 수 있으며 활동의 주체가 전가되어 능동성이 결여되므로 참여 정도가 낮아질 수 있다. 따라서 교사는 장애영유아가 어떤 활동을 하고 있으며 무엇에 흥미를 느끼고 있는지 세심히 관찰한 후 장애영유아가 주도적으로 이끄는 활동을 중심으로 지원해 주어야 한다.

④ 또래와 함께 교구·교재를 사용할 수 있도록 유도하기

　장애영유아는 보편적으로 또래와 상호작용하기보다 성인과의 상호작용을 좋아하는 경향이 있다. 이는 장애영유아를 둔 부모가 지나칠 정도로 돌보려는 의지를 갖고 있고 자녀는 부모에게 욕구나 보호 정도를 지나치게 의존하는 데에서 기인될 수 있다. 이러한 양육태도는 오히려 장애영유아의 상태를 호전시키기보다 악화시키는 결과를 초래할 수 있으므로 교사는 성인에 대한 기대감을 높여 주기보다 또래와의 상호작용을 유도하여 긍정적인 발달을 촉진할 수 있도록 노력을 기울여야 한다. 교사는 영유아의 놀이 상황이나 행동, 언어적·비언어적 모습 등을 잘 관찰하여 또래 간 상호작용의 기회를 제공하고 격려하며 긍정적인 모델을 자주 보여 주어야 하며(손순복, 정진화, 박진옥, 2015), 또래와 함께 교구·교재를 사용할 수 있도록 유도함으로써 놀이에 흥미를 느낄 수 있도록 지원해 주어야 한다. 결국 놀이경험을 점진적으로 늘려 감에 따라 적극적인 교구·교재의 사용을 촉진할 수 있다.

⑤ 휴식할 수 있는 조용한 공간 마련해 주기

　교사는 장애영유아가 자연스럽게 또래와 친밀감을 형성하고 점차 복잡한 놀이나 활동에 참여하도록 지원해 주어야 한다. 하지만 또래와의 사회적 경험 부족이나 자신의 주변에 있는 여러 명의 또래들에게서 발생되는 소란스러움과 변화되는 상황에 대처 능력이 부족한 장애영유아는 비구조적인 활동에 어려움을 느낄 수 있다. 그래서 다양한 교구·교재의 활용 범위를 넓히는 데 교사의 적절한 배려가 필요하다. 이런 경우, 칸막이를 사용한 조용한 휴식 공간을 마련하여 장애영유아가 편안히 쉴 수 있도록 돕거나 또래와 어느 정도 떨어져 있는 상태로 안정된 놀이 활동이 지속될 수 있도록 도울 수 있다. 즉, 장애영유아에게 휴식 공간은 안정적인 정서를 느끼게 해 줄 수 있으므로 두려움에 압도당하지 않고 교구·교재를 안정감 있게 활용할 수 있도록 도울 수 있다.

3. 교구·교재의 평가

　교사는 교구·교재의 활용을 관찰하는 관찰자이자 적절한 제공 시기를 알고 제공하는 제공자로서 교구·교재의 활용 결과를 평가하는 평가자의 역할을 수행해야 한다(Day, 1983). 그러므로 교구·교재를 평가하기 위해서는 제작목적에 부합하는지, 실제로 영유아가 사용한 결과 효율적이고 교육효과가 충분한지 등이 평가되고 수정·보완되어야 한다. 따라서 교구·교재를 다음과 같은 사항을 고려하여 평가하는 것이 바람직하다.

　첫째, 영유아의 발달에 적절한가? 영유아의 발달을 고려하여 제작하거나 구입했지만 실제 교구·교재를 활용해 보면 영유아의 발달에 맞지 않는 경우가 발생할 수 있다. 즉, 보편적인 연령적 발달수준에 근거한 교구·교재를 제작하였다 할지라도 실제 활용도를 평가해 봄으로써 영유아의 발달수준의 적합성을 고려한 평가가 선행되어야 한다.

　둘째, 영유아의 흥미를 고려하였는가? 영유아는 자신의 주의를 끌 수 있는 매력적인 교구·교재에 지속적인 관심을 나타낸다. 이러한 관심은 활동에 열중하고 몰입하도록 도우며, 교육적 목표를 성취할 수 있도록 하는 요인이 된다. 따라서 교구·교재는 영유아의 흥미와 심미감, 즉 모양, 색상, 디자인, 질감 등을 고려하여 제작되어야 하며, 영유아가 지속적으로 관심과 호기심을 가질 수 있도록 충분히 매력적이어야 한다. 특히 주의집중 시간이 짧은 영유아에게 교구·교재는 다양한 영향을 끼칠 수 있으므로 외관의 호감도와 더불어 매력적으로 보일 수 있는지 평가해야 한다.

　셋째, 다양한 교구·교재를 제공하였는가? 자유선택영역에서의 교구·교재는 주제와 활동 시간, 이전 경험 등과 관련되어 다양하게 준비되고 배치되어야 한다. 교사가 영유아의 다양한 활동을 위한 교구·교재를 제공하는 데 관심을 쏟지 않는다면 특정 영역, 특정된 활동 범위에 치중한 편향된 교구·교재가 배치될 수 있다. 즉, 교사의 성향과 교육 관점에 따라 특정한 영역 및 유형의 활동이 유도될 가능성이 있다. 편향된 교구·교재의 제작과 배치는 영유아의 정적·동적 활동, 개별·집단별 활동, 영역

간 연계활동의 제한을 두게 하고 다양한 영역의 발달을 도모하지 못한다. 그러므로 교사는 자유선택영역에서의 교구·교재의 가짓수와 활동 유형, 활동 범위를 객관적으로 관찰·분석하여 풍부하고 다양한 경험을 충족시킬 수 있는 교구·교재가 제공되었는지를 평가해야 한다.

넷째, 영유아 스스로 조작하거나 이동할 수 있는가? 교육적인 효과가 높은 교구·교재라고 할지라도 영유아가 스스로 선택하여 조작하거나 이동하는 데 어려움이나 불편이 없어야 한다. 영유아의 발달수준에 적절하지 않아 어렵거나 활용방법이 복잡한 경우 혹은 너무 크거나 무거운 교구·교재는 항상 교사의 도움을 필요로 한다. 이런 경우 스스로 선택 및 정리가 어려워지며, 적극적인 활용이 어렵고 안전하지 못할 수도 있기 때문에 이를 고려한 평가가 이루어져야 한다.

다섯째, 제작 목적에 부합(correspond)하는가? 교구·교재는 영유아의 전인적인 발달을 고려하여 제작된다. 따라서 제작된 교구·교재는 영유아의 발달을 촉진하고, 교육목표에 대한 성취를 도와줄 수 있어야 한다. 그러므로 교구·교재를 가지고 활동을 한 후 교사가 의도한 활동목표나 기대효과와 일치하는지에 대한 평가를 해야 한다.

여섯째, 확장활동으로 연계가 가능한가? 교구·교재를 활용한 뒤 동일한 교구·교재로 심화활동이나 다른 활동으로 확장할 수 있으면 교구·교재의 효율성은 더욱 높아질 수 있다. 예를 들어, 교통기관에 대한 이야기 나누기 활동에서 제시되었던 교통기관 카드를 언어 영역에 배치한다면 교통기관의 종류를 학습하고 단어를 읽어 보며 글자를 익히는 교구·교재로서 활용할 수 있다. 그러므로 다양한 활동으로 확장이 가능하도록 고안되어 추후활동 및 연계활동이 가능한지를 평가해야 한다.

4. 교구·교재의 관리

1) 효율적인 교구·교재 관리

교사가 원하는 교구·교재를 쉽게 찾아 활용하기 위해서는 효율적인 관리가 먼저 이루어져야 한다. 교구 · 교재는 활동주제에 따라 적절하게 교체해야 하기 때문에 파손 및 분실 여부를 확인한 후 이를 보완하여 관리하는 것이 필요하다. 교구 · 교재를 효율적으로 관리하기 위해 다음과 같은 사항을 고려해야 한다.

첫째, 교구 · 교재를 보관할 수 있는 독립된 공간을 마련해야 한다. 많은 양의 교구 · 교재를 보관하려면 특별히 마련된 공간을 필요로 한다. 일반적으로 영유아 교육현장에서는 교구 · 교재 보관실을 별도로 마련하지만 여건이 되지 않는다면 다른 공간, 예를 들어 복도의 구석진 공간 등 유휴 공간을 적절하게 활용할 수 있다. 교구 · 교재는 습기가 차지 않고 햇빛이 차단되며 서늘한 장소에 보관해야 장기 보관 시 변형이나 탈색을 방지할 수 있다.

둘째, 교구 · 교재의 진열대는 융통성 있게 구성되어야 한다. 모든 교구 · 교재는 크기나 형태가 동일하지 않기 때문에 다양한 형태의 선반 등과 보관장이 필요하다. 교구 · 교재를 찾기 쉽고 안전하게 보관하기 위해서는 교구 · 교재의 특성에 맞게 세우거나 눕혀서 보관할 수 있는 진열대, 바퀴가 달려 이동이 가능한 교구장, 앵글 등을 구비하여 공간을 효율적으로 사용할 수 있도록 한다.

셋째, 교구 · 교재의 특성에 따라 상자나 종이봉투, 투명 지퍼백에 넣어 보관하도록 한다. 여러 조각으로 구성되어 있거나 구성품의 분실 위험이 있는 경우에는 개별적인 보관 상자나 봉투에 넣어 보관하고, 입체 형태의 교구 · 교재는 단단한 상자에 넣어 보관하는 것이 안전하다. 그리고 평면 형태의 교구 · 교재는 종이봉투나 투명한 지퍼백에 넣어도 안전하게 보관할 수 있다. 상자 보관함은 진열대에 올려놓아 보관하고, 종이봉투나 지퍼백은 세로로 세워 꽂아 두면 꺼내기도 편리하다.

넷째, 활용이 끝난 교구 · 교재는 파손 및 분실을 확인한 후 깨끗이 닦거나 세탁하여 보관하도록 한다. 파손된 경우에는 손상된 곳을 보수하고, 분실된 조각들은 다시 제작하거나 구입하여 보관해야 한다. 부직포나 천 재질로 만들어진 교구 · 교재는 세탁 후 완전히 건조시키며, 코팅 자료나 플라스틱 등과 같이 닦을 수 있는 경우에는 깨끗이 닦은 후 보관하여야 한다. 지저분하고 오염된 교구 · 교재는 시간이 지날수록 깨끗하게 사용하기가 더 어려워지며, 심한 경우에는 곰팡이가 생기거나 교구 · 교재가 부식될 수 있기 때문이다.

2) 체계적인 교구·교재 관리

교구·교재는 효율적인 관리와 더불어 체계적인 관리가 이루어져야 한다. 체계적인 관리를 위한 방법은 다음과 같다.

첫째, 주제나 영역별 혹은 활동 유형별로 보관하도록 한다. 영유아 교육현장마다 각각의 보관, 진열의 기준은 공간이나 진열대의 특성 등에 다양한 여건에 따라 달라질 수 있다. 하지만 주제나 영역별, 활동 유형별로 나누어 근접하게 진열하여 보관한다면 필요한 교구·교재를 쉽게 찾아 꺼낼 수 있게 된다.

둘째, 보관 상자 및 봉투에는 사진과 이름을 붙여 관리해야 한다. 불투명한 상자나 봉투에 들어 있는 교구·교재는 꺼내야지만 내용물을 확인할 수 있다. 혹은 투명한 지퍼백이라도 교구·교재를 완전히 펼쳐 보아야 완전한 교구·교재의 모습을 확인할 수 있다. 그렇기 때문에 사진과 이름을 붙여 관리하면 필요한 교구·교재를 찾을 때, 혹은 교구·교재의 물품을 정리할 때 등 여러 가지 상황에서 보관 상자·봉투를 열어보지 않고도 빠른 시간 안에 해결할 수 있도록 돕는다. 모든 교구·교재의 사진과 이름은 동일한 라벨을 만들어 넣으면 더욱 식별하기 쉽다.

셋째, 제작 계획서와 함께 보관한다. 제작 계획서에는 제작방법 및 활용방법이 포함되어 있다. 만일 교구·교재의 보수가 필요할 때에는 제작방법을 참고하여 수리할 수 있고, 해당 교구·교재를 처음 본 교사도 참고하여 학급의 영유아에게 소개해 줄 수 있고, 효과적으로 사용할 수 있게 해 준다.

3) 교구·교재 목록표 문서 작성

체계적이고 효율적인 보관과 더불어 교구·교재를 쉽게 꺼내고 다시 보관하기 위해서는 교구·교재 목록표가 필요하다. 교구·교재의 보관 공간이 정리가 잘 되어 있다 할지라도 많은 교구·교재들 안에서 필요한 것을 쉽게 찾기란 매우 어렵기 때문이다. 목록표를 작성하기 전에 각 교구·교재에는 생활주제나 활동형태, 활동영역 중 한 기준에 의해 분류하고 남은 두 가지 기준에 의해 다시 분류하여 라벨을 붙인다. 이렇게

만들어진 라벨의 내용을 모두 종합하여 보관 장소에 진열대 번호를 기입하여 교구 · 교재 목록표를 작성한다. 교구 · 교재 라벨의 예는 |표5-1|, 교구 · 교재 목록표 작성의 예는 |표5-2|와 같다.

| 표 5-1 |　교구 · 교재 라벨의 예

관련 주제	교구 · 교재 명	활동 영역	활동 형태	제작자(구입처)	분류 마크
도구와 기계	옛날 물건과 오늘날 물건	수 · 조작 (B)	개별 · 소집단 (나)	○ ○ ○	도구와 기계- 나-B-①

교구 · 교재의 사진

| 표 5-2 |　교구 · 교재 목록표 작성의 예

교구 · 교재 관련 주제: 도구와 기계					
활동 영역	교구 · 교재 명	교구 · 교재의 구성	활동 형태	분류 마크	보관 장소
수 · 조작	옛날 물건과 오늘날 물건	게임판, 주사위, 물건 그림 카드 20장	개별 · 소집단 (나)	도구와 기계- 나-B-①	진열대 1-2

1. 교구·교재의 배치

1) 일반적 교구·교재의 배치: 교육적 가치를 높이기 위한 적절한 배치와 변화가 용이한 구성이 필요함 효율성과 활용도

2) 장애영유아를 위한 교구·교재의 배치

- 각 장애가 지닌 보편적 특성과 더불어 개인의 욕구를 관찰하여 배치해야 함
- 시각장애영유아에게는 촉각적인 단서 및 잔존 시력을 최대한 활용할 수 있도록 배치해야 함
- 자폐성장애영유아에게는 일관성 있는 배치가 요구되나 변화가 있을 때에는 미리 알려 줌
- 지체장애영유아는 보조장비 및 운동적 결함, 동선 및 활용 공간을 고려하여 배치해야 함
- 청각장애영유아는 쉽게 분별하고 선택할 수 있도록 시각적 요소에 초점을 두어 배치해야 함

2. 교구·교재의 활용

1) 교구·교재의 제시: 활동 주제와 개별적 능력에 적합한 교구·교재를 제시하되 제시의 순서 및 연계활동을 고려해야 함

2) 교구·교재의 소개: 교육목적의 효과를 높이고 안전하게 사용할 수 있도록 간결하고 명확하게 설명해 주어야 함

3) 교구·교재의 활용방법: 집단 활동 및 개별 활동에 활용되는 교구·교재의 특징을 파악하여 활용방법을 수립해야 함

4) 교구·교재의 활용전략: 일반적인 활용의 전략과 더불어 장애영유아가 활동에 잘 참여하기 위해 특별한 활용전략이 필요함

3. 교구 · 교재의 평가

- 영유아의 발달 및 흥미에 적합하고 확장활동으로 연계가 가능한지를 알아봄으로써 충분한 교육효과가 달성되었는지를 평가함
- 다양한 교구 · 교재를 제공하였는지를 알아봄으로써 특정한 영역 및 유형의 활동으로 유도되는 것을 방지할 수 있음
- 영유아 스스로 조작하고 이동하는 데 어려움이 없는지 알아봄으로써 적극적인 활용이 가능한지 평가함
- 교사가 제작한 목적에 부합되는 활동이 이루어지는지 알아봄으로써 활동목표나 기대효과가 일치될 수 있는지를 평가함

4. 교구 · 교재의 관리

1) 효율적인 교구 · 교재 관리: 안전하고 위생적인 관리를 위해 별도의 보관 용기와 공간을 활용하여 보관함
2) 체계적인 교구 · 교재 관리: 쉽게 찾아 꺼내 쓸 수 있고 활용할 수 있도록 제작 계획서와 함께 영역 및 유형별로 보관함
3) 교구 · 교재 목록표 문서 작성: 일정한 기준에 의해 분류하고 정리한 교구 · 교재의 목록표는 더욱 체계적인 관리를 도울 수 있음

참 고 문 헌

김정숙, 박진아, 김정민(2014). 유치원 교구 · 교재 질 관리 방안 연구. 육아정책연구소.
보건복지부, 교육과학기술부(2013). 3-5세 연령별 누리과정 교사용 지침서.
보건복지부, 육아정책연구소(2013). 제3차 어린이집 표준보육과정 교사용 지침서.
손순복, 정진화, 박진옥(2015). 영유아 교수학습 방법. 서울: 학지사.
오연주, 이지영, 손진실(2015). 교구 · 교재의 이론과 실제. 서울: 창지사.

Day, D. E. (1983). *Early childhood education: A human ecological approach*. Glenview, IL: Scott, Foresman and company.

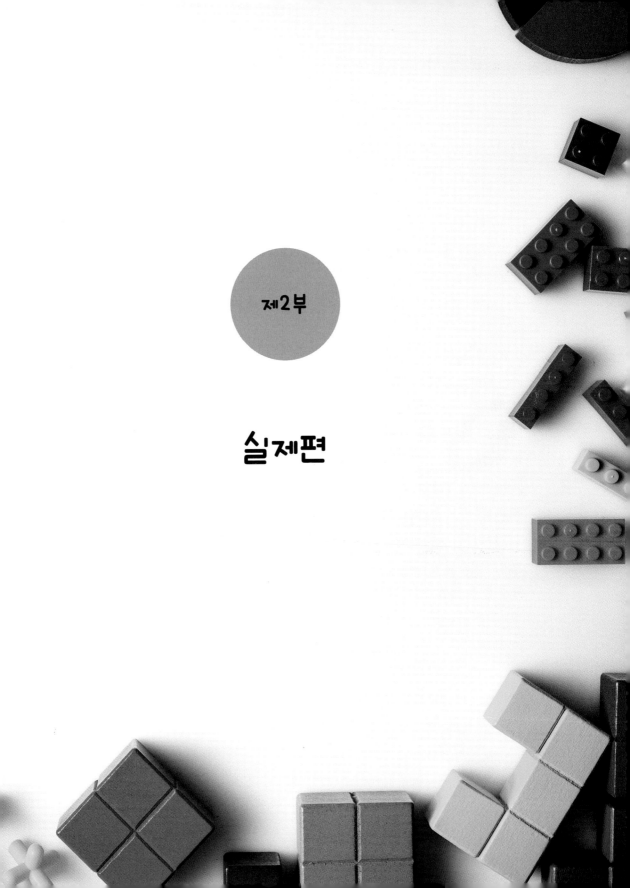

제2부

실제편

제6장

영아에게 적합한
교구·교재

영아에게 적합한 교구 · 교재

1. 신체운동 영역
- 펭귄 목표물 맞추기
- 딸랑이를 흔들어요
- 감각 터널
- 여러 가지 모양의 고리 끼우기
- 과일 공 던지기
- 동물 퍼즐을 맞춰 보아요

2. 사회관계 영역
- 병원놀이를 해요
- 토끼에게 먹이를 주어요
- 미용실 놀이
- 다양한 얼굴 표정

3. 의사소통 영역
- 동물 친구들
- 색 짝꿍을 찾아요
- 바다에는 누가 살까요?
- 여러 가지 교통수단
- 동물 부분그림 보고 동물 이름 맞히기

4. 예술경험 영역
- 방울 장갑
- 북소리가 들려요
- 코끼리 코 당기기
- 동물 리본막대
- 모양 찍기를 해요

5. 자연탐구 영역
- 모양 블록을 맞춰 봐요
- 주사위 동물 퍼즐
- 동물의 먹이가 달라요
- 파이조각 숫자 놀이
- 순서대로 배열하기
- 도형 짝꿍 찾기
- 동물의 얼굴 반쪽을 찾아 주세요

학습목표

1. 신체운동 영역 교구 · 교재를 제작할 수 있다.

2. 사회관계 영역 교구 · 교재를 제작할 수 있다.

3. 의사소통 영역 교구 · 교재를 제작할 수 있다.

4. 예술경험 영역 교구 · 교재를 제작할 수 있다.

5. 자연탐구 영역 교구 · 교재를 제작할 수 있다.

1. 신체운동 영역

1-1 펭귄 목표물 맞추기

활동목표

• 펭귄 배에 공을 던질 수 있다.
• 공 던지는 출발점과 거리를 조절하여 공을 던져 넣을 수 있다.

제작재료

다양한 색상의 펠트지, 하드보드지, 고무공, 벨크로테이프, 가위, 실, 바늘, 본드

제작방법

| 펭귄 |

① 하드보드지 위에 펭귄 모양 동물 도안을 모자, 머리, 몸으로 구분하여 각각 3장씩 그려서 오린다.
② ①을 각각 본드를 사용하여 같은 모양끼리 3장씩 붙여 놓는다.
③ ①을 각 색깔의 펠트지 위에 놓고 그려서 오린다.
④ 3장씩 붙인 하드보드지 위에 각 색깔의 펠트지를 본드로 붙인다.
⑤ 펠트지 모양을 조합해서 본드로 붙여 펭귄 모양을 완성한다.
⑥ 흰색 펠트지에는 눈, 검은색 펠트지에는 눈동자, 주황색 펠트지에는 펭귄의 발, 빨간색 펠트지에는 뺨, 노란색 펠트지에는 입술, 주황색 펠트지에는 혀를 그려서 각각 오린다.

⑦ 펠트지의 빨간색, 분홍색, 노란색에 목표물 지점을 크기를 고려해서 그린 후 각각 오린다.

⑧ ⑥과 ⑦을 펭귄의 각 부위에 본드로 붙여 펭귄 모양을 완성한다.

| 공 |

① 고무공을 본드를 사용하여 다양한 색상의 펠트지로 감싼다.

② 펠트지로 감싼 공에 까슬이를 가로 세로 방향으로 전체적으로 붙여 준다. 경우에 따라 까슬이의 양을 적절하게 조절하여 붙여 주어도 된다.

 활동방법

① 영아와 함께 벽에 부착해 놓은 펭귄 목표물 맞추기에 대해 이야기를 나눈다.

친구들은 펭귄을 본 적이 있나요?

어디에서 봤나요?

펭귄은 어떻게 걸어요?

친구들은 펭귄 목표물 맞추기 놀이를 해 본 적이 있나요?

어디서 해 보았나요?

오늘은 우리 친구들이 펭귄 배에 공 던지는 놀이를 할 거예요.

② 영아가 넓은 공간에서 펭귄 목표물 맞추기에 참여할 수 있도록 배치한 후 교사가 펭귄 목표물을 맞추는 시범을 보인다.

펭귄 목표물은 공으로 맞출 거예요.

공을 던지기 전에 공을 만져 볼까요?

공을 만지니까 어때요?

까슬까슬하죠. 까슬까슬해야 펭귄 배에 잘 붙어요.

③ 영아들에게 공을 펭귄 배에 던져 보라고 한다. 처음 지도 시에는 가까운 거리에서 시작하여 점차 거리를 멀리하여 던져 보도록 한다.

펭귄 배에 무슨 색 공을 던져 볼까요?

○○가 잘 던지구나! 하얀색 공이 펭귄 배에 붙었네요.

이번엔 조금 더 멀리 던져 볼까요?

④ 활동 후 영아와 함께 간단한 이야기를 나눈다.

📖 확장활동

• 영아들끼리 멀리 던지는 놀이를 할 수 있도록 유도한다.
• 공을 이용하여 펭귄 배를 꾸며 주는 놀이를 할 수 있도록 유도한다.

✈ 유의점

• 순서를 지켜 차례대로 던져 보도록 한다.
• 공 던지기를 어려워하는 영아의 경우 아주 가까운 거리에서 던져 보게 하거나 직접 펭귄 배에 공을 붙여 보게 한 후 공 던지기를 시도하도록 한다.

1-2 딸랑이를 흔들어요

 활동목표

• 딸랑이를 잡고 흔들어 소리를 낼 수 있다.
• 딸랑이를 흔들면서 신체를 움직일 수 있다.

제작재료

다양한 색상의 펠트지, 방울, 눈알, 솜, 글루건, 글루건 심, 바늘, 실, 가위

제작방법

① 흰색 펠트지에는 고양이 얼굴, 하늘색 펠트지에는 고래, 황토색 펠트지에는 당나귀, 연분홍색 펠트지에는 펭귄의 도안을 그려서 오린다.

② 오린 동물 도안은 각각 두 장을 겹쳐 솜을 넣을 부분을 남기고 테두리를 바느질한다.

③ 솜을 채워 넣고 고래와 당나귀, 펭귄 속에는 방울을 넣고 남은 부분을 바느질하여 마무리하고, 고양이는 바느질 후 방울을 달아 준다.

④ 펠트지에 당나귀 귀와 고래 윗부분을 각각 두 개씩 그려서 오린다.

⑤ ④를 각각 두 장을 겹쳐 솜을 넣을 부분을 남기고 테두리를 바느질한다.

⑥ 솜을 채워 넣고 남은 부분을 바느질하여 마무리한다.

⑦ 펠트지, 눈알, 리본 등을 이용하여 각 동물을 꾸며 완성한다.

 활동방법

① 딸랑이의 소리를 들려준다.

- 교사가 딸랑이를 흔들어 소리 내는 시범을 보인다.

　이게 무슨 소리지요?

　어디에서 나는 소리일까요?

　왜 소리가 나는 것일까요?

② 딸랑이를 탐색한다.

- 딸랑이를 만져 보도록 격려한다.

　딸랑이가 어떻게 생겼나요?

　여기 방울이 달렸네요.

　방울은 어떻게 해야 소리가 날까요?

③ 딸랑이를 흔들어서 소리를 내 보도록 한다.

- 팔과 손을 흔들어 방울 소리가 나도록 격려한다.

　우와! ○○가 소리를 잘 내는군요! 어떤 소리가 들리고 있나요?

　빠르게 흔들어 볼까요?

　천천히 흔들어 볼까요?

④ 교사가 영아와 함께 음악에 맞추어 딸랑이를 흔들면서 자유롭게 춤을 춘다. 교사
　가 〈나처럼 ♬ 해봐요 ♬ 이렇게〉 노래를 부르면서 딸랑이를 흔드는 시범을 보

여 준다.

④ 활동 후 영아와 함께 간단한 이야기를 나눈다.

 유의점

• 겉면에 달아 놓은 방울이 떨어지지 않도록 단단히 바느질을 한다.

• 솜과 함께 들어간 방울은 소리가 잘 들리는지 확인한다.

• 영아가 다양한 방법으로 딸랑이를 흔들어 볼 수 있도록 격려한다.

1-3　감각 터널

 활동목표

- 감각바닥 위로 걸어가서 터널을 통과할 수 있다.
- 친구와 손잡고 감각바닥 위를 걸어 다닐 수 있다.
- 모빌을 손으로 만져 움직이게 할 수 있다.

 제작재료

하드보드지, 비닐, 시트지, 펠트지, 퐁퐁이, 모루, 잡곡, 종이거울, 낚시줄, 바늘, 깃털, 양면테이프, 글루건, 글루건 심, 바늘, 가위

🎓 **제작방법**

| 터널 |

① 하드보드지를 이용하여 두 개의 'ㄷ'자형 기둥을 만든다.
② 두 개의 기둥 겉면에 양면테이프를 이용하여 윗면과 옆면을 비닐로 감싸도록 붙인다.
③ 비닐의 가장자리에 셀로판테이프로 모루를 붙여 터널 형태를 마무리한다.
④ 시트지를 다양한 모양으로 오린 후 비닐을 꾸민다.

| 감각 바닥 |

① 터널의 길이에 맞추어 하드보드지를 2장씩 겹쳐 길게 연결한다.
② 연결한 하드보드지를 펠트지로 감싼다.
③ 다양한 감각 재료(퐁퐁이, 모루, 다양한 잡곡, 종이거울)를 글루건을 사용하여 바닥

에 단단히 붙인다.

| 모빌 |
① 깃털을 낚시줄로 묶은 후 바늘을 사용하여 비닐 천장에 고정시킨다.

🌐 활동방법

① 감각터널을 보며 이야기를 나눈다.

　　이것은 무엇일까요?

　　안에는 무엇이 있을까요?

　- 교사와 함께 신발을 벗고 들어가 보도록 한다.

② 감각터널 안에서 활동을 유도한다.

　　터널을 선생님처럼 한번 둘러보아요.

　　바닥에는 무엇이 있나요? 친구들과 손잡고 바닥을 걸어 볼까요?

　　바닥이 폭신한 곳도 있고, 딱딱한 곳도 있고, 거칠거칠한 곳도 있어요

　　천장에는 모빌이 달려 있네요. 손으로 만져 움직이게 해 볼까요?

　　모빌이 움직이네요.

　- 바닥과 천장에 있는 감각 재료들을 손으로 만져 보도록 격려한다.

－ 활동이 끝나면 나가는 방향을 알려주어 교사와 함께 나온다.
③ 활동 후 영아와 함께 간단한 이야기를 나눈다.

📖 확장활동

• 감각터널 안에서 자유롭게 놀이를 할 수 있도록 한다.
• 또래들과 감각터널을 누가 먼저 들어갔다 나오는지 게임을 하게 지도한다.

✈ 유의점

• 다수의 영아가 활동에 참여하였을 경우 지나가는 방향을 정한 후 터널 안에 들어
  가도록 한다.
• 감각바닥에 붙여진 재료들이 떨어져 영아가 삼키지 않도록 세심하게 관찰하고 관
  리한다.

1-4   여러 가지 모양의 고리 끼우기

 활동목표

- 막대에 고리를 끼워 넣을 수 있다.
- 같은 모양의 고리를 짝지을 수 있다.

 제작재료

펠트지, 높이가 낮은 원기둥형 캔, 키친타월 심, 모래, 바늘, 실, 가위

🎓 제작방법

| 기둥 |

① 원기둥 모양의 빈 캔을 깨끗이 씻은 후 모래로 채워 넣는다.
② 키친타월 심에 글루건을 사용하여 펠트지로 감싼다.
③ 빈 캔의 윗면 정 가운데에 키친타월 심을 고정시킨다.
④ 펠트지로 감싼 경계 부분은 바느질을 하여 튼튼히 마무리한다.

| 고리 |

① 펠트지 2장을 겹쳐서 원, 다각형, 기하도형 등 다양한 모양의 도안을 그려서 오린다.
② 다양한 모양의 도안 가운데에 키친타월 심이 통과할 수 있는 크기의 원을 그려 오려 낸다.
③ ②의 펠트지 2장을 겹쳐서 솜이 들어갈 수 있는 공간만 남긴 후 테두리를 바느질한다.

④ 솜을 채워 넣은 후 나머지 부분을 바느질하여 완성한다.

 활동방법

① 교사가 영아와 함께 교구를 탐색한다.

　여러 가지 고리가 있구나! 고리 안에 동그란 구멍이 뚫려 있네요.

　고리를 만져 볼까요? 폭신폭신하네요!

　이 고리로 어떻게 놀이할 수 있을까요?

② 같은 모양의 고리를 짝지어 본다.

－교사가 같은 모양의 고리를 짝짓는 시범을 보여 준 후 하나의 고리를 들어 영아에게 보여 준다.

　이것과 같은 고리는 어디 있나요? 색도 똑같아요.

　누가 찾아볼까요?

　우와~ 잘 찾았어요.

　다른 모양의 친구들도 찾아보세요.

③ 고리를 찾아 기둥에 끼워 보게 한다.

－교사가 고리를 기둥에 끼우는 시범을 보인다.

　○○도 선생님처럼 고리를 끼워 볼까요?

- 자유롭게 고리를 기둥에 끼워 보게 한다.
④ 활동 후 영아와 함께 간단한 이야기를 나눈다.

📖 확장활동

• 고리가 끼워진 기둥을 보고 같은 고리를 순서대로 끼워 본다.
• 고리의 색 및 모양을 언어로 표현해 본다.

✈ 유의점

• 눈과 손의 협응에 어려움이 있는 영아는 시간을 충분히 주어 성취감을 경험할 수 있도록 지원한다.

1-5　과일 공 던지기

활동목표

- 과일 공을 흔들어 소리를 낼 수 있다.
- 과일 공을 흔들어 소리를 비교할 수 있다.
- 과일 공을 던져서 원숭이 입으로 넣을 수 있다.

제작재료

다양한 색상의 펠트지, 하드보드지, 상자, 솜, 큰 방울, 작은 방울, 글루건, 글루건 심, 바늘, 실, 가위

제작방법

| 원숭이 상자 |

① 빈 상자 가운데 공이 들어갈 부분은 입 모양을 그리고 칼로 구멍을 낸다.

② 펠트지를 이용하여 원숭이 얼굴 모양을 만들어 상자에 글루건으로 붙인다.

③ 하드보드지에 귀 모양을 도안하여 오리고 펠트지를 붙여 귀를 만든다.

④ 완성된 귀를 상자 양 옆에 글루건으로 고정시켜 붙인다.

| 과일 공 |

① 펠트지(빨강색, 노란색, 보라색, 초록색, 분홍색)에 정오각형 도안 12개(빨강색 4개, 나머지 색은 각 2개)를 그려서 오린다.

② 정오각형의 색깔과 같은 과일(사과, 바나나, 포도, 수박, 딸기, 체리)을 그려서 오린다.

③ 오각형의 펠트지 가장자리에 솜 구멍을 남기고 포개어 바느질한다.

④ 솜 구멍에 솜을 채워 넣은 후 방울을 넣고 솜 구멍을 막으면서 바느질하여 정십이면체를 완성한다.

⑤ 완성된 정십이면체의 윗면에 ②의 과일 그림을 글루건으로 붙인다.

🌐 활동방법

① 원숭이 상자와 과일 공을 탐색하면서 이야기를 나눈다.

　원숭이 상자에 커다란 입이 있어요.

　공에는 과일 그림이 있네요.

　공을 만져 볼까요?

　공을 굴려 볼까요?

② 공을 흔들어 소리를 들어 보게 한다.

　공을 흔들어 볼까요? 어 무슨 소리가 나네요.

　다른 공도 한번 흔들어 볼까요? 이 공은 소리가 작게 나네요.

　친구들도 공을 흔들어 보세요.

　두 개를 같이 잡고 흔들어 보세요.

　작은 소리도 나고 큰 소리도 나네요.

③ 원숭이 상자에 과일 공을 던져 넣도록 한다.

　　원숭이가 배가 고픈가 봐요. 과일 공을 입에 넣어 줄까요?

　　어떻게 넣어 줄 수 있을까요?

－ 교사가 과일 공을 던져 원숭이 상자 안에 집어넣는 시범을 보인다.

　　선생님이 과일 공을 원숭이에게 주었어요. ○○도 과일 공을 던져 볼래요?

　　우와, ○○가 던진 과일 공이 원숭이 입으로 쏙 들어갔어요.

　　○○가 공을 살살 던졌더니 바닥에 떨어졌네요.

④ 활동 후 영아와 함께 간단한 이야기를 나눈다.

📖 **확장활동**

• 친구와 공을 던지고 받는 활동을 한다.

• 친구와 공이 더 멀리 가도록 공을 굴려 보는 게임을 한다.

• 공에 그려져 있는 과일 이름을 말할 수 있도록 지도한다.

✈ **유의점**

• 친구를 향해 공을 던지지 않도록 지도한다.

1-6 동물 퍼즐을 맞춰 보아요

활동목표

• 같은 동물을 찾아 붙일 수 있다.
• 소근육을 발달시킬 수 있다.

제작재료

하드보드지, 마분지, 펠트지, 코팅지, 네임펜, 색연필, 벨크로테이프(까슬이와 보슬이), 마스킹테이프, 눈알, 글루건, 글루건 심, 바늘, 실, 가위

제작방법

| 활동판 |

① 하드보드지를 2장 겹쳐 붙여 놓는다.
② 마분지에 동물의 도안을 네임펜을 이용하여 테두리만 그린다.
③ 그려진 동물의 도안을 오려 하드보드지 위에 배치하여 붙인다.
④ 도안선 안쪽에 글루건으로 까슬이를 붙인다.
⑤ 활동판 가장자리를 마스킹테이프로 감싸 주어 깔끔하게 마무리한다.

| 동물 - 입체 |

① 펠트지에 동물의 도안을 그린 후 2장을 겹쳐 오린다.
② 오려진 동물의 도안 테두리에 솜을 넣을 부분을 남기고 테두리를 따라 바느질한다.
③ 솜을 채워 넣은 후 나머지 부분을 바느질로 마무리한다.

④ 펠트지의 조각을 오려서 코, 입, 귀, 무늬 등을 오리고 글루건으로 붙인다.

④ 동물 얼굴에 글루건으로 눈알을 붙인다.

⑤ 동물 얼굴 뒷면에 글루건으로 까슬이를 단단히 붙인다.

| 동물 - 평면 |

① 하드보드지에 네임펜을 이용하여 똑같은 동물의 도안을 각각 2개씩 그린 후, 색연필로 각 동물의 얼굴을 하나씩만 색칠한다.

② 그려진 동물의 도안을 오려 각 동물의 색칠한 부분이 위에 오도록 붙인 후 코팅한다.

③ 코팅한 동물의 도안을 2, 3, 4등분으로 나누어 자른다.

④ 잘라진 동물의 도안 뒷면에 까슬이를 붙인다.

 활동방법

① 활동판의 동물 모양으로 그려진 선을 보면서 이야기를 나눈다.

　여기는 누구의 자리일까?

　동물 친구들의 얼굴이 들어갈 곳이에요.

② 입체의 동물 얼굴을 제시하고 탐색해 보도록 한다.

　친구들이 일고 있는 동물이 있나요?

코끼리 봤어요. 토끼 할머니 집에도 있어요.

○○가 동물을 많이 알고 있구나.

머리에 털이 많은 사자도 있고, 호랑이, 돼지, 원숭이, 소, 하마도 있어요.

③ 입체의 동물을 활동판의 같은 모양에 맞추어 보도록 한다.

- 교사가 입체 동물을 같은 모양에 붙이는 시범을 보인다.

이곳이 토끼의 자리일까요?

긴 귀가 들어갈 수가 없네요.

이곳이 토끼의 자리일까요?

○○가 토끼 자리를 붙여 볼까요?

우와, ○○가 토끼 자리를 찾아 주었네요.

④ 평면의 동물을 활동판의 같은 모양에 맞추어 보도록 한다.

- 교사가 동물과 같은 모양을 찾아 동물 조각들을 맞추는 시범을 보인다.

여기는 코끼리 자리예요. 코끼리 자리에 코끼리를 맞추어 넣어 볼까요?

- 활동판과 평면 동물의 조각들을 가지고 영아들이 자유롭게 맞추어 보도록 한다.

⑤ 활동 후 영아와 함께 간단한 이야기를 나눈다.

📖 확장활동

• 동물소리를 흉내 내는 놀이를 유도한다.
• 각 동물의 이름을 말할 수 있도록 지도한다.

✈ 유의점

• 활동 수준이 낮은 영아의 경우, 평면의 퍼즐 조각을 맞추는 것이 어려울 수 있으므로 2개의 조각을 먼저 제공하고 익숙해지면 조각의 수를 점차 늘려 준다.

2. 사회관계 영역

2-1 병원놀이를 해요

🛩 활동목표

• 아픈 친구나 사람을 치료하는 흉내를 낼 수 있다.
• 간단한 병원놀이를 할 수 있다.

⚙ 제작재료

영아에게 친숙한 인형, 병원놀이 의상(의사, 간호사 가운), 병원놀이 소품(청진기, 주사기, 붕대, 약봉투, 약모형 등), 펠트지, 두꺼운 도화지, 박스, 솜, 벨크로테이프, 실, 바늘

🎓 제작방법

① 하얀 펠트지와 파란 펠트지 사이에 두꺼운 도화지를 넣어서 가방을 단단하게 꿰맨다.
② 하얀 펠트지 위에 연고와 밴드, 가위, 주사, 청진기, 체온계, 알약의 모양에 따라 선을 만들어 실로 꿰매어 준다.
③ 가위, 주사, 청진기, 체온계, 알약의 모양을 2장씩 만들어 솜이 들어갈 수 있는 공간만 남기고 테두리를 바느질한다.
④ 솜을 채워 넣은 후 남은 부분을 바느질하여 마무리한다.
⑤ 가방 손잡이의 틀을 2개 만들어 솜이 들어갈 수 있는 공간만 남기고 테두리를 바느질한다.

⑥ 솜을 채워 넣은 후 남은 부분을 바느질하여 마무리한다.

⑦ 가방에 손잡이를 먼저 붙이고 가방의 입구를 보슬이와 까슬이를 붙여 마무리한다.

⑧ 완성된 가방에 빨간색 펠트지로 십자 모양을 만들어 가방의 바깥쪽에 바느질하여 붙인다.

 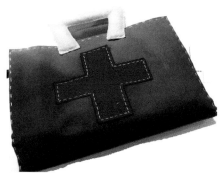

 활동방법

① 영아와 함께 병원에 대한 이야기를 나눈다.

병원에 가 본 적이 있나요?

왜 병원에 갔나요?

병원에는 누가 있었나요?

병원에서 무엇을 했나요?

② 교사가 아픈 친구나 사람을 어떻게 도와주어야 하는지에 대해 물어본다.

(교사가 인형을 들고) 친구들아, 인형이 갑자기 배가 아프대요.

어떻게 하지요? 어디로 가야 할까요?

병원이요. 병원 가요.

그래, 병원에 가야 하는 구나.

아픈 사람을 아프지 않게 하려면 병원에 어떤 것들이 있어야 하나요?

주사기. 나도 주사 맞아서 나았어요.

그래 맞아. 주사기가 있어야 하는구나.

다른 친구들도 주사를 맞아 보았나요? 언제 맞아 보았나요?

감기 걸려서 병원 가서 주사 맞았어요. 아팠어요.

그래도 아프면 주사 맞아야 나아요. 또 뭐가 있어야 할까요?

약.

약은 약 파는 곳(약국)에서 받는 거예요.

아! 맞다. 청진기.

우리 친구들이 병원에 뭐가 있는지 잘 알고 있네요. 재미있는 병원놀이를 해 볼까요?

③ 아픈 친구나 사람을 치료해 주는 흉내를 내는 놀이를 해 보도록 한다.

 - 의사와 간호사, 아픈 사람 역할을 할 친구를 정하도록 한다.

 - 병원놀이를 하면서 아픈 친구나 사람을 치료하는 흉내를 낸다.

④ 활동 후 영아와 함께 간단한 이야기를 나눈다.

📖 확장활동

• 가정과 연계하여 다양한 병원[눈을 치료하는 곳(안과), 이를 치료 하는 곳(치과), 동물을 치료하는 곳(동물병원)] 등이 있다는 것을 알 수 있도록 지도한다.

✈ 유의점

• 약 봉투의 경우, 주변 약국에서 실제 약 봉투를 구해 사용하면 영아들이 좀 더 흥미를 가질 수 있다.

2-2 토끼에게 먹이를 주어요

활동목표

• 토끼에게 먹이를 주는 놀이를 할 수 있다.
• 다른 동물에게도 먹이를 줄 수 있다.

제작재료

펠트지(흰색, 노란색, 주황색, 초록색, 보라색, 검정색, 살색), 솜, 단추, 글루건, 글루건 심, 가위, 바늘, 실

제작방법

| 토끼 머리 |

① 흰색 펠트지에 같은 토끼 머리 도안 2개, 귀 4개를 그린 후 오린다.
② 노란색 펠트지에는 토끼 귀 안에 붙일 귀 모양의 도안 2개, 살색 펠트지에는 눈 2개, 검은색 펠트지에는 눈동자 2개, 주황색 펠트지에는 코를 그린 후 오린다.
③ 토끼 머리를 2장 겹쳐서 솜이 들어갈 수 있는 공간만 남기고 테두리를 바느질한다.
④ 솜을 채워 넣은 후 남은 부분을 바느질하여 마무리한다.
⑤ 토끼 귀도 2장 겹쳐서 솜이 들어갈 수 있는 공간만 남기고 테두리를 바느질하고, 솜을 채워 넣은 후 남은 부분을 바느질하여 마무리한다.
⑥ ③에 토끼 귀를 바느질하여 튼튼하게 붙인다.
⑦ ⑥에 눈과 코, 눈동자와 귀 안에 붙일 작은 귀를 바느질하여 완성한다.

| 당근 |

① 주황색 펠트지에 당근 도안을 40개 그려 자른다.

② 두 장을 겹쳐서 솜이 들어갈 수 있는 공간만 남기고 테두리를 바느질한다.

③ 솜을 채워 넣은 후 남은 부분을 바느질하여 마무리한다.

④ 초록색 펠트지에 당근 잎사귀 도안을 40개 그려 자른다.

⑤ 2장을 겹쳐서 솜이 들어갈 수 있는 공간만 남기고 테두리를 바느질한다.

⑥ 솜을 얇게 채워 넣은 후 남은 부분을 바느질하여 마무리한다.

| 주사위 |

① 6가지 색깔의 펠트지에 네모 모양(10×10cm)을 6개 그려서 오린다.

② 3가지 색깔의 펠트지에 주사위에 붙일 동그라미를 7개씩(총 21개) 그려서 오린다.

③ ①의 각 면에 ②를 주사위처럼 1개부터 6개까지 글루건을 사용하여 붙인다.

④ ①을 2장씩 겹쳐서 솜이 들어갈 수 있는 공간만 남기고 테두리를 바느질한다.

⑤ 솜을 채워 넣은 후 남은 부분을 바느질하여 마무리한다.

🌐 활동방법

① 영아들에게 토끼 그림이나 교구를 보여 주며 토끼에 대한 이야기를 나눈다.

토끼를 본 적이 있나요?

어디서 보았나요?

어떻게 생겼어요?

먹이를 줘 보았나요?

② 토끼와 토끼 먹이를 탐색하게 한 후 토끼가 좋아하는 음식에 대해서 이야기를 나눈다.

친구들은 오늘 아침에 무얼 먹고 왔나요?

○○가 좋아하는 음식은 무엇인가요?

동물들도 좋아하는 음식이 있어요.

토끼가 좋아하는 음식은 뭘까요?

토끼는 당근을 좋아해요.

③ 교사가 토끼에게 먹이를 주는 시범을 보인다.

주사위를 굴려서 나오는 동그라미 개수만큼 먹이를 주는 거예요.

선생님이 토끼에게 당근을 주고 있어요.

친구들도 선생님처럼 토끼에게 먹이를 줘 보세요.

④ 교사가 영아와 함께 당근 먹이 주는 놀이를 한다.

토끼가 배가 고픈가 봐요. 어떻게 해야 할까요?

먹이 줘야 해요.

토끼에게 어떤 먹이를 주고 싶나요?

당근.

⑤ 영아들끼리 주사위를 굴려서 나오는 동그라미 개수만큼 먹이를 주도록 한다.

⑥ 활동 후 영아와 함께 간단한 이야기를 나눈다.

📖 확장활동

- 영아에게 토끼 외에도 다른 동물에게 먹이를 줄 수 있도록 유도하여 동물을 배려하는 마음을 가질 수 있도록 지도한다.
- 가정과 연계하여 집에서 강아지를 키우고 있으면 영아가 먹이를 주도록 지도

한다.

- 부모와 동물원에 갈 때 영아에게 동물을 보여 주면서 다른 동물의 이름을 말할 수 있도록 가정과 연계하여 지도한다.

 유의점

- 먹이 모형을 제작할 때는 영아가 쉽게 조작할 수 있도록 한다.
- 개수를 세지 못하는 경우, 동그라미 개수를 교사가 세어 주거나 영아가 먹이와 동그라미 개수를 맞춰 보면서 주도록 지도한다.

2-3 미용실 놀이

활동목표

- 화장품과 도구의 사용 방법을 알고 흉내 낼 수 있다.
- 간단한 미용실 놀이를 할 수 있다.

제작재료

다양한 색상의 펠트지, 솜, 플라스틱 빗, 플라스틱 거울, 글루건, 글루건 심, 가위, 바늘, 실

제작방법

| 미용실 가방 |

① 빨간 펠트지에 가방 도안을 그린 후 오린다.
② ①의 옆선을 바느질하고 가방의 덮개에는 버튼홀 스티치로 가장자리를 꾸며 준다.
③ 흰색 펠트지에 토끼 머리, 꽃, 잎의 도안을 그려 오린다.
④ 가방의 겉면에 ③을 글루건으로 붙여 꾸며 준다.

| 미용실 소품 |

① 다양한 색상의 펠트지에 화장품, 립스틱, 거울, 빗 등의 도안을 그린 후 오린다.
② 오려진 화장품, 립스틱, 빗의 도안은 테두리를 겹쳐 솜이 들어갈 수 있는 공간만 남긴 후 바느질하고 솜을 채워 넣은 후 남은 부분을 바느질하여 마무리한다.
③ 거울의 도안 위에 글루건을 사용하여 플라스틱 거울을 단단히 고정시켜 붙이고,

포개어질 펠트지는 거울이 보일 수 있는 공간을 오려내어 거울이 밖으로 드러나게 한다.

④ ③의 포개어진 펠트지의 테두리는 솜을 넣을 공간만 남기고 바느질한다.

⑤ 거울이 있는 뒷면은 솜을 얇게 넣고, 손잡이가 있는 부분은 솜을 단단함이 느껴질 정도로 채워 넣은 후 남은 부분을 바느질하여 마무리한다.

 활동방법

① 영아들과 화장품과 도구들을 탐색하며 이야기를 나눈다.

여기 가방이 있네요.

가방 안에 무엇이 들어 있는지 꺼내 볼까요?

이것들은 무엇일까요?

어떻게 사용하는 것일까요?

② 영아들에게 화장품과 도구들을 사용하는 시범 보이며 이야기를 나눈다.

머리를 빗어 볼까요?

머리핀을 꽂아 볼까요?

입술에 색을 바르는 립스틱도 있네요.

이건 눈 위에 색을 바르는 화장품이에요.

③ 영아들이 자유롭게 화장품과 도구를 사용하도록 한다.

○○는 립스틱을 잘 바르네요.

□□는 거울을 보며 빗을 잘 빗네요.

와, ◇◇는 머리핀을 머리에 잘 꽂았네요.

○○는 로션을 얼굴에 바르고 있네요.

④ 활동 후 영아와 함께 간단한 이야기를 나눈다.

 확장활동

• 가정과 연계하여 다양한 화장품의 종류, 도구(머리띠, 머리끈 등)들이 있다는 것을 알 수 있도록 지도한다.

유의점

• 영아가 소품들을 입에 넣고 삼키지 않도록 너무 작지 않게 제작한다.

2-4　다양한 얼굴 표정

활동목표

- 화가 난 표정, 우는 표정, 웃는 표정을 구분하여 표현할 수 있다.
- 얼굴 그림의 표정을 보고 흉내 내어 표현할 수 있다.

제작재료

하드보드지, 펠트지(분홍색, 연두색, 노란색, 하늘색, 빨간색, 보라색, 파란색, 초록색, 상아색), 거울지, 색깔별 털실, 여러 가지 촉감의 면, 글루건, 글루건 심, 양면테이프, 가위, 바늘, 실

제작방법

① 적당한 크기로 하드보드지를 자른 후 하드보드지에 펠트지를 붙여 바탕 판을 만든다.
② 상아색 펠트지에 남자와 여자 얼굴을 그려 오린 후 바탕판 위에 남자 얼굴과 여자 얼굴을 붙인다.
③ 하드보드지로 8면 중 4면에 다양한 감정을 나타내는 얼굴 표정을 글루건으로 붙인다.
④ 다른 면 하드보드지는 8면 중 4면에 양면테이프로 거울지를 붙인다.
⑤ 거울지 주변을 털실 또는 거친 면 등 다양한 촉감을 느낄 수 있는 재료들을 활용하여 꾸민다.
⑥ 얼굴 표정은 바느질을 하거나 글루건으로 필요한 부분을 붙여 마무리한다.
⑦ 펀치로 구멍을 뚫어서 링 고리를 연결하여 표정 책을 완성한다.

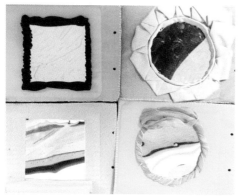

🌐 **활동방법**

① 표정 그림을 보며 이야기를 나눈다.

여기 친구들의 얼굴이 있네요.

친구들의 얼굴을 보니 기분이 어떤가요?

왜 이 친구는 웃고 있을까요?

기분 좋은 일이 있는 것 같아요.

선물을 받았어요.

왜 이 친구는 화가 나 있을까요?

신경질이 나 있나 봐요.

친구가 장난감을 빼앗았어요.

이 친구는 왜 울고 있을까?

엄마에게 **혼났어요.**

② 영아들에게 웃고 있을 때, 화가 나 있을 때, 울고 있을 때가 언제인지 이야기를 나눈다.

친구들은 어떨 때 웃나요?

친구들은 어떨 때 화가 나나요?

친구들은 어떨 때 우나요?

③ 영아들과 표정을 지어 보는 활동을 한다.

- 교사와 함께 책을 보면서 표정을 따라해 볼 수 있도록 한다.

이 친구처럼 표정을 흉내 내어 볼까요?

○○가 표정을 잘 흉내 내네요.

선생님의 표정은 누구랑 비슷한가요?

- 영아들이 자유롭게 표정을 지어보고 영아들 간 서로를 흉내 내 볼 수 있도록 한다.

◇◇가 표정을 한 번 지어 보아요. 친구들은 ◇◇의 표정을 따라해 볼까요?

친구들 모두 표정 흉내 내기를 참 잘하네요!

④ 활동 후 영아와 함께 간단한 이야기를 나눈다.

📖 확장활동

- 영아가 거울을 보며 자신의 얼굴 표정을 관찰해 본다.
- 영아가 느꼈던 기분과 경험을 이야기한다.

✈ 유의점

- 영아가 짓는 다양한 표정을 격려하며 함께 즐거워한다.

3. 의사소통 영역

3-1 동물 친구들

활동목표

• 친숙한 동물의 이름을 말할 수 있다.
• 친숙한 동물의 울음소리를 흉내 내어 표현할 수 있다.

제작재료

융판, 다양한 색상의 펠트지, 헝겊 고무줄, 벨크로테이프(까슬이와 보슬이), 글루건, 바늘, 실

제작방법

| 배경판 |
① 펠트지에 나무, 구름, 수풀, 해의 도안을 그린 후 오린다.
② 융 판 위에 오려진 펠트지 조각들을 배치하여 글루건으로 붙인다.

| 동물 인형 |
① 펠트지 2장을 겹쳐 동물 도안을 그린 후 오린다.
② 동물 도안을 솜 구멍을 남긴 후 테두리를 바느질한다.
③ 솜 구멍에 솜을 넣은 후 솜 구멍을 막으며 바느질한다.
④ 펠트지를 오려 붙여 털 무늬, 눈, 코, 귀 등을 꾸민다.

⑤ 완성된 동물의 뒷면에 글루건을 사용하여 헝겊 고무줄을 단단히 붙인다.

⑥ 헝겊 고무줄을 붙인 부분에 같은 색의 펠트지 조각을 사용하여 덧대어 붙여준다.

⑦ 동물에 연결된 헝겊 고무줄의 끝은 융판의 뒷면에 붙여 고정시킨다.

 활동방법

① 교사가 동물 울음소리를 들려주며 영아에게 어떤 동물을 보았는지 물어본다.

　엄마, 아빠랑 동물원에 가 보았나요?

　'어흥' 소리 내는 사자를 보았나요?

② 배경판 뒤로 동물들을 숨긴 후 영아에게 보여 준다.

　여기는 동물들이 숨어 있어요. 누가 숨어 있는지 볼까요?

　동물을 하나씩 앞으로 불러 볼게요.

② 동물들을 하나씩 꺼내 배경판 위에 붙이며 동물의 이름을 말해 준다.

　이 동물은 꿀꿀꿀 소리를 내요. 누구일까요?

　돼지.

　우와! ○○가 돼지라고 말해 주었네요. 맞았어요. 돼지는 꿀꿀꿀 소리를 내요.

　우리 친구들도 다 같이 꿀꿀꿀 소리를 내어 볼까요?

　이 동물은 꽥꽥 소리를 내요. 누구일까요?

　오리예요. 오리는 꽥꽥 소리를 내요.

　이 동물은 귀가 길고 깡충깡충 뛰어요. 누구일까요?

토끼예요.

○○가 잘 말해 주었네요.

③ 동물들을 하나씩 떼어 내 배경판 뒤로 숨기며 이야기를 나눈다.

어떤 동물이 없어졌나요? 꿀꿀꿀 소리 내는 동물이 없어졌는데, 누구일까요?

꽥꽥 소리를 내는 동물도 없어졌어요. 친구들이 이름을 불러 주면 나올 것 같은데,

다 같이 큰 소리로 이름을 불러 주세요.

④ 영아들이 자유롭게 동물들을 붙이고 떼어 낼 수 있도록 격려한다.

⑤ 활동 후 영아와 함께 간단한 이야기를 나눈다.

확장활동

• 동물울음 소리를 흉내 내면서 놀이를 한다.

유의점

• 동물 인형과 연결된 헝겊 고무줄을 너무 세게 잡아당기지 않도록 미리 말해 준다.

3-2　색 짝꿍을 찾아요

활동목표

- 같은 색을 짝지을 수 있다.
- 친숙한 세 가지 색의 이름을 말할 수 있다.

제작재료

펠트지(빨간색, 노란색, 하얀색, 분홍색, 주황색), 하트모양 상자, 하드보드지, 벨크로 테이프(까슬이, 보슬이), 글루건, 글루건 심, 바늘, 실

제작방법

| 색깔 상자 |

① 하드보드지에 하트 모양을 그린 후 오려 밑면을 만든다.

② 밑면의 둘레를 따라 글루건으로 박스 종이를 붙여 가며 옆면을 만든다.

③ 완성된 상자에 한 가지 색의 펠트지로 감싸 붙인다.

④ 이와 같은 방법으로 빨간색, 노란색, 하얀색, 분홍색, 주황색 상자를 만든다.

⑤ 완성된 상자들이 서로 연결될 수 있도록 옆면에 벨크로테이프를 붙인다.

| 색깔 소품 |

① 색을 대표할 수 있는 사물을 선정하여 도안을 준비한다.

 - 흰색: 닭, 구름, 염소, 파, 무, 달걀
 - 노란색: 별, 치즈, 은행잎, 바나나
 - 분홍색: 하트, 꽃, 복숭아, 사탕

－ 주황색: 당근, 단풍잎, 감, 금붕어, 오렌지

－ 빨간색: 딸기, 토마토, 체리, 사과, 고추

② 펠트지 2장을 겹쳐 도안을 그린 후 오린다.

③ 오린 펠트조각은 솜 구멍을 남긴 후 바느질한다.

④ 솜 구멍으로 솜을 채워 넣은 후, 솜 구멍을 바느질한다.

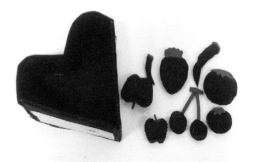

활동방법

① 주변에 무슨 색이 보이는지 영아와 함께 이야기를 나눈다.

　여기 무슨 색들이 있나요?

　아는 색을 말해보세요.

　빨간색.

　○○는 빨간색을 알고 있구나. 저기 노란색도 보이네요.

　우리 재미있는 색깔 놀이를 해 봐요.

② 색깔 소품을 자유롭게 탐색하도록 한 후 교사가 같은 색을 찾아 같은 색의 상자에 넣는 시범을 보인다.

　여기 빨간색이 있네요. 같은 색을 찾아서 같은 색 상자에 넣어 볼까요?

　노란색도 찾아서 같은 색 상자에 넣어 보세요.

　모두 색깔 상자에 넣었네요.

③ 주변에서 같은 색을 가진 사물들을 찾아보도록 한다.

　교실에서 같은 색을 가진 물건을 찾아볼까요?

　○○ 색깔이 □□에도 있었네요.

④ 색깔 소품을 자유롭게 탐색하도록 하며, 친숙한 색깔의 이름을 이야기해 본다.

　여기 있는 색 중에 아는 색깔의 이름을 말할 수 있나요?

　빨간색, 노란색, 파란색.

　많이 알고 있구나.

　다른 색도 말해 볼까요?

⑤ 활동 후 영아와 함께 간단한 이야기를 나눈다.

📖 **확장활동**

• 영아들에게 친숙한 세 가지 색 외에도 상자에 있는 색 이름을 말할 수 있도록 지

도한다.

• 주변에 있는 다양한 색에 대한 호기심을 가질 수 있도록 유도한다.

• 소품에 있는 사물 중 친숙한 사물의 이름을 말할 수 있도록 지도한다.

3-3   바다에는 누가 살까요?

 활동목표

• 바다에 사는 친숙한 생물의 이름을 말할 수 있다.

• 낚시놀이를 할 수 있다.

제작재료

펠트지, 클립, 자석, 백업, 글루건, 글루건 심, 솜, 눈알, 바늘, 실

제작방법

| 상어가방 만들기 |

① 펠트지 2장을 겹쳐 상어 도안을 그리고 오린다.

② 상어의 입을 제외한 테두리를 바느질하여 펠트지를 이어 준다.

③ 상어 입의 가장자리에 톱니 모양의 이빨을 오려 글루건으로 붙인다.

④ 상어의 입 양쪽에 끈을 글루건으로 단단히 고정시킨 후, 펠트지 조각을 덧대어
   마무리한다.

| 바다 속 생물 만들기 |

① 펠트지 2장을 겹쳐 각 바다 생물의 모양에 따라 도안을 준비하고 오린다.

② 겹쳐진 펠트지 도안에 솜 구멍을 남긴 후 테두리를 바느질한다.

③ 솜 구멍으로 솜을 채워 넣은 후, 솜 구멍을 막으면서 바느질한다.

④ 글루건으로 눈알을 붙이고 펠트지 조각으로 바다 생물을 꾸며 준다.

⑤ 바다 생물의 위쪽에 클립을 끼워 마무리한다.

| 낚싯대 만들기 |

① 펠트지에 2장을 겹쳐 낚싯대 도안을 그린 후 오린다.

② 낚싯대 도안의 테두리를 바느질하며 백업을 안으로 밀어 넣는다.

③ 백업이 들어가지 않는 부분은 솜을 채워 넣어 형태를 만든다.

④ 낚싯대의 끝부분에 끈을 매달고 끈의 끝에는 고리 자석을 매달아 마무리한다.

 활동방법

① 바다 그림을 보여 주면서 영아와 함께 바다에 대한 이야기를 나눈다.

　바다에 가 본 적이 있나요?

　누구랑 갔나요?

　바다에서 무엇을 보았나요?

② 낚싯대와 다양한 바다 생물을 제시한 후 탐색하며 이야기를 나눈다.

　이렇게 생긴 도구를 본 적이 있나요?

　기다란 끈이 달려 있네요.

　끈 끝에는 '자석'이라는 친구가 달려 있어요.

　자석을 본 적이 있나요?

　바다 속에는 여러 가지 물고기가 살고 있어요.

친구들이 알고 있는 물고기가 있나요?

오늘은 낚싯대로 물고기 잡는 놀이를 할 거예요.

③ 교사가 낚싯대로 물고기를 낚는 시범을 보인다.

선생님이 낚싯대로 물고기를 잡고 있어요.

물고기를 잡았어요. 친구들도 선생님처럼 물고기를 잡아 보세요.

④ 영아가 낚싯대를 가지고 낚시놀이에 참여하도록 한다.

○○는 무엇을 잡고 싶나요?

이것은 오징어라고 해요.

○○는 선생님이 좋아하는 게(꽃게)를 잡았네요.

④ 교사가 영아가 잡거나 놓친 물고기의 이름을 말해 주며 자연스럽게 영아에게 친숙한 바다 물고기의 이름을 말할 수 있도록 한다.

○○가 오징어를 잡으려고 하네요.

오징어를 놓쳤네요. 다시 한 번 오징어를 잡아 볼까요?

우와, 잡았네요.

⑤ 활동 후 영아와 함께 간단한 이야기를 나눈다.

📖 확장활동

• 영아에게 친숙한 바다 생물 외에도 낚시 놀이를 통해 자연스럽게 바다 생물들의 이름을 말할 수 있도록 유도한다.

• 부모가 마트나 시장을 갈 때 영아를 데리고 나가서 실제 바다 생물을 보면서 바다 생물의 이름을 말할 수 있도록 가정과 연계한다.

✈ 유의점

• 자력이 강한 자석을 선택하여 쉽게 물고기를 잡을 수 있도록 주의한다.

• 영아가 낚시를 어려워할 경우 바다 생물에 클립을 여러 개 꽂아 쉽게 낚이도록 돕

는다.

- 영아가 낚시를 할 때 교사가 자연스럽게 바다 생물의 이름을 반복하여 말하도록
  한다.

3-4 여러 가지 교통수단

 활동목표

- 교통수단(배, 자동차, 기차, 비행기)을 말할 수 있다.
- 교통수단이 움직이는 곳(하늘, 땅, 바다 등)을 말할 수 있다.

 제작재료

펠트지, 우드락, 바늘, 실, 글루건, 글루건 심, 솜, 벨크로테이프(까슬이)

제작방법

| 교통수단 자료 |

① 펠트지에 여러 가지 교통수단의 도안을 그린 후 2장을 겹쳐 오린다.

② 펠트지로 무늬, 창문, 바퀴 등을 오려 글루건으로 붙여서 교통수단을 꾸민다.

③ ①의 도안을 겹쳐 테두리를 따라 솜이 들어갈 구멍을 남겨 놓고 바느질한다.

③ 솜 구멍에 솜을 넣고 바느질로 마무리한다.

④ 탈것 자료의 뒷면에 글루건을 이용하여 까슬이를 단단히 붙인다.

| 배경판 |

① 우드락을 펠트지로 감싼다.

② ① 위에 여러 색의 펠트지를 이용하여 땅(초록색, 검은색), 바다(파란색)로 경계를 구성하고, 다양한 색의 펠트지로 나무, 꽃, 해초, 구름 등을 꾸민다.

③ 완성된 배경판 위에 교통수단 자료들을 배치하여 올려놓고 유성펜으로 본을 떠서 테두리를 그린다.

 활동방법

① 배경판을 보며 이야기를 나눈다.

　이곳은 어디일까요? 물고기가 살고 있는 바다지요.

　이곳은 어디일까요? 구름이 있는 하늘이지요.

　이곳은 어디일까요? 나무와 꽃이 있는 땅이지요.

② 배경판의 테두리 선을 보고 교통수단을 찾아 붙여 보도록 한다.

　이것은 무엇일까요? 하늘을 날아다니는 비행기라고 해요.

　어디에 붙여야 할까요?

　○○가 제자리에 잘 찾아 붙였네요.

　이것은 무엇일까요? 도로에서 쌩쌩 달리는 자동차라고 해요.

　어디에 붙여야 할까요?

　□□가 제자리에 잘 찾아 붙였네요.

　이것은 무엇일까요? 바다 위를 떠다니는 배라고 해요.

　어디에 붙여야 할까요?

　◇◇가 제자리에 잘 찾아 붙였네요.

③ 다양한 교통수단을 이용해 본 경험에 대하여 이야기를 나눈다.

　○○가 타 본 것을 골라 보세요.

　이것의 이름은 무엇이라고 하였지요?

　◇◇는 무엇(교통수단 자료를 보여 주면서)을 타 보았나요?

④ 활동 후 영아와 함께 간단한 이야기를 나눈다.

📖 확장활동

• 교사와 함께 탈것의 특징을 함께 이야기하고 신체로 표현해 보도록 한다.
• 교통수단과 관련된 동요를 부르며 이해를 확장시킨다.

✈ 유의점

• 탈것을 이용해 본 경험을 자유롭게 이야기할 수 있도록 격려한다.

3-5 동물 부분그림 보고 동물 이름 맞히기

 활동목표

• 동물 그림을 보고 동물의 이름을 말할 수 있다.
• 친숙한 동물의 특징을 말할 수 있다.

 제작재료

동물 사진, 하드보드지, 다양한 색상의 펠트지, 투명 시트지, 코팅지, 링, 박스, 풀, 글루건, 글루건 심, 커터칼, 가위

제작방법

| 동물 사진 상자 |

① 하드보드지에 상자의 전개도를 그리고 오린다.
② ①의 전개도에 접는 부분은 커터칼로 칼집을 그어 접은 뒤 글루건으로 이음새 부분을 고정하여 붙인다.
③ ②의 상자 겉면을 색상 시트지로 감싸 붙인다.
④ 상자의 뚜껑이 되는 면의 가운데에 삼각형의 도안을 그려 놓고 커터칼을 이용하여 도안된 모양을 뚫는다.
⑤ 뚫어진 뒷면에는 OHP 필름을 붙여 구멍을 통해 안을 들여다 볼 수 있도록 한다.

| 동물 사진 카드 |

① 하드보드지에 동물 사진 상자 밑면보다 가로, 세로 각각 1cm씩 작은 직사각형을 도안한다.

② ①과 같은 사각 카드를 5장 오려 준비한다.

③ 동물 사진을 프린트한 후 ② 위에 배치하여 붙이고 투명 시트지로 감싸 붙인다.

 활동방법

① 영아와 함께 동물에 대한 이야기를 나눈다.

　　동물원에 가 본 적이 있나요?

　　왜 동물원에 갔나요?

　　동물원에는 누가 있었나요?

　　동물원에서 무엇을 했나요?

② 동물의 부분만 보이는 동물 상자를 살펴본다.

　　여기 새로운 동물 상자가 있네요. 어떻게 생겼는지 살펴볼까요?

　　상자에 속이 들여다보이는 창문이 있네요. 들여다볼까요?

－ 영아에게도 들여다볼 수 있도록 하고 보이는 것에 대하여 이야기를 나눈다.

　　무엇이 보이나요? 어떤 동물인가요?

③ 동물 사진 카드를 꺼내 어떤 동물인지 확인하고 동물 사진 카드를 보며 동물의
　생김새, 울음소리 등 특징에 대해 이야기 나누어 본다.

　　어떤 동물이 숨어 있었는지 한번 볼까요?

　　귀가 긴 토끼네요. 토끼는 어떻게 움직일까요?

○○가 토끼처럼 움직이면서 흉내 낼 수 있나요?

④ 활동 후 영아와 함께 간단한 이야기를 나눈다.

확장활동

• 영아들과 함께 동물의 특성(소리, 움직임 등)을 흉내 내어 본다.

유의점

• 어떤 동물인지 쉽게 알아맞혀 보도록 영아가 기본적으로 인지하고 있는 동물의 가장 특징적인 부분에 창을 만들어 준다.

• 영아가 일부분을 탐색하고 전체를 인식하여 동물의 이름을 맞혀 보는 활동으로 탐색하는 과정에서 친숙한 동물의 특징을 설명해 준다.

4. 예술경험 영역

4-1 방울 장갑

활동목표

• 방울 장갑을 끼고 흔들어 리듬을 표현할 수 있다.
• 방울 장갑을 끼고 박수쳐 리듬을 표현할 수 있다.

제작재료

펠트지, 방울, 솜, 눈알, 실, 바늘, 글루건, 글루건 심, 가위

제작방법

① 2장의 펠트지를 겹쳐 장갑 모양의 본을 그리고 오려 둔다.

② 펠트지에 동물 얼굴 도안을 그린 후 자른다.

③ 펠트지에 동물의 눈, 볼, 입, 코 등을 그린 후, 오려서 ②에 붙인다.

④ 장갑 모양의 펠트지 한 면에 ③을 덧대어 솜이 들어갈 공간을 남기고 바느질한다.

⑤ ④의 동물 얼굴 안에 솜을 채워 넣은 후 남은 부분을 바느질한다.

⑥ 동물 얼굴이 붙여진 장갑과 ①에서 남은 장갑의 단면을 서로 포개어 손이 들어갈 구멍을 남기고 바느질한다.

⑦ 장갑의 가장자리에 방울을 실로 꿰매어 단단히 고정시켜 완성한다.

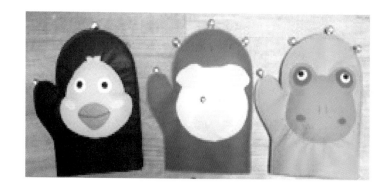

 활동방법

① 장갑에 대한 이야기를 나눈다.

　　선생님이 장갑을 가지고 왔어요.

　　장갑을 껴 본 적이 있나요?

　　선생님이 가지고 온 장갑은 벙어리 장갑이에요.

　　이 장갑에는 병아리, 이 장갑에는 돼지, 이 장갑에는 개구리가 있네요.

　　장갑 끝에는 방울이 달려 있어요.

② 교사가 장갑을 손에 끼고 방울 소리를 내어 본다.

　　선생님이 장갑을 껴 볼까요?

　　선생님이 손을 흔들면 소리가 나지요. 소리를 들어 보세요.

　　선생님이 박수를 치면 소리가 나지요. 소리를 들어 보세요.

③ 영아들이 장갑을 끼고 소리를 내어 볼 수 있도록 한다.

　　친구들도 장갑을 끼고 소리를 내어 볼까요?

　　○○가 장갑을 낀 손을 흔들어 소리를 내고 있네요.

　　□□는 장갑을 낀 손으로 바닥을 쳐서 소리를 내고 있네요.

　　◇◇는 장갑을 낀 손으로 박수를 쳐서 소리를 내고 있네요.

④ 음악을 들으며 방울 장갑으로 자유롭게 소리를 표현하도록 한다.

　- 교사는 영아가 다양한 방법으로 방울 소리를 내며 즐길 수 있도록 함께 참여하고

즐거운 마음을 표현한다.
⑤ 활동 후 영아와 함께 간단한 이야기를 나눈다.

📖 **확장활동**

• 장갑에 그려진 동물을 상상하며 흉내 내어 표현해 본다.

✈ **유의점**

• 활동 중 방울 장갑이 쉽게 벗겨지지 않도록 영아의 손 크기를 고려하여 장갑을 제
작한다.

4-2 북소리가 들려요

 활동목표

- 북을 북채로 두드려 소리를 낼 수 있다.
- 음악에 맞춰 북소리로 리듬을 표현할 수 있다.

 제작재료

분유통, 펠트지, 탁구공, 구슬끈, 모루, 나무젓가락, 글루건, 글루건 심, 가위

제작방법

| 북 |

① 북(분유통) 옆면의 크기를 재어 펠트지를 오리고 감싸 붙인다.

② 하드보드지에 분유통의 밑면을 대어 본을 그리고 오린다.

③ ①의 밑면에 글루건을 사용하여 ②를 붙인다.

④ 펠트지에 동물들의 얼굴과 영아들이 좋아하는 캐릭터(예, 뽀로로) 얼굴 및 각 동물의 눈, 코, 입 도안을 그린 후 오린다.

⑤ 동물의 얼굴에 글루건으로 눈, 코, 입을 붙여 얼굴을 꾸민다.

⑥ 북의 옆면에는 완성된 동물 얼굴을 붙이고, 윗면과 밑면의 테두리는 구슬끈으로 둘러 붙여 장식한다.

| 북채 |

① 글루건을 사용하여 나무젓가락의 손잡이 부분에 탁구공을 붙여 고정시킨다(탁구공과 나무젓가락 사이의 벌어진 틈은 글루건을 사용하여 메꾼다).

② ①의 옆면에 모루를 촘촘히 돌려 가며 글루건으로 붙인다.

③ 나무젓가락과 탁구공의 접착 부분을 구슬끈으로 돌려 붙여 마무리한다.

 활동방법

① 북을 보며 이야기를 나눈다.

　이것은 무엇일까요?

　소리를 내려면 어떻게 해야 할까요?

　손으로 두드려 볼까요?

　어떤 소리가 나지요?

② 북채를 보여 주며 이야기를 나눈다.

　이것은 무엇일까요?

　이것은 북채라고 불러요. 북을 두드려 볼까요?

　어떤 소리가 나나요?

　북채로 빠르게 쳐 볼까요?

　북채로 천천히 쳐 볼까요?

　빠르게 칠 때와 천천히 칠 때 소리가 다르네요.

③ 북채를 이용하여 북을 쳐 보도록 한다.

　선생님과 함께 북을 쳐 볼까요?

　음악을 들으면서 북으로 연주를 해 볼까요?

④ 활동 후 영아와 함께 간단한 이야기를 나눈다.

📖 확장활동

• 북채로 주변에서 볼 수 있는 사물(바구니, 식판 등)을 두드려 소리를 내 본다.

✒️ 유의점

• 영아의 수를 고려하여 북의 개수를 충분하게 제공한다.

4-3 코끼리 코 당기기

활동목표

- 스카프의 색을 변별할 수 있다.
- 스카프를 흔들며 자유롭게 표현할 수 있다.

제작재료

펠트지, 상자, 솜, 쉬폰스카프(빨강, 파랑, 노랑), 글루건, 글루건 심, 바늘, 실, 가위, 벨크로테이프(까슬이와 보슬이)

제작방법

| 코끼리 상자 |

① 상자 옆면들의 크기를 재어 같은 크기로 펠트지를 자른다.

② 상자의 옆면에 글루건을 사용하여 펠트지를 붙인다.

③ 펠트지에 코끼리의 귀 모양(큰 모양과 작은 모양)을 그린 후 2장씩 겹쳐 오린다.

④ ③의 테두리를 따라 솜을 넣을 부분만 남기고 바느질한다.

⑥ ④에 솜을 채워 넣은 후 남은 부분을 바느질하여 마무리한다.

⑦ 하드보드지에 코끼리의 얼굴(원)을 그린 후 오린다.

⑧ ⑦의 위에 펠트지를 감싸 붙인 후 눈을 붙인다.

⑨ ⑧의 가운데에 스카프 천이 빠져나올 구멍을 칼로 오려 낸다.

⑩ 코끼리의 커다란 귀 위에 작은 귀를 올려 붙인 후 코끼리 얼굴을 붙여 코끼리를 완성한다.

⑪ 완성된 코끼리 얼굴의 뒷면과 코끼리를 붙일 상자의 면에 까슬이와 보슬이를 붙

여 서로 맞닿아 붙을 수 있도록 한다.

| 스카프 |
① 스카프를 빨간색, 파란색, 노란색의 패턴으로 끝을 매듭지어 길게 연결한다.
② 연결된 스카프를 코끼리 코(구멍)로 통과시켜 조금만 빼내어 놓고, 남은 스카프 부분은 상자 안에 넣고 코끼리 얼굴을 붙인다.

 활동방법

① 코끼리 상자를 보며 이야기를 나눈다.
　　선생님이 코끼리를 데리고 왔어요. 코끼리가 어떻게 생겼는지 볼까요?
　　코끼리의 귀는 어떻게 생겼나요?
　　코끼리의 코는 어떻게 생겼나요?
　　그런데 이 코끼리는 코가 굉장히 짧지요?
② 코끼리 코를 길게 빼보는 활동을 한다.
　　이 코끼리의 코를 어떻게 길게 만들어 줄 수 있을까요?
　－교사가 스카프를 잡아당겨 코를 빼내는 시범을 보인다.
　　○○가 코끼리의 코를 빼내어 줄까요?
　　와, 코끼리의 코가 길어졌네요.

　　어떤 색깔의 코가 나왔나요?

③ 코끼리의 코(스카프)가 모두 나오면 스카프를 흔들어 표현해 본다.

　　스카프를 만져 볼까요?

　　스카프를 흔들어 볼까요?

　　스카프가 어떻게 움직이지요?

　　또 어떻게 움직일 수 있을까요?

④ 활동 후 영아와 함께 간단한 이야기를 나눈다.

　확장활동

• 스카프를 길게 바닥에 늘여 놓고 두발을 모아 건너뛰기 활동을 한다.

　유의점

• 영아가 스카프를 목에 돌돌 감거나 발에 걸려 넘어지는 등의 안전사고에 유의한다.

4-4	동물 리본막대

활동목표

• 리본막대를 흔들어 리본을 움직일 수 있다.

제작재료

펠트지, 리본테이프, 칫솔, 솜, 실, 바늘, 글루건, 글루건 심, 가위

제작방법

① 펠트지에 동물 도안을 그린 후 2장을 겹쳐 오린다.

② ①의 한 장에는 펠트지로 눈, 코, 입, 무늬 등을 오려 붙여 동물을 꾸며 준다.

③ ②와 같은 도안의 펠트지를 포갠 다음 동물의 머리 부분에 리본테이프를 집게로 고정시킨다.

④ ③에 칫솔 머리가 들어갈 부분은 남겨 두고 테두리를 바느질한다.

⑤ 바느질하지 않은 부분에 솜을 채우고 칫솔 머리를 넣은 뒤 글루건을 사용하여 빠지지 않도록 고정시킨다.

⑥ 칫솔과 동물 도안 사이에 벌어진 틈은 바느질로 마무리하여 꼼꼼히 메워 준다.

 활동방법

① 여러 동물 모양의 리본막대를 보며 이야기를 나눈다.

　이런 막대를 본 적이 있나요?

　이 막대에는 긴 리본이 달려 있어요.

　귀여운 동물도 있네요.

② 동물 리본막대를 흔들어 리본을 움직여 본다.

　- 교사가 막대를 흔들어 시범을 보이고 영아는 막대의 리본 테이프의 움직임을 관찰할 수 있도록 한다.

　동물 리본막대를 지그재그로 흔들어 주어 꼬불꼬불한 모양이 되었어요.

　옆으로 흔들어 볼까요?

　위, 아래로 흔들어 볼까요?

　꼬불꼬불 흔들어 볼까요?

　○○가 리본막대를 멋지게 흔들었어요.

　리본이 예쁘게 움직이지요?

③ 노래에 맞추어 다양한 리본막대를 자유롭게 표현해 보는 놀이를 한다.

　리본막대로 달팽이를 만들어 보세요.

　- 손의 움직임을 조절하며 다양하게 표현해 보도록 격려한다.

④ 활동 후 영아와 함께 간단한 이야기를 나눈다.

　확장활동

• 영아가 좋아하는 음악을 들으며 리본막대를 흔들어 본다.

유의점

- 리본막대를 여유 있게 준비하여 친구들과 함께 창의적 표현 활동을 할 수 있도록
  돕는다.

4-5 **모양 찍기를 해요**

 활동목표

- 모양 도장에 물감을 묻혀 종이에 찍을 수 있다.
- 좋아하는 모양에 대해서 이야기할 수 있다.
- 좋아하는 색깔을 이야기할 수 있다.

제작재료

여러 색의 EVA, 노란색 백업, 물감, 접시, 붓, 본드

제작방법

① 노란색 백업을 영아가 잡을 수 있는 적당한 크기(약 5~7cm)로 자른다.
② 여러 색의 EVA에 모양 도안을 그린 후 오린다(모루를 구부려서 찍기 모양을 제작하여도 좋다).
③ ①의 밑면에 본드를 사용하여 ②를 붙여 완성한다.

🌐 **활동방법**

① 모양 도장을 보여 주고 이야기를 나눈다.

　친구들은 '도장'을 알고 있나요?

　도장은 꾹 눌러서 찍는 거예요.

　선생님이 가지고 온 도장들을 살펴볼까요?

　영아들이 도장을 만지고 찍기 모양을 관찰할 수 있도록 충분한 시간을 준다.

② 모양 도장에 물감을 묻혀 종이에 찍는 방법을 알려 준다.

－ 교사가 물감에 도장을 찍은 후 화지에 꾹 누르는 시범을 보인다.

　우와, 예쁜 그림이 나왔어요. 다시 찍어 보아도 똑같은 그림이 나오네요.

　○○도 도장을 한 번 찍어 볼까요?

　먼저 물감을 묻힌 후, 종이에 꾸욱 눌러 찍어야 해요.

③ 영아들이 화지에 자유롭게 도장을 찍어 볼 수 있도록 격려한다.

　○○는 어떤 색(모양)을 좋아하나요?

　◇◇는 어떤 색의 물감을 묻히고 싶나요?

　□□는 어떤 모양 도장을 찍고 싶나요?

　멋진 그림이 나왔네요.

④ 활동 후 영아와 함께 간단한 이야기를 나눈다.

📖 **확장활동**

• 영아의 주변에서 물감의 색과 같은 색이 있는지 찾아본다.

• 영아의 주변에서 찍기 모양과 같은 모양이 있는지 찾아본다.

유의점

- 영아가 색깔(모양)의 이름을 알지 못하는 경우, 교사가 정확한 색깔(모양)의 이름을 말해 주어 습득할 수 있도록 지도한다.
- 물감이 영아의 옷에 묻지 않도록 앞치마와 팔토시를 착용하고 활용할 수 있도록 지도한다.

5. 자연탐구 영역

5-1 모양 블록을 맞춰 봐요

🛩 활동목표

• 도형 조각의 형태를 비교하여 끼워 넣을 수 있다.
• 도형 조각의 색을 비교하여 끼워 넣을 수 있다.

🎡 제작재료

펠트지, 폼보드, 하드보드지, 시트지, 우드락 본드, 퐁퐁이, 글루건, 글루건 심, 바늘, 실, 가위

🎓 제작방법

| 도형 맞추기 판 |

① 폼보드에 여러 도형의 도형을 도안하고 잘라 낸다.
② 잘라 낸 도형 모양을 제외하고 폼보드의 겉면에 시트지를 감싸 붙인다.
③ 글루건으로 폼보드 밑면에 하드보드지를 접착하여 도형 맞추기 판 바닥을 만든다.
④ 뚫려 있는 모양의 판 바닥에 각각 다른 색의 시트지를 오려 붙인다.

| 도형 조각 |

① 도형 맞추기 판에서 잘라 낸 폼보드 모양 조각과 같은 크기로 폼보드를 자른다.

② 우드락 본드를 사용하여 같은 크기의 폼보드 모양 조각을 서로 포개어 붙인다.

③ 두꺼워진 폼보드 모양 조각의 각 면에 맞는 크기로 펠트지를 오려 붙인다.

④ 펠트지의 이음새 부분을 바느질하여 벌어진 틈을 메워 준다.

⑤ 도형 조각 윗면의 가운데에 퐁퐁이로 손잡이를 만들어 마무리한다.

 활동방법

① 도형 맞추기 판과 도형 조각을 탐색하며 이야기를 나눈다.

　여러 가지 도형이 있네요. 손잡이를 잡고 도형들을 빼내어 볼까요?

　이건 어떤 모양이지요? 어떤 색일까요?

　이것으로 어떤 놀이를 할 수 있을까요?

② 도형 조각을 모두 **빼낸** 후, 도형 맞추기 판에 끼워 넣을 수 있도록 한다.

　이 조각은 자리가 어디일까요? ○○가 자리를 한 번 찾아볼까요?

　꼭 들어맞는 자리를 찾았네요.

③ 도형 조각들을 모두 **빼내어** 새로운 모양을 만들 수 있음을 알려 준다.

　이 모양은 무엇처럼 보이나요?

　이 도형은 고양이 귀처럼 생겼네요.

　이 도형은 기다란 목처럼 생겼네요.

　친구들이 이 도형들로 새로운 모양을 꾸며 볼까요?

④ 도형 조각들을 활용하여 새로운 형태를 구성해 보도록 한다.

　　○○는 무엇을 만들었나요?

　　멋지게 만들었네요.

④ 활동 후 영아와 함께 간단한 이야기를 나눈다.

📖 확장활동

• 교사를 따라서 도형의 이름과 색깔을 말하며 익힌다.
• 도형과 비슷한 형태를 가진 사물들을 찾아 비교해 본다.

✈ 유의점

• 도형의 형태를 비교하기 어려워하는 영아는 색으로 비교하여 맞춰 볼 수 있도록 한다.
• 교사는 영아가 도형 조각으로 새롭게 구성한 것에 대해 흥미로워하는 모습을 보이고 구성물을 명명할 수 있도록 상호작용 한다.

5-2　주사위 동물 퍼즐

 활동목표

• 정육면체를 돌려 가며 동물 그림을 맞출 수 있다.

제작재료

펠트지, 솜, 방울, 눈알, 글루건, 글루건 심, 바늘, 실, 가위

제작방법

① 6가지 색상의 펠트지에 정사각형 도안을 2개씩 그린 후 오린다.

② 펠트지에 6가지 동물의 도안을 그려 오린다.

③ 펠트지 조각을 이용하여 동물의 무늬, 귀, 코 등을 꾸며 준다.

④ 동물의 얼굴에 눈알을 붙여 마무리한다.

⑤ 완성된 동물을 두 부분으로 나누어 반듯이 자른다.

⑥ 같은 색상의 정사각형 펠트지를 나란히 두고 두 부분으로 나누어진 동물의 조각
　을 한 면씩 붙인다.

⑦ 동물을 나누어 붙인 6개의 정사각형을 정육면체 형태가 되도록 변끼리 맞닿게 잡
　아 바느질을 한다.

⑧ 솜 구멍을 남겨 솜으로 채우고 방울을 넣되, 2개의 정육면체에 다른 개수의 방울
　을 넣어 소리가 다르게 날 수 있도록 한다.

⑨ 솜 구멍을 막으면서 바느질을 마무리하여 완성한다.

 활동방법

① 주사위 면에 있는 그림에 관심을 가지고 탐색하도록 한다.

　이 동물이 무엇인지 알 수 있나요?

　동물의 얼굴을 보고 알 수 있었나요?

　동물의 꼬리 모양을 보고 알 수 있었나요?

　동물 그림의 반쪽은 어디에 있을까요?

② 교사가 2개의 주사위 퍼즐을 돌려 그림을 완성하는 시범을 보인다.

　2개의 주사위에는 동물의 그림이 반쪽씩 있네요.

　주사위를 돌려가며 그림을 살펴볼까요?

　2개의 주사위를 합쳐 동물을 완성할 수 있어요.

③ 영아가 주사위를 돌려 가며 그림을 완성해 보도록 한다.

　어떻게 하면 퍼즐을 맞출 수 있을까요?

　털의 색깔을 보면 쉽게 맞출 수 있어요/동물의 무늬를 생각하면 쉽게 맞출 수 있어요.

　○○는 2개의 주사위를 맞추어 곰을 완성하였어요.

　○○는 어떻게 동물 그림을 맞출 수가 있었나요?

　아~ ○○는 동물의 털 색을 보고 그림을 맞추었네요.

④ 활동 후 영아와 함께 간단한 이야기를 나눈다.

📖 확장활동

• 완성된 동물 그림을 보고 동물을 흉내 내어 본다.
• 주사위 퍼즐을 움직일 때마다 나는 방울 소리를 비교해 본다.

✈ 유의점

• 영아가 주사위 퍼즐 2개를 함께 움직여 그림의 짝을 잘 찾지 못하는 경우, 교사가
  하나의 주사위 퍼즐은 그대로 두고 다른 주사위 퍼즐을 돌려 가며 짝을 찾도록 지
  도한다.
• 동물 그림의 조각을 잘 맞추지 못하는 영아의 경우 같은 바탕색을 찾아 짝짓는 것
  부터 시작할 수 있다.

5-3 동물의 먹이가 달라요

 활동목표

• 동물에게 관심을 가지고 먹이를 줄 수 있다.
• 숫자를 보고 읽을 수 있다.

 제작재료

펠트지, 박스, 솜, 하드보드지, 바구니, 글루건, 글루건 심, 바늘, 실

제작방법

| 동물 |

① 펠트지 2장을 겹쳐 동물 얼굴의 도안을 그린 후 오린다.
② 오려진 동물 얼굴 도안 2장을 포개어 솜 구멍을 남기고 테두리를 따라 바느질
   한다.
③ 솜 구멍에 솜을 채운 후 솜 구멍을 막으며 바느질한다.
④ 펠트 조각을 이용하여 동물의 눈, 코, 입, 무늬를 꾸민다.
⑤ 하드보드지로 상자를 만든 후, 상자 윗면에 동물의 입 크기에 맞는 구멍을 뚫어
   놓는다.
⑥ 상자 위의 구멍과 동물 얼굴의 입의 위치를 잘 맞추어 덮어 붙인다.

| 먹이 |

① 펠트지 2장을 겹쳐 동물의 먹이 도안을 그린 후 오린다.
② 오린 먹이 도안의 테두리를 솜 구멍을 남기고 바느질한다.

③ 솜 구멍에 솜을 채운 후 솜 구멍을 막으며 바느질하여 마무리한다.

| 주사위 |

① 하드보드지에 정육면체의 전개도를 그린 후 오린다.

② 접는 선에 칼집을 내어 반듯하게 접고, 글루건을 사용하여 모서리끼리 잘 맞닿게
　 고정시킨다.

③ 겉면을 펠트지로 감싸고 지저분한 모서리는 띠 테이프를 붙인다.

④ 주사위의 겉면에 1에서 5까지의 숫자와 동물의 얼굴을 붙여서 꾸민다.

 활동방법

① 동물의 얼굴에 관심을 가지고 탐색하도록 한다.

　 어떤 동물들이 있나요?

　 입으로는 무엇을 할 수 있을까요?

　 왜 입을 벌리고 있을까요?

　 아~ 배가 고파서 입을 벌리고 있었네요.

② 먹이를 제시하고 영아들에게 탐색하도록 한다.

　 여기 어떤 먹이들이 있나요?

　 이 먹이는 누구에게 주어야 할까요?

　 먹이를 한 번 동물의 입에 넣어 볼까요?

③ 주사위를 돌려 나온 동물의 얼굴 그림과 숫자에 대해서 이야기를 나눈다.

　　이 그림은 어떤 동물의 얼굴인가요?

　　이 숫자는 무엇일까요?

④ 영아에게 주사위를 던져 보도록 한다.

　　○○는 강아지, 숫자 2가 나왔네요.

　　강아지에게 강아지 먹이 2개를 입에 넣어 줄까요?

⑤ 활동 후 영아와 함께 간단한 이야기를 나눈다.

📖 확장활동

• 친구와 주사위를 던져 나온 수만큼 먹이를 넣어 보는 게임을 한다.

✈ 유의점

• 교사는 숫자 개념의 이해를 돕기 위하여 숫자를 읽어 주면서 손가락으로 수의 크기를 표현하여 지원할 수 있다.

• 먹이를 셀 때, 세는 방법 및 세는 말을 시범 보여 영아가 수 개념을 익힐 수 있도록 한다.

5-4 파이조각 숫자 놀이

 활동목표

- 파이조각을 셀 수 있다.
- 파이조각을 맞추어 파이를 완성할 수 있다.
- 같은 크기의 파이조각을 분류할 수 있다.
- 같은 색의 파이조각을 분류할 수 있다.

 제작재료

펠트지, 하드보드지, 바늘, 실, 솜, 벨크로테이프(까슬이와 보슬이), 글루건, 가위

 제작방법

| 배경판 |

① 하드보드지에 펠트지를 감싸 붙인다.

② 배경판 위에 펠트지로 자른 원을 붙여 파이를 올려놓을 자리를 표시한다.

③ 파이를 올릴 자리에 파이를 붙여 놓을 수 있도록 보슬이를 붙인다.

| 파이 |

① 펠트지 2장을 겹처 파이의 도안을 그린 후 오린다.

② 파이 도안을 2(3, 4, 5)조각으로 자른 후, 테두리에 솜 구멍을 남기고 바느질한다.

③ 솜 구멍에 솜을 채운 후 솜 구멍을 막으며 바느질하여 파이조각을 마무리한다.

④ 펠트지 조각을 이용하여 파이를 예쁘게 꾸민다.

⑤ 완성된 파이조각의 밑면에 글루건을 사용하여 까슬이를 붙인다.

 활동방법

① 파이조각 숫자놀이 교구를 탐색하며 이야기를 나눈다.

이것은 무엇일까요?

맛있는 파이네요. 파이를 먹어 본 적이 있나요?

② 파이조각의 개수와 파이조각의 크기 변화에 대하여 이야기를 나눈다.

파이가 조각이 나 있어요. 조각을 뜯어 볼까요?

파이가 작아졌네요.

파이조각을 붙여 볼까요?

파이가 다시 커졌어요.

파이를 한 조각씩 떼어 볼까요?

한 조각씩 떼어 냈지만 남은 파이의 크기가 달라요.

어느 조각이 더 클까요? 몇 개의 조각으로 나누어져 있나요?

③ 파이조각을 떼어 내고 같은 색으로 분류해 보도록 한다.

파이조각을 모두 떼어 보았어요. 같은 색의 파이끼리 모아 볼까요?

－ 파이조각을 모은 후 배경판에 모아 붙여 완성해 본다.

④ 활동 후 영아와 함께 간단한 이야기를 나눈다.

확장활동

• 파이조각으로 소꿉놀이를 해 본다.

 유의점

• 파이를 셀 때 세는 방법을 시범 보여 영아가 따라해 볼 수 있도록 한다.
• 하나씩 수를 세어 수와 관련된 개념을 익힐 수 있도록 돕는다.

| 5-5 | 순서대로 배열하기 |

활동목표

- 도형의 모양을 보고 같고 다름을 비교할 수 있다.
- 도형의 색을 비교하여 같고 다름을 비교할 수 있다.
- 도형의 모양과 색을 비교하여 빈 곳에 빠진 도형을 붙일 수 있다.

제작재료

다양한 색상의 펠트지(빨간색, 파란색, 노란색, 분홍색), 누빔천, 색깔 벨크로테이프(빨간색, 파란색, 노란색, 분홍색), 상자, 글루건, 글루건 심, 바늘, 실, 가위

제작방법

| 배경판 |

① 누빔천을 길이 90cm × 폭 15cm로 자른 후 10cm마다 홈질로 칸을 표시한다.
② ①의 사방 모서리는 천이 풀리지 않도록 바이어스로 감아 바느질한다.
③ 도형이 붙여질 각각의 칸 안에 색깔 보슬이로 도형을 오려 글루건으로 붙인다.

| 도형 쿠션 |

① 펠트지를 이용하여 세모, 네모, 동그라미 모양으로 도안한다.
② 펠트지 2장을 겹쳐 도안된 도형을 오린다.
③ 겹쳐진 도형 도안의 테두리를 솜 넣을 공간을 남기고 바느질한다.
④ ③에 솜을 채워 넣고 남은 부분을 바느질한다.
⑤ ④의 뒷면에 같은 색의 까슬이를 글루건으로 붙인다.

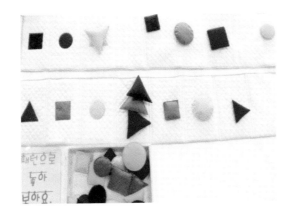

활동방법

① 우리 주변에서 볼 수 있는 다양한 모양에 대하여 이야기를 나눈다.

　　우리 반 교실의 시계는 무슨 모양이지요?

　　우리 반 책상의 모양은 무슨 모양이지요?

　– 주변의 사물들을 보며 모양이 있음을 알려 준다.

② 도형 쿠션을 보며 이야기를 나눈다.

　　이것은 무슨 모양이지요?

　　이것은 동그라미(세모, 네모) 모양이에요

　　이 모양의 색과 같은 색을 찾아볼 수 있나요?

　　○○가 같은 색을 잘 찾아 주었네요.

③ 배경판을 보여 주며 영아들과 함께 활동에 참여한다.

　　여기에 여러 가지 색을 가진 모양들이 있어요.

　　같은 모양과 색을 가진 것을 찾아 붙여 볼까요?

　– 교사가 하나의 도형 쿠션을 가지고 배경판의 같은 도형 자리에 붙여 시범을 보

　　인다.

　　□□가 도형의 자리를 잘 찾아 붙였네요.

④ 활동 후 영아와 함께 간단한 이야기를 나눈다.

📖 확장활동

• 배경판 없이 규칙이 반복되는 패턴(도형 두세 가지가 반복되는 패턴)을 자유롭게 구성해 본다.

✈ 유의점

• 발달의 수준이 낮은 영아의 경우, 모양과 색을 모두 비교하는 것보다 모양이나 색만으로 같은 특성을 가진 도형을 찾도록 한다.

5-6   도형 짝꿍 찾기

🐾 활동목표

• 같은 도형을 찾아 붙일 수 있다.
• 동그라미, 네모, 세모, 별 도형의 이름을 말할 수 있다.

🎡 제작재료

우드락, 펠트지, 색종이, 눈알, 하드보드지, 시트지, 모양 도안 종이, 글루건, 글루건 심, 벨크로테이프(까슬이와 보슬이), 가위, 풀

🎓 제작방법

① 동그라미, 네모, 세모, 오각형, 마름모, 하트, 별, 더하기 도형이 그려진 도안을 만든다.
② 8칸으로 나누어 칸에 각각의 도형을 넣고 각 도형 이름을 프린트한다.
③ 색종이에 도형을 오려 붙인 후 하드보드지에 붙이고 네모 모양의 카드로 자른다.
④ 네모 모양의 카드는 시트지로 감싸고, 각 모양의 가운데에 보슬이를 잘라 붙인다.
⑤ 동그라미, 네모, 세모, 오각형, 마름모, 하트, 별, 더하기 모양의 도안을 우드락에 붙여 크기에 맞게 자른다.
⑥ 각 도형 모양의 크기에 맞게 색종이를 잘라 붙인 후, 모양들을 코팅하고 뒤에 까슬이를 붙인다.
⑦ 코팅된 각 도형에 글루건으로 눈알을 붙여 준다.
⑧ 펠트지에는 가방 모양의 도안을 그린 후 오려서 가방 모양으로 바느질을 한다.

⑨ 네모 모양의 펠트지에 까슬이를 붙이고, ①의 네모 모양 카드 뒷면에는 보슬이를 붙인다.

⑩ 완성된 가방에 교구들을 넣어 보관할 수 있으며 ⑨는 펼쳐 놓고 도형의 위치를 다양하게 바꾸어 활용할 수 있다.

 활동방법

① 도형 짝꿍 찾기 교구를 제공하여 자유롭게 탐색할 수 있도록 한다.

　　○○가 동그란 모양을 만지고 있구나. 동글동글 사과 같은 모양이네요.

　　동그라미, 네모, 세모, 오각형, 마름모, 하트, 별, 더하기 모양 친구들이 있네요.

　　○○가 만지고 있는 것은 반짝반짝 별모양이네요.

② 같은 모양의 도형을 누가 먼저 찾아 붙이는지 놀이를 해 본다.

－ 교사가 같은 모양의 도형을 찾아 붙이는 시범을 보인다.

　　동그라미 친구는 어디 있을까요?

　　여기요.

　　△△가 잘 맞추었네. 다른 친구들도 같은 모양을 찾아볼까요?

　　세모 모양도 친구가 없대요. 세모 친구를 찾아볼까요?

　　네모 친구도 안 보이네요. 우리가 찾아 줄까요?

－ 다양한 모양에 관심을 갖고 같은 도형 모양에 붙이고 떼어 보는 활동을 할 수 있도록 격려한다.

③ 교사가 빈 곳의 모양과 같은 모양을 찾아 모양 판에 끼우면서 각 도형의 이름을 말해 준다.

(동그란 모양을 들고) 똑같은 동그란 모양으로 짝꿍을 만들어 줄까요? 이것은 동그라미예요.

동그라미가 쏘옥!

○○도 동그라미 짝꿍을 붙여 주면서 동그라미라고 말해 봐요.

△△는 네모 모양의 짝꿍을 붙이면서 네모라고 말해 볼까요?

△△가 네모를 알고 있구나. 그럼 세모 짝꿍은 어디 있을까요?

반짝반짝 별 모양도 있어요.

④ 활동 후 영아와 함께 간단한 이야기를 나눈다.

📖 확장활동

• 영아의 주변에서 각 도형과 같은 모양을 찾는 활동을 진행한다.

✈ 유의점

• 영아에 따라 이미 알고 있는 도형이 있을 수 있으므로 확인한 후 지도하도록 한다.
• 쉬운 도형부터 점차 어려운 도형의 이름을 말하도록 지도한다.

5-7 동물의 얼굴 반쪽을 찾아 주세요

활동목표

• 같은 동물의 얼굴을 완성할 수 있다.
• 동물 얼굴을 보고 동물의 울음소리를 모방할 수 있다.

제작재료

마분지, 펠트지(갈색, 황토색, 검정색, 흰색, 빨간색, 초록색, 분홍색, 살색) 솜, 가위, 실, 바늘

제작방법

① 마분지에 토끼, 돼지, 호랑이, 개구리의 얼굴을 도안해서 자른다.
② ①을 각 색깔의 펠트지 위에 올려놓고 펠트지 2장을 겹쳐 동물 얼굴을 오린다.
③ 두 겹으로 겹쳐진 동물 얼굴을 다양한 모양으로 자른다.
④ ③을 두 겹으로 겹쳐 솜 구멍을 남기고 테두리를 바느질한다.
⑤ ④에 솜을 채워 넣고 남은 부분을 바느질한다.
⑥ 같은 방법으로 동물 반쪽 얼굴을 바느질하여 완성한다.
⑦ 흰색 펠트지에 각 동물의 눈을 16개 그리고, 검정색 펠트지에 눈동자를 16개 도안하여 오린다.
⑧ 각 색깔의 펠트지에 동물의 특징을 잘 나타낼 수 있는 부위를 도안하여 오린다.
⑨ ⑦과 ⑧번도 솜 구멍을 남기고 테두리를 바느질한 후 솜을 채워 넣고 남은 부분을 바느질하여 마무리한다.
⑩ ⑨번을 각각의 동물에 바느질로 마무리한 후 완성한다.

 활동방법

① 영아와 함께 동물퍼즐을 보며 이야기를 나눈다.

어떤 동물들이 있나요?

호랑이는 줄무늬가 있어요. 호랑이 울음소리를 낼 수 있나요?

돼지가 내는 소리를 들어 본 친구가 있나요? 어떻게 소리 내나요?

개구리는 초록색이고 눈이 커요. 누가 개구리 울음소리를 낼 수 있나요?

토끼는 귀가 길어요. 깡총깡총 뛰어다니죠? 친구들도 토끼처럼 깡총깡총 뛰어 볼까요?

② 동물 얼굴의 반쪽을 보여 주고 남은 얼굴의 반쪽을 찾아보도록 한다.

선생님이 동물의 얼굴을 하나씩 떼어 내 볼 거예요.

떼어 낸 얼굴 조각을 보고 맞추어 볼 수 있나요?

이 얼굴 조각은 어떤 동물이에요?

다른 조각을 찾아서 맞추어 볼까요?

○○가 조각을 찾아서 호랑이를 맞춰 주었어요.

□□가 개구리를 완성하였네요.

③ 활동 후 영아와 함께 간단한 이야기를 나눈다.

📖 확장활동

• 동물을 본 경험을 떠올리며 동물의 움직임을 흉내내어 본다.

✈ 유의점

• 교구를 제작할 때 영아의 활동수준에 따라 동물 얼굴 조각의 수를 늘려서 제공
한다.
• 교사는 영아가 동물 얼굴 조각을 이리저리 돌려 보며 맞춰 볼 수 있도록 지원
한다.

제7장

유아에게 적합한
교구 · 교재

유아에게 적합한 교구·교재

1. 신체운동·건강 영역
- 볼링놀이를 해요
- 투호놀이
- 거미줄에 걸렸네!
- 방석 게임
- 김밥도시락을 싸요
- 냉장고에 넣어 주세요
- 포도를 옮겨요
- 숫자 연결 단추 꿰기
- 곰돌이 옷 입히기
- 뚜껑을 열어요

2. 사회관계 영역
- 가게놀이
- 방으로 떠나는 여행
- 다양한 얼굴 표정
- 상상 역할놀이를 해요
- 직업에 맞는 도구와 옷 입기
- 생일을 축하해요

3. 의사소통 영역
- 곡식도 이름이 있어요
- 도시락을 만들어요
- 글자 도장을 찍어요
- 마술 코끼리
- 나는 가게예요

4. 예술경험 영역
- 알록달록 직조 짜기
- 알록달록 공작새
- 동물의 움직임을 표현해 보아요

5. 자연탐구 영역
- 꿀 항아리 게임
- 알록달록 소리나는 공
- 주렁주렁 숫자 바나나
- 과일의 겉과 속이 달라요
- 낮과 밤
- 암탉이 알을 낳았어요

학습목표

1. 신체운동 · 건강 영역 교구 · 교재를 제작할 수 있다.

2. 사회관계 영역 교구 · 교재를 제작할 수 있다.

3. 의사소통 영역 교구 · 교재를 제작할 수 있다.

4. 예술경험 영역 교구 · 교재를 제작할 수 있다.

5. 자연탐구 영역 교구 · 교재를 제작할 수 있다.

1. 신체운동 · 건강 영역

1-1 볼링놀이를 해요

🪁 활동목표

- 신체를 조절하여 볼링공을 던져 목표물까지 굴릴 수 있다.
- 볼링놀이의 게임 규칙을 지킬 수 있다.

🎡 제작재료

펠트지, 눈, 글루건, 글루건 심, 손 코팅지, 골판지, 벨크로테이프(까슬이와 보슬이), 빨대, 솜, 실, 바늘, 가위

🎓 제작방법

| 동물 얼굴 |

① 펠트지에 동물(토끼, 돼지, 병아리, 원숭이, 펭귄, 코끼리, 개구리, 고양이, 사자, 당나귀) 얼굴 도안을 그린다.
② 그린 도안을 오려서 동물 얼굴을 완성하기 전에 솜을 넣은 후 바느질하여 마무리한다.
③ 동물의 특성이 나타날 수 있도록 얼굴을 꾸민다.

| 볼링 몸통 |

① 펠트지에 직사각형 모양(23×17cm)으로 도안을 그린다.

② 그린 도안을 자른 후 원기둥 모양으로 솜과 빨대를 채우며 바느질한다.

③ 띠 골판지 2개를 몸통에 붙인다.

④ 까슬이와 보슬이를 이용해서 몸통에 0부터 9까지의 숫자를 붙인다.

⑤ 완성한 동물 얼굴과 볼링 몸통을 펠트지와 글루건으로 연결하여 붙인다.

| 공 |

① 도안(럭비공 모양 5개)을 그린 후 자른다.

② 자른 도안을 버튼홀스티치 방법으로 바느질하여 이어 붙인다.

③ 마지막으로 공 모양을 완성하기 전에 솜을 넣은 후 바느질하여 마무리한다.

④ 검정색 펠트지를 동그란 모양으로 자른 후 공의 위, 아래에 바느질하여 완성한다.

 활동방법

① 볼링놀이를 해 본 경험이 있는지에 대해 이야기를 나눈다.

누구랑 해 보았나요?

볼링놀이가 즐거웠나요?

② 볼링놀이의 게임 방법에 대해 이야기를 나눈다.

- 볼링공과 동물 모양 볼링핀을 소개한다.

  볼링으로 어떻게 놀이할 수 있을까요?

③ 게임을 하기 전 어떤 규칙을 만들면 좋을지 의논한다.

  게임을 하기 전 어떤 규칙이 있어야 좋을 것 같아요?

- 게임을 하기 전 교사가 직접 볼링공을 가지고 볼링핀에 던지는 시범을 보인다.

④ 또래와 조를 나누어 볼링놀이를 하도록 한다.

- 유아들이 제안한 규칙을 지키도록 한다.

- 유아에게 직접 볼링공을 굴려 보게 한다.

- 다른 친구들의 볼링공을 던지는 자세를 관찰한다.

- 던진 볼링공에 넘어진 볼링핀의 개수를 교사와 함께 세어보는 활동을 한다.

④ 활동 후 느낀 점에 대해서 유아와 함께 이야기를 나눈다.

📖 확장활동

• 세워져 있는 볼링핀을 보고 넘어진 볼링핀에 쓰인 숫자를 먼저 맞추는 게임을 진행한다.

• 세워져 있는 볼링핀 또는 넘어진 볼링핀을 세어 보면서 수 개념을 습득하도록 지도한다.

✈ 유의점

• 바닥이 안전하고 수평인 곳에서 활동을 하도록 한다.

• 볼링 게임을 할 때 교사는 안전을 위해서 주의 깊게 지켜본다.

1-2 투호놀이

🛩 활동목표

• 신체를 조절하여 목표물까지 투호를 던질 수 있다.
• 투호놀이의 게임 규칙을 지킬 수 있다.

🎡 제작재료

펠트지, 글루건, 우드락보드, 폼보드, 시트지, 하드보드지, 우드락, 퐁퐁이, 실, 바늘,
가위, 칼

🎓 제작방법

| 투호놀이 화살 |

① 폼보드를 가로 2cm×세로 40cm 크기에 맞게 12개를 자른다.
② 자른 폼보드에 글루건을 이용해서 검정색 펠트지를 감는다.
③ 검정색 펠트지를 감은 폼보드의 모서리를 다듬은 후 이음새를 바느질해 마무리
   한다.
④ ③의 끝에 퐁퐁이를 붙이고, 반대편은 펠트지를 이용해 수술을 만들어 붙인다.

| 투호 상자 |

① 가로 25cm×세로 40cm 크기로 우드락보드(4개)와 하드보드지(8개)를 자른다.
② 우드락보드 판 옆면 모서리를 마스킹테이프로 감고, 하드보드지를 시트지로 붙
   인다.
③ 투호통 앞에 '던져 던져 투호놀이' 글씨를 펠트지로 오려 글루건으로 붙인다.

| 투호놀이 매트 |

① 초록색 펠트지 2마 반 크기에 검은색 펠트지로 거리선(0.5m, 1m, 1.5m)을 표시해 둔다.

② 거리선 아래에 발바닥 모양의 펠트지를 오려 글루건으로 붙인다.

③ 거리선 옆에 난이도를 뜻하는 숫자의 펠트지를 오려 글루건으로 붙인다.

④ 초록색 펠트지 앞쪽에 '신발은 벗고 올라오세요' 글씨를 펠트지로 오려 글루건을 이용해 붙여 주면 완성된다.

 활동방법

① 투호놀이에 대한 경험이 있는지에 대한 이야기를 나눈다.

- 투호놀이 통, 화살, 매트에 대해 탐색해 보고 이야기를 나눈다.

  투호를 보았나요?

  투호놀이를 해 본 적이 있나요?

  매트 위로 올라가 볼까요? 매트 위에 어떤 그림이 있나요?

  상자 안의 화살로는 어떤 놀이를 할 수 있을까요?

② 게임 방법에 대해 이야기를 나눈다.

- 투호놀이 통, 화살, 매트를 소개한다.

  투호놀이 통, 화살, 판을 이용해서 어떻게 게임을 할 수 있을까요?

③ 게임을 하기 전 어떤 규칙을 만들면 좋을지 의논한다.

게임을 하기 전 어떤 규칙이 있어야 좋을 것 같아요?

- 게임을 하기 전 교사가 직접 투호 통에 투호 화살을 던지는 시범을 보인다.

투호 화살을 던져 상자 안에 넣어 보아요. 누가 한번 해 볼까요?

우왜! 화살이 상자 안에 들어갔구나.

④ 또래와 조를 나누어 투호놀이 게임을 한다.

- 유아들이 제안한 규칙을 지키도록 한다.

- 투호놀이 매트에 신발을 벗고 올라간다.

- 투호놀이 매트에 그려진 선(1, 2, 3단계)을 지켜 서 본다.

- 투호 화살을 던져서 통에 골인시켜 본다.

- 차례를 지켜서 게임 활동에 참여한다.

- 투호놀이 통에 꽂힌 화살의 수가 많은 유아가 이기는 게임이다.

⑤ 활동 후 느낀 점에 대해서 유아와 함께 이야기를 나눈다.

📖 확장활동

• 두 발을 모으고 뛰어 발바닥 모양을 차례대로 밟는 활동을 한다.

• 바깥놀이 시간에 자유롭게 투호놀이를 할 수 있도록 놓아 둔다.

✈ 유의점

• 투호 화살을 잡을 때 수술이 있는 부분이 위를 향하도록 지도한다.

• 가까운 경계선부터 시작하여 단계별로 투호를 던질 수 있도록 지도한다.

• 투호놀이 통에 화살을 넣지 못하는 유아가 있는 경우 투호놀이 통 가까이에서 투호 화살을 던져 넣을 수 있도록 배려한다.

1-3 거미줄에 걸렸네!

🛩 활동목표

• 신체를 조절하여 대근육을 사용할 수 있다.

• 눈과 손의 협응능력을 기를 수 있다.

• 곤충의 이름을 말할 수 있다.

🎡 제작재료

펠트지, 하드보드지, 색지, 솜철사, EVA, 인형 눈알, 정리함, 손 코팅지, 시트지, 벨크로테이프, 글루건, 글루건 심, 커터칼, 가위, 풀

🎓 제작방법

| 배경판 및 곤충 |

① 배경판은 하드보드지 2장을 겹쳐 붙인 후 색지를 이용하여 동산 모양으로 꾸민다.

② 배경판을 꾸민 후 아세테이트지를 이용해 코팅한다.

③ 펠트지를 이용해 파리와 잠자리, 나비를 만든다(총 30마리).

④ 곤충을 보관할 정리함에 내용물 사진과 이름을 부착한다.

| 거미줄 채 |

① 하드보드지를 육각형 모양의 거미줄 채 형태로 칼을 이용해 판다(총 4개).

② 육각형의 하드보드지 4개를 각각 2개씩 겹쳐 글루건으로 붙인다.

③ 한쪽에는 EVA를 부착하여 칼을 이용해 파고 다른 한쪽에는 벨크로테이프를 형태

대로 붙인다. 이때 유아의 손이 닿을 부분은 벨크로테이프를 붙이지 않는다.

| **거미 가방** |

① EVA 8절 노란색에 거미 몸통을 그린 후 오린다.

② 여러 가지 색 EVA를 사용하여 거미를 만든다.

③ 거미 형태가 완성되면 펠트지로 가방 끈을 만들어 부착한다.

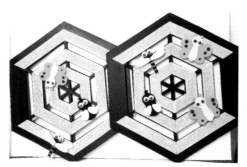 

🌐 **활동방법**

① 거미줄을 본 경험에 대한 이야기를 나눈다.

　어디서 거미줄을 보았나요?

　거미줄은 어떻게 생겼나요?

　거미줄에 무엇이 있었나요?

② 파리와 잠자리, 나비를 보거나 잡아 본 경험을 나눈다.

어디서 보았나요?

파리와 잠자리 또는 나비를 잡아 보았나요?

③ 게임 방법에 대해 이야기를 나눈다.

- 거미줄 채, 곤충, 거미 가방을 소개한다.

- 파리와 잠자리, 나비를 잡아 거미줄 채에 붙이는 방법을 소개한다.

④ 게임을 하기 전에 어떤 규칙을 만들면 좋을지 의논한다.

게임을 하기 전에 어떤 규칙이 있어야 좋을 것 같아요?

- 게임을 하기 전에 교사가 거미 가방을 메고 곤충을 잡는 시범을 보인다.

⑤ 또래와 둘이서 거미가 되어 곤충을 잡는 활동을 한다.

- 유아들이 제안한 규칙을 지키도록 한다.

- 거미 가방을 메고 거미가 되어 파리와 잠자리, 나비를 잡아 배경판에 붙인다.

- 거미줄에 걸린 곤충의 이름을 서로 이야기한다.

⑥ 활동 후 느낀 점에 대해서 유아와 함께 이야기를 나눈다.

📖 확장활동

- 곤충을 잡고 거미줄에 걸린 곤충의 수를 말해 보도록 지도한다.
- 거미줄에 걸리는 다양한 곤충을 관찰하도록 지도한다.

✈ 유의점

- 거미 가방을 메고 장난하지 않도록 지도한다.

1-4   방석 게임

 활동목표

- 신체를 조절하여 대근육을 사용할 수 있다.
- 게임의 규칙을 지킬 수 있다.

제작재료

과일 5개(사과, 수박, 바나나, 참외, 딸기)의 색깔 펠트지, 도화지, 여러 색깔의 방석 천 6장, 솜, 실, 바늘, 가위

제작방법

① 도화지에 사과, 수박, 바나나, 참외, 딸기, 토끼를 그린 후 오린다.
② 자른 과일 도안과 토끼를 펠트지 위에 그려서 오린다.
③ 과일 방석 6개와 동물 방석 1개를 만들기 위해 여러 색깔의 천을 준비하여 50× 50cm의 크기로 2장씩 자른다.
④ 오려 둔 과일과 토끼를 ③번의 천 뒷면에 각각 잘 부착되도록 바느질한다.
⑤ ③번의 오려 둔 천을 2장씩 맞추어 3면을 바느질한 후 나머지 한 면은 약 10cm 남겨 놓고 뒷면에 부착된 과일과 토끼가 앞면으로 오도록 뒤집는다.
⑥ ⑤에 솜을 넣은 후 남은 부분을 바느질하여 완성한다.

 활동방법

① 방석에 앉아 본 경험을 이야기한다.

 – 과일 방석 6개와 동물 방석 1개를 둥글게 펼쳐 놓은 후 방석에 앉아 보라고 한다.

  방석에 앉아 본 느낌이 어떤가요?

  ○○는 푹신했구나.

  □□는 따뜻했구나.

② 게임 방법에 대해 이야기를 나눈다.

 – 음악에 맞춰 방석 주위를 빙빙 돌다가 선생님이 "앉으세요."라고 말하면 과일 방석에만 앉아야 한다는 것을 설명한다.

 – 동물 방석에 앉은 유아는 탈락한다.

 – 2~3명의 유아가 남을 때까지 진행한다.

③ 게임을 하기 전 어떤 규칙을 만들면 좋을지 의논한다.

  게임을 하기 전 어떤 규칙이 있어야 좋을 것 같아요?

 – 게임을 하기 전 교사가 "앉으세요."라고 말한 후 과일 방석에 앉는 시범을 보인다.

④ 유아들과 함께 게임을 한다.

 – 유아들이 제안한 규칙을 지키도록 한다.

- 과일 방석 6개와 동물 방석 1개를 동그랗게 배치한다.

  다 같이 손을 잡고 〈빙빙♬ 돌아라♬〉 노래를 부르며 돌아보자.

  선생님이 "앉으세요." 하는 신호를 잘 듣고 과일 방석에 앉는 거예요.

- 동물 방석에 앉은 유아는 게임에서 제외되어 손뼉을 치거나 노래를 부르며 활동에 참여한다.

⑤ 활동 후 느낀 점에 대해서 유아와 함께 이야기를 나눈다.

📖 확장활동

- 과일의 이름을 말해 보도록 지도한다.
- 과일의 색과 방석의 색을 말하도록 지도한다.

✈ 유의점

- 방석이 미끄러지지 않도록 테이프로 방석을 바닥에 고정시켜 놓는다.

1-5　김밥도시락을 싸요

 활동목표

- 왼손(오른손)으로 식판을 움직이지 않도록 하여 오른손(왼손)으로 젓가락 사용을 할 수 있다.
- 젓가락을 사용하여 도시락에 김밥을 담을 수 있다.

 제작재료

백업, 벨크로테이프(까슬이와 보슬이), 펠트지, 그 외 도구(에디슨 젓가락, 일자 젓가락, 집게 등)

제작방법

| 김밥 |

① 흰색 백업을 김밥 크기로 일정하게 자른 후, 검은색 펠트지로 감싼다.
② 자른 백업의 양쪽 면에 빨강, 분홍, 노랑, 초록색 펠트지를 붙인다.

| 주사위 |

① 펠트지를 7×7cm 크기로 자른다.
② 흰색 펠트지에 1부터 6까지의 숫자를 도안하여 오린다.
③ 주사위의 각 면에 1부터 6까지 숫자를 바느질하여 부착한다.
④ 한 면만을 남겨 놓고 모두 꿰맨 후 솜을 채워 넣고 나서 나머지 한 면을 꿰맨다.

 활동방법

① 김밥을 먹어 본 경험에 대해 이야기를 나눈다.

　　김밥을 먹어 본 적이 있나요?

　　어디서 먹어 보았나요?

　　맛은 어땠나요(맛있었나요? 맛없었나요?)

② 젓가락 사용법에 대해서 이야기를 나눈다.

　– 교사가 젓가락을 사용하는 방법을 시범 보인다.

　– 유아에게 젓가락을 사용해 보도록 격려한다.

③ 젓가락을 사용해서 김밥을 도시락에 담아 보도록 한다.

　– 교사가 왼손(오른손)으로 도시락이 흔들리지 않도록 고정한 후 젓가락을 사용하
　　여 도시락에 김밥을 옮기는 시범을 보인다.

　– 유아에게 젓가락을 사용하여 도시락에 김밥을 옮겨 보도록 한다.

　　우와! ○○가 젓가락을 잘 사용하네요.

④ 주사위를 던져서 나온 수만큼 김밥을 도시락에 옮겨 담아 보도록 한다.

⑤ 친구와 함께 주사위를 던져 나온 수만큼 김밥을 옮겨 담는 게임을 한다.

　– 주사위를 던져 도시락에 김밥을 먼저 가득 채운 유아가 이긴다.

⑥ 활동 후 느낀 점에 대해서 유아와 함께 이야기를 나눈다.

유의점

- 젓가락 사용이 어려운 유아의 경우 우선 집게, 연습용 젓가락(에디슨 젓가락), 젓가락 순으로 쉬운 단계에서 어려운 단계로 제공하여 자신감을 잃지 않도록 격려한다.
- 도시락이 움직이지 않도록 왼손(오른손)으로 도시락을 고정하고 오른손(왼손)으로 도구(젓가락)를 사용하도록 지도한다.
- 규칙을 지키면서 게임을 하도록 한다.

1-6　냉장고에 넣어 주세요

 활동목표

• 음식물을 상하지 않도록 보관하는 냉장고의 기능을 말할 수 있다.

• 냉동실과 냉장실의 차이점을 말할 수 있다.

• 저장 장소에 따라 보관할 음식을 분류할 수 있다.

제작재료

여러 가지 음식 그림 카드, 접착식 벨크로 융, 글루건, 벨크로테이프(까슬이), 폼보드, 가위, 열선커터기, 큐빅, 펠트지

제작방법

| 냉장고 |

① 폼보드을 냉장고 모양으로 자른다.

② 접착식 벨크로 융을 잘라놓은 폼보드에 붙이고, 뒷면에는 까슬이를 붙인다.

③ 냉장실과 냉동실을 구분하고, 펠트지와 큐빅을 이용해 냉장고 문을 꾸며 준다.

| 음식 그림 카드 |

① 다양한 음식(과일, 채소, 음료, 빵, 김치 등) 그림 카드를 잡지나 전단지 등에서 자른 후 코팅한다.

② 다양한 음식 그림 카드를 냉장실과 냉동실을 구분하여 정리해 둔다.

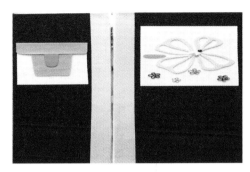

🌐 **활동방법**

① 냉장고를 사용해서 음식물을 보관했던 경험에 대해 이야기를 나눈다.

　냉장고를 본 적이 있나요?

　냉장고를 어디서 보았어요?

　냉장고는 어디에 사용하는 것일까요?

② 냉동실과 냉장실의 같은 점과 차이점에 대해 이야기를 나눈다.

　냉동실과 냉장실의 같은 점은 무엇일까요?

　오랜 기간 동안 음식을 상하지 않게 보관해요.

　냉동실과 냉장실의 차이점은 무엇일까요?

　냉동실에는 얼려야 하는 음식을 보관해요.

　냉장실에는 잠깐 동안 음식을 보관할 수 있어요.

③ 음식 그림 카드를 보면서 냉동실과 냉장실 중 어느 곳에 보관해야 하는지 이야기

를 나눈다.

냉동실에는 어떤 음식을 넣을 수 있을까요?

아이스크림은 어디에 보관하면 좋을까요?

냉장실에는 어떤 음식을 보관할 수 있을까요?

물이나 음료수는 어디에 보관하면 좋을까요?

④ 음식 그림 카드를 냉동실과 냉장실에 보관해 보는 활동을 한다.

- 유아가 냉장고 기본 판에 냉동실과 냉장실에 보관하는 음식을 직접 탐색한 후 활동한다.

⑤ 활동 후 느낀 점에 대해서 유아와 함께 이야기를 나눈다.

📖 확장활동

• 가정과 연계지도 활동을 통해서 유아가 올바른 냉장고 사용법을 알고 적절하게 활용할 수 있도록 한다.

✈ 유의점

• 유아가 음식(과일, 채소, 음료, 빵, 김치 등) 그림 카드를 냉동실과 냉장실에 분류하는 활동을 할 때 저장 방법이 틀린 경우 틀렸다고 지적하지 말고, 교사가 다시 한번 이야기해 준다.

• 유아에게 음식(과일, 채소, 음료, 빵, 김치 등) 그림 카드를 제시할 때는 가능하면 실물에 가까운 그림 자료를 제시한다.

1-7　포도를 옮겨요

활동목표

- 퐁퐁이를 옮기면서 젓가락을 사용할 수 있다.
- 눈과 손의 협응력을 기를 수 있다.
- 퐁퐁이의 색깔을 말할 수 있다.
- 주사위를 굴리면서 나온 숫자 또는 포도 모양의 판에 쓰여 있는 숫자를 말할 수 있다.
- 포도 모양의 판에 옮겨진 퐁퐁이를 세어 보고 개수가 많고 적음을 말할 수 있다.

제작재료

퐁퐁이, 계란판 2개, 솜, 바구니, 1~20의 숫자, 포스터물감, 붓, 나무젓가락, 펠트지, 코팅지

제작방법

① 계란판 2개를 포도 모양으로 자른다.
② 붓과 포스터물감을 이용하여 전체 색을 칠하고, 계란판의 테두리는 다른 색으로 칠한다.
③ 나무젓가락을 반으로 자른 후 색칠한다.
④ 주사위는 펠트지를 네모 모양으로 잘라 솜이 들어갈 부분만 남겨 둔 후 연결되게 바느질을 하고, 솜 구멍에 솜을 적당량 넣고 남은 부분을 바느질하여 완성한다.
⑤ 펠트지로 1~6까지의 숫자를 오린 후 완성된 주사위의 6개 면에 숫자 펠트지를 바느질로 부착한다.

⑥ 1~20까지의 숫자를 코팅하여 포도 모양의 판에 붙인다.

⑦ 퐁퐁이를 보관할 바구니를 펠트지로 감싼다(상자나 플라스틱 그릇 등을 이용하여 펠트지로 감싸도 된다).

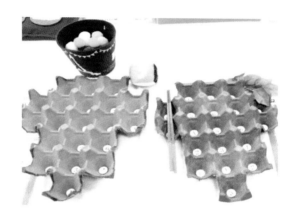

 활동방법

① 포도 모양 판, 젓가락, 퐁퐁이를 자유롭게 탐색한다.

　이게 뭘까요?

　그래, 동그란 모양이구나.

　젓가락으로 무엇을 잡았어요?

　어떤 색깔들이 있나요?

　- 퐁퐁이를 만져 보고 느낌을 이야기해 본다.

② 젓가락을 사용하여 퐁퐁이를 포도 모양 판에 옮겨 본다.

　- 교사가 직접 젓가락을 사용하여 포도 모양의 판에 퐁퐁이를 옮기는 시범을 보여 준다.

　　○○는 퐁퐁이를 포도 모양 판에 담고 있네요.

　　이쪽 포도 모양 판에도 젓가락으로 퐁퐁이를 옮겨 주세요.

③ 포도 모양 판에 퐁퐁이를 옮기면서 퐁퐁이의 색깔에 대해서 이야기 나눈다.

　　이 퐁퐁이는 노란색이네. ○○는 무슨 색 퐁퐁이를 옮기고 있나요?

포도 모양의 판에 담긴 이 퐁퐁이 색은 무슨 색이에요?

④ 주사위를 굴려 나온 숫자만큼 퐁퐁이를 포도 모양 판에 옮기면서 유아와 함께 숫자 말하기 놀이를 한다.

선생님이 굴린 주사위에는 2가 쓰여 있네요.

○○가 굴린 주사위에는 무슨 숫자가 쓰여 있나요?

선생님이 퐁퐁이 담는 곳에는 4가 쓰여 있네요.

○○가 퐁퐁이 담는 곳에는 무슨 숫자가 쓰여 있나요?

④ 포도 모양 판에 옮겨진 퐁퐁이의 개수를 세어 보고 많고 적음을 이야기한다.

여기 있던 퐁퐁이가 어디로 갔나요?

그래요, 저 포도 모양 판에 퐁퐁이가 많아졌네요.

○○가 퐁퐁이를 옮겨서 포도 모양 판이 가득 찼네요.

– 포도 모양 판에 옮겨진 퐁퐁이 개수를 세어 본다.

선생님이 가지고 있는 포도 모양 판에는 퐁퐁이가 9개 있네요.

○○가 가지고 있는 포도 모양 판에는 퐁퐁이가 몇 개 있나요?

○○가 선생님보다 퐁퐁이가 더 많네요.

⑤ 활동 후 느낀 점에 대해서 유아와 함께 이야기를 나눈다.

📖 확장활동

- 급식, 간식 시간과 연계하여 유아가 젓가락을 사용을 직접 해 보도록 지도한다.
- 퐁퐁이 대신 젓가락으로 잡기에 용이한 백업, 스펀지, 레고 블록 등 다양한 자료를 이용하여 젓가락 사용법을 익힐 수 있도록 한다.
- 주사위를 굴려서 니온 숫자만큼 퐁퐁이를 옮겨서 포도 모양 판을 먼저 채우는 팀이 이기는 게임을 할 수 있다.
- 주사위를 굴려서 나온 숫자와 같은 숫자를 포도 모양 판에서 찾아 그 자리에 퐁퐁이를 옮기는 놀이를 해서 주사위 숫자를 먼저 채우는 유아가 이기는 게임을 할 수 있다.

유의점

- 유아가 사용하기에 안전한 젓가락을 선택하고, 사용법을 지도한다.
- 젓가락을 사용할 줄 아는 유아는 옮겨 보도록 하고, 젓가락 사용에 어려움이 있는 유아의 경우 에디슨 젓가락을 사용하도록 한다.

1-8　숫자 연결 단추 꿰기

활동목표

- 스스로 옷의 단추를 끼우고 뺄 수 있다.
- 숫자를 말할 수 있다.
- 수의 개념을 말할 수 있다.
- 눈과 손의 협응력을 키워 소근육을 발달시킬 수 있다.

제작재료

다양한 색상의 펠트지, 같은 모양의 색깔 단추, 실, 바늘, 가위

제작방법

① 펠트지에 숫자, 하트, 동그라미 모양, 날개 도안을 그린 후 자른다.

② 하트 중앙에 숫자를 올려놓고 바느질한다.

③ 하트 중앙에 있는 숫자를 중심으로 각 숫자만큼 동그라미 모양을 붙일 위치를 정한 후 바느질한다.

④ 천사 날개 모양을 버튼홀스티치로 바느질한다.

⑤ 천사 날개 모양에 하트를 올려놓은 후 바느질한다.

⑥ 날개의 한쪽에 단추를 고정하여 바느질한다.

⑦ 단추의 크기와 위치를 맞추어 다른 날개 한쪽에 구멍을 내고 버튼홀스티치로 바느질한다.

 활동방법

① 하트 위에 있는 숫자와 날개 연결 단추를 관심을 가지고 탐색하도록 한다.

여러 가지 숫자와 날개 연결 단추가 있네요.

- 천사 날개를 숫자대로 연결하는 방법을 이용하여 단추를 끼우고 빼는 방법을 탐색하도록 한다.

② 교사가 단추를 끼우고 빼는 방법을 시범 보인다.

- 단추를 잡고 옆에 있는 단춧구멍에 넣는 것임을 이야기한다.

단추는 이렇게 끼우는 거예요. ○○도 선생님을 따라서 단추를 끼워 볼까요?

우와! ○○도 잘 끼우네요.

선생님처럼 이렇게 단추를 잡고 빼면 돼요.

○○도 단추를 빼 볼까요?

③ 유아들에게 직접 단추를 채우는 활동을 경험하게 한다.

- 교구를 이용하여 충분히 활동할 수 있는 시간을 제공한다.

- 유아가 스스로 단추 달린 옷을 입어 보도록 기회를 제공한다.

④ 활동 후 느낀 점에 대해서 유아와 함께 이야기를 나눈다.

확장활동

- 단추 끼우고 빼는 활동뿐만 아니라 다양한 신변처리(예, 신발 끈 넣기 및 묶기) 활동 등을 해 보도록 한다.

　　　유의점

- 유아에 따라서 소근육 발달의 개인차가 있을 수 있으므로 이를 고려하여 지속적 으로 지도하도록 한다.
- 먼저 큰 단추 끼우고 빼기를 지도한 후 작은 단추 끼우고 빼기를 지도하도록 한다.

1-9 곰돌이 옷 입히기

 활동목표

• 순서에 따라 옷을 입고 벗을 수 있다.

• 옷을 입고 벗는 과정을 통해서 신변처리를 스스로 할 수 있다.

 제작재료

다양한 천, 도안, 단추, 똑딱 단추, 솜, 지퍼, 바늘, 실, 가위

🎓 제작방법

| 곰돌이 인형 |

① 곰돌이 인형의 얼굴, 귀, 팔, 다리를 도안하고, 천에 옮겨 그린다.

② 그려진 도안들을 모양대로 오리고, 각 조각들을 앞뒤를 겹쳐 박음질한다.

③ 박음질한 곰돌이의 몸과 팔, 다리에 각각 솜을 넣고 구멍을 연결하여 꿰맨다.

④ 곰돌이의 코와 입은 바느질로 수를 놓는다.

| 인형 옷 |

① 곰돌이 인형의 크기에 맞추어 옷 도안을 천에 그린다.

② 도안된 천을 오려서 바느질한다.

③ 단추, 똑딱 단추, 지퍼를 각각의 옷에 바느질하여 부착시킨다.

 활동방법

① 곰돌이 옷을 자유롭게 탐색한다.
 - 곰돌이 옷에 부착된 단추, 똑딱 단추, 지퍼 등에 대해 이야기를 한다.
 - 곰돌이 옷을 입히고 벗기는 순서에 대해 이야기를 한다.
② 교사가 유아와 함께 옷을 입고 벗은 경험에 대해 이야기 나눈다.
 - 옷을 입는 방법에 대해 이야기 나눈다.
   혼자서 옷을 입어 본 적이 있나요?
 - 옷을 벗는 방법에 대해 이야기 나눈다.
   혼자서 옷을 벗어 본 적이 있나요?
③ 유아들에게 직접 곰돌이 인형 옷을 입히고 벗겨 보는 활동에 참여하도록 한다.
 - 교구를 이용하여 충분히 활동할 수 있는 시간을 제공한다.
 - 유아 스스로 지퍼, 단추, 똑딱 단추 등이 달린 곰돌이 인형 옷을 입혀 보도록 기회
   를 제공한다.
④ 활동 후 느낀 점에 대해서 유아와 함께 이야기를 나눈다.

📖 확장활동

• 곰돌이 인형 옷 입히기 활동을 통해서 옷을 입고 벗는 활동이 능숙해지면 유아 자신의 옷을 혼자 입고 벗어 보는 활동을 진행한다.

✈ 유의점

• 유아 스스로 옷을 입고 벗는 과정을 지도할 때 교사가 먼저 시범을 보인다.
• 큰 지퍼에서 작은 지퍼, 큰 단추에서 작은 단추, 똑딱 단추 등의 순서로 진행하도록 하고, 예를 들어 단추 빼기가 능숙해지면 단추 끼우기를 지도하도록 한다.
• 유아가 활동 시 어려워하면 교사가 도와주고 격려해 준다.

1-10   뚜껑을 열어요

🐾 활동목표

• 눈과 손의 협응력을 증진시켜 소근육을 발달시킬 수 있다.

• 각 용기와 뚜껑의 짝을 맞출 수 있다.

• 각 용기의 뚜껑을 열고 닫을 수 있다.

🎡 제작재료

하드보드지, 펠트지, 구슬 줄, 글루건, 다양한 용기(스프레이 통, 비누통, 음료수 병, 반찬용기, 도시락통, 약통 등)

🎓 제작방법

① 하드보드지 2장을 겹쳐 붙인 후 그 위에 펠트지를 붙여 기본 판을 만든다.

② 펠트지를 길게 잘라 하드보드지의 테두리를 깔끔하게 감싸 붙인다.

③ 낮은 용기는 글루건을 사용하여 활동판 위에 그대로 붙인다.

④ 긴 용기는 뚜껑이 있는 부분으로부터 5~10cm 정도 아랫부분을 잘라내고 글루건을 사용하여 절단면을 테이블에 단단히 고정시킨다.

⑤ 용기들을 활동판 위에 모두 붙인 후 구슬 줄로 용기 밑면의 둘레를 장식한다.

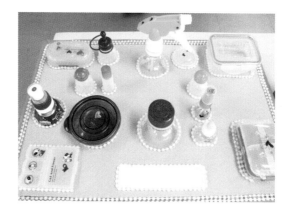

 활동방법

① 교사가 유아와 함께 다양한 통(용기)과 뚜껑을 탐색하며 이야기를 나눈다.

　○○는 여기에 있는 통(용기) 중 어떤 통을 본 적이 있나요?

　어디에서 보았나요?

　통에는 무엇이 담겨 있었나요?

② 다양한 통과 뚜껑을 어떻게 짝지어야 하는지 물어본다.

　뚜껑에 맞는 통을 찾아볼까요?

　○○가 잘 맞추었네요.

③ 다양한 뚜껑을 열고 닫아 본 경험이 있는지 이야기를 나눈다.

　뚜껑을 열어 볼까요?

　○○는 뚜껑을 돌려서 잘 열 수 있네요.

　○○는 뚜껑을 눌러서 잘 닫을 수 있네요.

④ 뚜껑을 닫고 열어 본 후 느낀 점을 이야기한다.

　어떤 뚜껑을 여는 것이 어려웠나요?

　어떤 뚜껑을 닫는 것이 쉬웠나요?

📖 확장활동

- 유아의 주변에서 볼 수 있는 통과 뚜껑을 탐색하도록 지도한다.
- 통 안에 들어갈 수 있는 물건을 찾아서 넣어 본다.
- 뚜껑을 열고 닫는 행동을 언어로 표현하여 준다.
- 가정과 연계하여 통 안에 간식을 넣어 놓고 유아가 스스로 열어서 먹은 후 뚜껑을 닫을 수 있도록 한다.

🛩 유의점

- 탐색할 시간을 충분히 주어 자연스럽게 참여하도록 유도한다.
- 활동판을 활동 장소 및 공간에 고정해 두어 뚜껑을 여닫을 때 움직이지 않도록 한다.

2. 사회관계 영역

2-1 가게놀이

🐾 **활동목표**

• 우리 동네 주변에 있는 가게를 비교할 수 있다.

• 가게에서 파는 물건을 말할 수 있다.

• 가게놀이에서 주인과 손님의 역할을 할 수 있다.

✳️ **제작재료**

다양한 색상의 펠트지, 폼 전용 물감, 스티로폼, 열선커터기, 글루건, 밸크로테이프
(까슬이), 솜, 가위, 실, 바늘

🎓 **제작방법**

| 가게 모형 |

① 가게 모형 도안을 제작하여 스티로폼 위에 도안을 고정한다.

② 고정 후 열선커터기로 모형을 자르고 폼 전용 물감으로 색칠한다.

③ 색칠 후 건조시켜 2~3번 덧칠하고 부분 폼을 결합하여 글루건을 이용해 완성
한다.

| 가게 물건 모형 |

① 여러 가지 색상의 펠트지로 가게 물건을 오린다.

② 오린 가게 물건 모형을 솜을 넣어야 할 공간만 남겨 놓고 버튼홀스티치로 바느질
　한 후, 솜을 넣고 마무리하여 완성한다.

③ 완성된 가게 물건(과일, 생선, 채소, 빵, 아이스크림 등) 뒤에 글루건을 이용하여 까
　슬이를 부착한다.

활동방법

① 가게에서 물건을 사 보았던 경험에 대해 이야기를 나눈다.

　엄마랑 가게에 가 본 적이 있나요?

　엄마랑 시장에 갔을 때 어떤 가게들이 있었나요?

　과일가게요(빵가게, 생선가게, 아이스크림 가게 등).

② 우리 동네 주변에 있는 가게에는 어떤 종류의 물건들이 있는지에 대해서 알아
　본다.

　과일가게에는 어떤 과일이 있나요?

　사과요(배, 포도, 감 등).

　빵가게에는 어떤 빵들이 있나요?

　식빵이요(케이크, 팥빵, 초코빵 등).

　생선가게에는 어떤 생선이 있나요?

　오징어요(고등어, 갈치, 굴비 등).

　아이스크림 가게에는 어떤 아이스크림이 있나요?

　콘 아이스크림이요(쭈쭈바 등).

③ 가게 물건 모형을 보면서 어느 가게에서 파는 물건인지 이야기해 본다.

　사과, 배, 포도, 감 등의 물건을 파는 가게 이름은 무엇일까요?

　과일가게

　식빵, 케이크, 팥빵, 초코빵 등의 물건을 파는 가게 이름은 무엇일까요?

　빵가게

　오징어, 고등어, 갈치, 굴비 등의 물건을 파는 가게 이름은 무엇일까요?

　생선가게

　콘아이스크림, 쭈쭈바 등 아이스크림을 파는 가게 이름은 무엇일까요?

　아이스크림 가게

④ 유아가 직접 물건을 사고 팔아 보는 가게놀이를 한다.

무엇을 드릴까요?

이것은 얼마예요?

너무 비싸요.

⑤ 활동 후 느낀 점에 대해서 유아와 함께 이야기를 나눈다.

📖 확장활동

• 유아교육기관 주변에 있는 과일가게, 빵가게, 생선가게, 아이스크림 가게 등에 견학가도록 한다.

• 가정과 연계하여 유아에게 필요한 물건을 가게에서 살 수 있도록 지도한다.

✈ 유의점

• 가게놀이에 필요한 환경 구성(가게 간판, 가격표 등)을 만들 때 유아가 직접 참여할 수 있도록 한다.

방으로 떠나는 여행

2-2

🛩️ 활동목표

- 거실, 부엌, 침실, 화장실에서 사용하는 물건에 대해서 말할 수 있다.
- 거실, 부엌, 침실, 화장실에서 사용하는 도구를 분류할 수 있다.

🎡 제작재료

하드보드지(4절), 펠트지(빨강, 주황, 노랑, 라임, 하늘, 파랑, 보라, 회색, 검정), 얇은 자석, 도장 모양 자석, 글루건, 글루건 심, 가위

🎓 제작방법

① 하드보드지(4절)를 정사각형 크기(20 × 20cm)로 자르고, 하드보드지(4개) 좌측 중간에 얇은 자석을 붙인다.
② 하드보드지와 동일한 사이즈로 펠트지를 잘라서 기본 배경을 붙인다.
③ 다양한 색의 펠트지를 활용하여 거실, 화장실, 침실, 부엌에 들어갈 소품을 제작한 후 글루건으로 붙여 꾸민다.
④ 각 방의 문을 만들어 펠트지로 꾸미고 자석을 붙인다.
⑤ 방(거실, 침실, 화장실, 부엌 등)에 배치되어야 할 물건들을 펠트지로 잘라 글루건으로 붙인다.
⑥ 정사각형으로 잘라놓은 하드보드지에 정삼각형 지붕을 만들어서 연결하고 꾸며 완성한다.

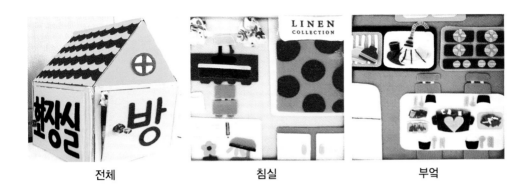

전체	침실	부엌

 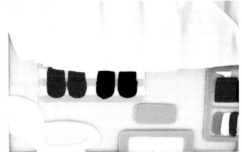

거실   화장실

 활동방법

① 우리들이 사는 집에 대해 이야기를 나눈다.

우리 가족이 사는 집에는 어떤 방(공간)이 있나요?

거실, 부엌, 침실, 화장실이 있어요.

② 문을 열어 방마다 배치된 물건을 탐색하게 한다.

침실에 필요한 물건들은 어떤 것들이 있을까요?

침대, 옷장이 있어요.

거실에 필요한 물건들은 어떤 것들이 있을까요?

소파, 텔레비전이 있어요.

부엌에 필요한 물건들은 어떤 것들이 있을까요?

싱크대, 냉장고, 가스레인지가 있어요.

화장실에 필요한 물건들은 어떤 것들이 있을까요?

칫솔, 치약, 비누, 수건이 있어요.

③ 방에 배치된 물건을 분류하고, 어떤 공간인지 알아보는 활동을 한다.

침대, 옷장은 어디에 있나요?

소파, 텔레비전은 어디에 있나요?

싱크대, 냉장고, 가스레인지는 어디에 있나요?

칫솔, 치약, 비누, 수건은 어디에 있나요?

④ 활동 후 느낀 점에 대해서 유아와 함께 이야기를 나눈다.

📖 확장활동

• 방에서 사용하는 물건에 대한 설명을 수수께끼 활동으로 참여하도록 한다.

✈️ 유의점

• 방에서 사용하는 물건의 특징과 이름에 대해서 가정과 연계활동을 통해서 지도한다.

2-3 다양한 얼굴 표정

✈️ 활동목표

- 감정에 따른 얼굴 표정을 구분하여 표현할 수 있다.
- 상황에 따라 느낄 수 있는 다양한 감정을 표현할 수 있다.
- 눈, 코, 입의 그림으로 다양한 표정을 구성할 수 있다.

🎡 제작재료

하드보드지, 다양한 색상의 펠트지, 융, 셀로판테이프, 벨크로테이프(까슬이와 보슬이), 글루건, 글루건 심, 양면테이프, 가위

🎓 제작방법

| 배경판 |

① 같은 크기의 하드보드지 6장을 준비한다.

② 하드보드지 3장을 셀로판테이프로 연결하여 접히는 배경판 2개(남자와 여자 얼굴을 꾸밀 수 있는 배경판)를 만든다.

③ 배경판 안쪽에는 융을 붙이고 바깥 면에는 펠트지로 교구명을 오려 붙인다.

④ 펠트지를 띠 모양으로 오려 배경판 가장자리를 감싸 붙인다.

| 표정 구성 자료 |

① 펠트지를 2장 겹쳐서 얼굴, 머리, 눈, 코, 입 등을 도안한 후 오린다.

② 오려진 표정 구성 자료는 양면테이프로 2장을 겹쳐 붙인다.

③ 완성된 표정 구성 자료의 뒷면에는 글루건을 사용하여 까슬이를 붙인다.

 활동방법

① 기뻤거나, 슬펐던 경험 또는 화가 났던 경험에 대해 이야기를 나눈다.

　선물 받았을 때 기분이 어땠나요?

　친구랑 싸우면 기분이 어때요?

　언제(어떨 때) 화가 나나요?

② 슬펐을 때, 기뻤을 때, 화가 났을 때에 대해서 어떤 얼굴 표정이 나타나는지 이야기해 본다.

　슬펐을 때 어떤 표정을 지을 수 있을까요?

　친구들의 눈, 코, 입은 어떻게 달라지는지 표정을 관찰해 보세요.

　기쁜 표정을 지을 때 친구들의 눈, 코, 입은 어떻게 달라지나요?

　화가 났을 때 친구들의 표정은 어때요?

　친구들의 눈, 코, 입은 어떻게 달라지는지 표정을 관찰해 보세요.

③ 유아들과 함께 책을 보면서 표정을 따라해 볼 수 있도록 한다.

이 친구의 표정을 보니 ○○는 어떤 기분이 들어요?

맞아요! 재미있는 일이 있었나 보네요.

그렇구나, 이 친구도 ○○처럼 속상한 일이 있었네요.

이 친구처럼 화난 표정을 지어 보세요.

친구들도 ○○의 표정을 따라 해 보세요.

④ 얼굴판에 눈, 코, 입을 골라 다양한 얼굴 표정을 꾸미고 알아맞히는 활동을 한다.

친구가 웃고 있네요? 왜 웃고 있을까요?

왜 이 친구는 이런 표정을 짓고 있을까요?

 – 유아들이 얼굴판에 다양한 얼굴 표정을 꾸며 보고 이야기할 수 있도록 한다.

⑥ 활동 후 느낀 점에 대해서 유아와 함께 이야기를 나눈다.

📖 확장활동

• 꾸며 놓은 표정에 대하여 유아 자신의 경험을 이야기해 볼 수 있는 기회를 제공한다.

• 상황에 따라 느낄 수 있는 다양한 감정을 표현해 보도록 지도한다.

• 옷, 머리모양, 액세서리 등을 활용하여 다양하게 구성해 본다.

✈ 유의점

• 다양한 얼굴 표정을 나타낼 수 있도록 적절한 자료를 제공한다.

• 여러 가지 얼굴표정을 떠올리며 자유롭게 표현해 볼 수 있도록 격려한다.

2-4 상상 역할놀이를 해요

활동목표

• 하늘, 바다, 땅에 있는 사물을 말할 수 있다.
• 인형을 가지고 상상 역할놀이를 할 수 있다.

제작재료

양면골판지, 폼보드, 색지(하늘색, 갈색, 파란색), 펠트지(초록색, 빨간색, 노란색, 주황색, 갈색, 하늘색, 파란색, 분홍색, 흰색, 상아색, 회색, 검정색), 입체 눈알, 투명 상자, 시트지, 손 코팅지, 단어 도안, 사물 도안, 솜, 폼폼이, 글루건, 벨크로테이프, 박스테이프, 바늘, 실, 칼, 자, 가위

제작방법

① 폼보드 위에 하늘색, 갈색, 파란색 색지를 붙여 하늘, 땅, 바다의 배경을 만든다.
② 하늘, 땅, 바다의 배경에 적합한 단어를 오려 영역에 표시한 후 코팅한다.
③ 폼보드를 박스테이프를 이용하여 겹쳐 붙인 후 펠트지로 표지를 꾸민다.
④ 양면골판지를 사물 모양으로 잘라 앞뒤로 펠트지를 활용해 꾸민다.
⑤ 남은 양면골판지로 삼각형 모양의 지지대를 만들어 한쪽 면에 글루건으로 고정시킨다.
⑥ 단어카드를 프린트하여 손 코팅한 후, 까슬이를 붙여 준다.
⑦ 남은 양면골판지를 두 겹으로 붙인 후 보슬이를 붙여 단어카드 판을 만든다.
⑧ 다양한 색의 펠트지를 사람 모양으로 자른 후 테두리를 바느질하고, 솜 구멍으로 솜을 넣어 바느질하여 인형을 만든다.

⑨ 투명 상자를 꾸민 후 그 안에 정리함을 만들어 사물과 인형을 넣는다.

 활동방법

① 땅, 하늘, 바다에 대한 경험을 이야기한다.

　바다에 가 보았나요?

　비행기를 보았나요?

② 땅, 하늘, 바다에서 본 사물에 대해 이야기를 나눈다.

　땅에서 볼 수 있는 사물에는 어떤 것들이 있을까요?

　자동차, 기차, 버스, 건물, 도로, 나무, 산

　하늘을 나는 사물이 어떤 것들이 있을까요?

　비행기, 새, 구름

　바다에서 볼 수 있는 사물이 어떤 것들이 있을까요?

　배, 갈매기, 물고기, 바닷물

③ 교사가 땅, 하늘, 바다에 적절한 사물과 단어를 배치하는 시범을 보인다.

　　땅에서 볼 수 있는 사물과 단어는 어떤 것들이 있을까요?

　　자동차, 택시, 버스, 건물, 도로, 나무, 산이 있어요.

　　하늘을 나는 사물과 단어는 어떤 것들이 있을까요?

　　비행기, 새, 구름이 있어요.

　　바다에서 볼 수 있는 사물과 단어는 어떤 것들이 있을까요?

　　바닷물, 배, 물고기가 있어요.

④ 땅, 하늘, 바다의 사물에 대해서 인형을 가지고 역할놀이를 한다.

　　기차를 타고 할머니 집에 가요.

　　비행기를 타고 하늘을 날아요.

　　바다에서 수영을 해요.

⑤ 활동 후 느낀 점에 대해서 유아와 함께 이야기를 나눈다.

📖 확장활동

• 땅, 하늘, 바다에서 볼 수 있는 다양한 사물에 대한 단어를 찾아보도록 지도한다.

✈ 유의점

• 단어를 모르는 유아의 경우 단어카드 옆에 그림을 그려서 땅, 하늘, 바다에서 볼 수 있는 사물과 단어를 연결할 수 있도록 배려한다.

2-5　직업에 맞는 도구와 옷 입기

 활동목표

- 직업에 적합한 옷을 찾아 입힐 수 있다.
- 직업과 관련된 도구를 분류할 수 있다.

 제작재료

다양한 색상의 펠트지, 하드보드지, 폼보드, 시트지, 벨크로테이프, 우드락본드, 마스킹테이프, 손 코팅지, 펀치, 글루건, 글루건 심, 할핀, 실, 바늘, 가위

 제작방법

| 돌림판 |

① 폼보드와 하드보드지에 동그란 그릇을 대고 그린 후 오려 준다.

② 오린 폼보드와 하드보드지를 글루건으로 붙여 주고 옆면을 마스킹테이프로 처리한다.

③ 마스킹테이프 처리한 판의 앞면과 뒷면에 펠트지를 붙인다.

④ 하드보드지로 화살표 모양을 오려 빨간색 펠트지로 감싸 준다.

⑤ 폼보드를 돌림판보다 크게 잘라 시트지를 붙여 준 후 돌림판을 붙여 화살표를 단다.

⑥ 여섯 개의 직업 글씨를 붙일 수 있도록 노란색 펠트지로 칸을 구분한 후 손 코팅지로 코팅한 직업 글씨들을 칸에 맞게 붙인다.

| 옷 |

① 다양한 직업(경찰, 소방관, 군인, 의사, 화가, 축구선수)에 맞는 옷과 모자, 도구를 그린 후 오린다.

② ①의 옷과 모자, 도구 도안을 펠트지에 올려 놓고 펠트지를 오려 바느질한 후 벨크로테이프를 붙여 준다.

③ 만든 옷(모자, 도구 포함)의 직업들에 해당하는 글자를 프린트한 후 손 코팅한다.

| 옷장 |

① 폼보드와 하드보드지 모두 4절지 크기 1장, 8절지 크기 2장을 오린 후 모서리를 둥글게 잘라 준다.

② 오린 폼보드를 (8절지 2장, 4절지 1장, 각각 따로) 마스킹테이프를 이용해 마감처리해 주고, 하드보드지는 시트지(3장 각각 따로)를 이용해 감싸 준다.

③ 마스킹 처리한 폼보드와 시트지로 감싼 하드보드지를 글루건을 이용해 붙여 준다.

④ 4절지 크기의 큰 판을 가운데에 두고 양쪽에 8절지 크기의 판들을 놓아 준 후 그 사이들을 펠트지로 이어 붙여 준다.

⑤ 시트지를 붙이지 않은 쪽의 판 전체에 펠트지를 붙여 준다.

⑥ 직업 옷들(모자와 도구 포함)을 4절 크기, 8절 크기의 판 양쪽 겉면에(문 닫은 상태) 검정색 펠트지로 '직업에 맞는 도구와 옷 입기' 글자를 오려 글루건을 이용해 붙여 완성한다.

⑦ 문을 여닫을 수 있도록 8절 크기 판의 겉면(⑥에서 붙인 글자들 옆)에 골판지를 돌돌 말아 손잡이를 만든 후 글루건으로 붙인다.

| 인형 만들기 |

① 옷 입히기를 할 수 있는 사람의 도안을 그린 후 도안을 펠트지에 대고 오려 완성한다.

② 완성된 인형(여자, 남자)에게 모형 눈을 붙여 준다.

③ 인형(여자, 남자)을 8절 크기의 판 양쪽에 글루건을 이용해 각각 하나씩 붙여
준다.

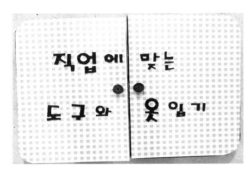

🌏 활동방법

① 주변에서 의사, 소방관, 경찰, 군인 등을 본 경험에 대해 이야기를 나눈다.

　병원에서 의사 선생님이 진찰해요.

　소방관 아저씨가 불을 꺼요.

　경찰 아저씨가 도둑을 잡아요.

② 의사, 소방관, 경찰, 군인, 축구선수, 화가가 입고 있는 옷을 본 경험을 이야기
한다.

　의사 선생님은 하얀 옷 입고 청진기 가지고 있어요.

　경찰 아저씨는 모자 썼어요.

군인 아저씨는 얼룩말 무늬 옷을 입었어요.

친구들이 의사도 보고, 경찰도 보고, 군인이 입은 옷도 보았군요.

선생님, 그런데 화가는 무슨 옷 입어요?

화가는 그림을 그리기 때문에 물감이 묻을까 봐 작업복을 입거나 친구들이 입고 있는 옷처럼 편한 옷을 입어요.

나는 아빠가 축구 볼 때 축구선수가 입은 옷 봤어요.

그랬구나. 선생님도 축구선수들이 입은 옷 봤어요. 하얀색 티셔츠에 검은색 바지 입고 있었어요.

③ 의사, 소방관, 경찰, 군인, 축구선수, 화가가 어떤 도구를 사용하는지에 대해서 알고 있는지 물어본다.

의사 선생님은 뭘 가지고 있었어요?

내가 감기 걸려 병원 갔을 때 의사 선생님이 청진기를 가지고 있었어요.

난 경찰 아저씨 모자 봤어요.

나는 군인 아저씨 모자 봤어요.

우리 친구들이 잘 알고 있네요. 화가는 뭘 가지고 있는지 본 적이 있는 친구 있나요?

몰라요.

화가는 물감이랑 붓으로 그림 그려요.

④ 직업 돌림판을 돌려서 직업에 맞는 옷과 도구를 선택하여 인형에게 입혀 보는 활동에 참여한다.

- 의사: 의사 가운과 청진기를 선택하여 인형에게 입혀 본다.
- 소방관: 소방관 제복, 모자, 소화기를 선택하여 인형에게 입혀 본다.
- 군인: 군복, 모자, 총을 선택하여 인형에게 입혀 본다.
- 축구선수: 체육복과 공을 선택하여 인형에게 입혀 본다.
- 경찰: 경찰제복, 모자, 수갑을 선택하여 인형에게 입혀 본다.
- 화가: 앞치마(작업복), 모자, 그림 그리는 도구를 선택하여 인형에게 입혀 본다.

⑤ 활동 후 느낀 점에 대해서 유아와 함께 이야기를 나눈다.

📖 확장활동

• 유아들이 직업에 관련된 옷과 도구를 활용해서 역할놀이 활동에 참여하도록 한다.

• 직업 돌림판을 돌려서 직업에 맞는 옷과 도구를 누가 먼저 찾는지 게임을 하도록 한다.

• 직업에 맞는 옷과 글자를 일치시킬 수 있도록 지도한다.

2-6 생일을 축하해요

🚀 활동목표

- 생일의 의미를 말할 수 있다.
- 친구의 생일을 축하하는 마음을 말과 선물로 표현할 수 있다.
- 친구의 생일을 축하하는 마음을 선물로 표현할 수 있다.

🎡 제작재료

다양한 색상의 펠트지, 수수깡, 리본테이프, 글루건, 글루건 심, 실, 바늘

🎓 제작방법

| 케이크 |

① 하얀색 펠트지에 원 모양을 그려 작은 것과 그보다 큰 것으로 2개 제작하고, 6등분하여 위, 아래로 2쌍씩 자른다.
② 안쪽 면은 살구색 펠트지를 사용하여 위쪽의 6개와 아래쪽의 6개를 분홍색 실을 사용하여 꿰맨다.
③ 케이크의 원 모양을 따라 올려놓을 생크림을 흰색 펠트지를 이용하여 물결 모양의 버튼홀스티치로 바느질한다.

| 과일 |

- 각 색깔 펠트지(딸기는 빨간색과 초록색, 오렌지는 주황색, 키위는 초록색과 노란색 그리고 흰색)에 과일을 그린 후 오린다.
- 솜을 넣을 부분을 남기고 버튼홀스티치로 바느질한 후 솜을 넣고 구멍을 바느질

로 마무리하여 완성한다.

| 초 |

① 수수깡을 자른 후 펠트지(분홍, 초록, 주황, 파랑)로 겉면을 감싸 글루건으로 붙인다.

② 위쪽 불은 빨간색 펠트지를 오린 후 말아서 글루건으로 붙인다.

 활동방법

① 생일잔치 사진을 보면서 관련된 경험을 이야기한다.

　　생일잔치를 해 보았나요?

　　생일잔치에 가 본 적이 있나요?

　　누구의 생일이었나요?

② 생일의 의미를 알아본다.

　　생일은 친구들이 세상에 태어난 날이에요.

　　생일날 누구에게 감사해야 할까요?

　　엄마, 아빠요.

　　네, 맞아요. 엄마, 아빠께 감사해야 해요.

③ 생일날 특별히 먹는 음식에 대해서 이야기를 나눈다.

미역국, 케이크를 먹어요.

맞아요. 케이크를 먹기도 하지만 떡을 먹기도 해요.

④ 친구의 생일을 축하하는 방법에 대해 알아본다.

생일을 맞은 친구를 어떻게 기쁘게 해 줄 수 있을까요?

노래는 무슨 노래를 불러 주면 좋을까요?

친구에게 생일선물을 주어요.

⑤ 활동 후에 느낀 점에 대해서 유아와 함께 이야기를 나눈다.

📖 확장활동

• 친구들과 생일잔치 놀이를 할 수 있도록 역할 영역에 생일 관련 교구·교재를 배치한다.

• 유아들에게 생일을 맞은 친구를 위해 노래를 부르고 축하의 말을 전하도록 지도한다.

3. 의사소통 영역

3-1 곡식도 이름이 있어요

🛩 활동목표

• 다양한 곡식의 종류를 구분할 수 있다.
• 곡식의 이름을 말할 수 있다.

🎡 제작재료

다양한 곡식(쌀, 보리, 콩, 옥수수, 팥), 곡식 사진, 색상지, 하드보드지, 우드락, 투명시트지, 본드, 양면테이프, 가위

🎓 제작방법

① 여러 종류의 곡식 사진과 실물 곡식을 준비한다.
② 우드락을 사용해서 배경판과 틀을 만든 후 색상지를 배경판과 틀에 붙인다.
③ 색상지를 잘라서 제목 글씨를 만든 후 곡식 사진과 제목을 코팅하여 배경판에 붙이고 배경판 전체를 투명 시트지로 감싼다.
④ 곡식을 붙일 틀에 본드를 넓게 펴 바른 후 준비된 실물 곡식들을 꼼꼼하게 붙인다.
⑤ 곡식들이 떨어지지 않도록 한 번 더 본드를 발라 준다.

 활동방법

① 곡식을 보거나 먹어 본 경험에 대해 이야기를 나눈다.

여기 있는 곡식(쌀, 보리, 콩, 옥수수, 팥)을 어디서 본 적이 있나요?

밭, 시장에서 보았어요.

잡곡밥을 먹어 본 적 있나요?

콩밥(쌀밥, 팥밥 등)을 먹어 보았어요.

② 곡식의 모양, 크기, 색깔, 촉감 등의 차이점과 공통점에 대해 이야기를 나눈다.

이 곡식들의 같은 점은 무엇일까요?

모두 먹을 수 있어요.

쌀은 흰색이에요.

맞아요. ○○가 잘 말해 주었어요.

콩은 검은색도 있고 하얀색도 있고 여러 가지 색깔이 있어요.

둥근 모양도 있지만 길쭉한 모양도 있어요.

곡식을 만져 보면 느낌이 어떤가요?

매끈매끈한 것도 있고, 거칠거칠한 것도 있어요.

③ 곡식의 종류와 이름에 대해 서로 알고 있는 것을 말한다.

알고 있는 곡식을 말해 볼까요?

옥수수 알아요.

우와! ○○는 옥수수를 알고 있네요.

내 생일날 엄마가 팥밥 해 줬어요. 그런데 맛이 없었어요. 그래도 엄마가 먹어야

한대요.

그랬구나. 맛이 없어서 속상했나 보구나. 그래도 엄마가 □□ 튼튼하라고 해 주신 거

예요.

우리 친구들이 매일 먹는 밥은 쌀로 만들어요.

④ 곡식을 이용하여 어떤 것을 만들 수 있는지 이야기한다.

곡식을 이용해 무엇을 만들 수 있나요?

떡이나 빵을 만들어 먹을 수 있어요.

엄마가 옥수수 튀겨서 팝콘 만들어 주었어요. 무지 맛있었어요. 난 팝콘 좋아해요.

그래요. 선생님도 팝콘 무지 좋아해요.

친구들이 좋아하는 라면도 만들 수 있어요.

곡식을 넣어서 마라카스 악기를 만들 수도 있어요.

⑤ 활동 후 느낀 점에 대해서 유아와 함께 이야기를 나눈다.

📖 확장활동

- 계절에 따라 수확되는 곡식을 탐색할 수 있도록 자료를 제공한다.
- 가정과 연계하여 일상생활 속에서 다양한 곡식의 종류를 구분할 수 있도록 지도

  한다.

3-2 도시락을 만들어요

🛫 활동목표

- 음식의 이름을 말할 수 있다.
- 음식의 재료를 구분할 수 있다.
- 도시락을 만드는 게임을 할 수 있다.

🎡 제작재료

펠트지, 색실, 바늘, 솜, 글루건, 백업, 하드보드지, 숫자돌림판, 함석판, 둥근 자석, 전기테이프, 시트지, 가위, 바늘, 실

🎓 제작방법

| 음식 모형 |

① 펠트지 2장을 겹친 후 유부초밥, 삼각김밥, 주먹밥, 딸기, 키위, 사과, 소시지, 고기의 도안을 그려서 오린다.

② 오린 펠트지 2장을 겹쳐 솜이 들어갈 수 있는 공간만 남긴 후 테두리를 바느질한다.

③ 솜을 채워 넣은 후 남은 부분을 바느질하여 마무리한다.

④ 다양한 색상의 펠트지를 오려 음식 모형을 꾸민다.

⑤ 유성펜으로 (키위) 씨를 그려 넣어 완성한다.

| 김밥 |

① 하얀색 백업을 전기테이프의 너비만큼 자른다.

② 자른 흰색 백업 옆면에 전기테이프를 꼼꼼히 붙여 김을 표현한다.

③ 백업 한쪽 밑면에 펠트지를 오려 붙여 김밥 속을 표현한다.

④ 백업의 다른 쪽 밑면에는 둥근 자석을 붙인다.

⑤ 김밥으로도 사용하고, 말판으로도 사용한다.

| 도시락 통 |

① 하드보드지에 상자와 뚜껑의 전개도를 그린 후 오린다.

② 전개도를 접어 글루건으로 이음새를 단단히 고정시킨다.

③ 상자의 겉면과 안쪽을 펠트지로 감싸 붙인다.

④ 펠트지를 오려 상자의 윗면에 강아지와 원숭이 얼굴 등을 붙여 도시락 통을 예쁘게 꾸민다.

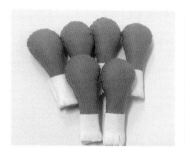

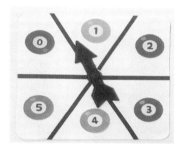
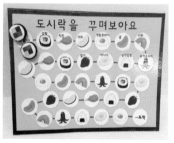

 활동방법

① 도시락을 먹어 본 경험에 대하여 이야기 나눈다.

도시락을 언제 먹어 보았나요?

도시락을 누가 싸 주셨나요?

② 빈 도시락에 넣고 싶은 음식들을 이야기해 본다.

여기 도시락이 있어요. 도시락 속이 텅텅 비어 있어요. 도시락에 무엇을 넣으면 좋

을까요?

김밥이랑 과자요.

○○는 도시락에 무엇을 넣고 싶나요?

③ 도시락에 넣을 음식 모형들을 보며 이야기 나눈다.

이 음식을 먹어 본 적 있나요? 이 음식의 이름은 무엇일까요?

○○가 먹고 싶은 음식도 있나요?

치킨요. 치킨 먹고 싶어요.

김밥도 있네요. 김밥 속에는 무엇이 들어 있을까요?

④ 도시락에 들어갈 음식 모형들을 담을 수 있도록 게임을 진행한다.

어떤 규칙을 만들면 좋을까요?

- 게임 방법을 간단하게 소개한다.

- 화살표가 가리키는 숫자만큼 김밥 말판을 이동시켜 도시락을 꾸밀 수 있다.

○○는 먹음직스럽게 담았구나!

⑤ 도시락에 음식을 모두 넣은 후 친구들에게 도시락을 소개한다.

○○는 친구들에게 도시락에 어떤 음식을 넣었는지 소개해 줄 수 있나요?

친구들에게 도시락 음식들을 잘 얘기해 주었구나!

⑥ 활동 후 느낀 점에 대해서 유아와 함께 이야기를 나눈다.

📖 확장활동

• 소풍을 갔던 경험을 자유롭게 이야기하면서 게임을 할 수 있도록 유도한다.

• 가정과 연계하여 친숙한 음식의 재료를 탐색할 수 있도록 지도한다.

✈ 유의점

• 음식 모형은 실물과 유사하게 제작하여야 한다.

• 음식 모형을 실제로 입에 넣지 않도록 지도한다.

3-3 글자 도장을 찍어요

 활동목표

- 동물 이름을 읽을 수 있다.
- 도장을 이용하여 다양한 글자를 만들 수 있다.

 제작재료

하드보드지, 머메이드지, 시트지(융), 요구르트 병, 우레탄, 벨크로테이프, 스탬프, A4용지, 팬시홀 종이, 동물 사진 자료, 동물 이름 낱말카드, 코팅지(투명 시트지), 고리, 칼, 가위

제작방법

| 낱말카드 삼각대 |

① 팬시홀 종이를 이용하여 삼각대를 만든다.
② 낱말카드와 삼각대에 구멍을 뚫어 고리로 이어 준다.

| 자음·모음 도장 |

① 요구르트 병을 깨끗이 씻어 말린 후 시트지 또는 융을 이용하여 감싸 준다.
② 종이 위에 자음과 모음을 코팅하여 붙이고 요구르트 병의 입구를 글루건으로 붙인다.
③ 요구르트 병 바닥에 머메이드지(지름 3.5cm)를 붙인다.
④ 우레탄을 잘라서 자음과 모음을 만들고 머메이드지 위에 본드로 붙여 준다.

🌐 **활동방법**

① 준비된 교구를 보여 주며 동물 이름에 대해 이야기를 나눈다.

　(동물 그림 카드 제시) 동물의 이름은 무엇일까요?

　사자요(코끼리요, 호랑이요 등).

② '동물 이름 글자 도장 찍기' 활동을 소개한다.

　글자 도장을 찾아서 찍으면 동물 이름을 만들 수 있어요.

　자음과 모음 도장으로 친구들이 좋아하는 동물 이름을 만들어 보아요.

　도장으로 만들어진 글자를 읽고 손가락으로 써 볼까요.

　낱말카드에 있는 글자를 찾아서 도장으로 종이에 찍어 보아요.

　도장을 찍어서 완성된 글자를 읽어 보아요.

③ 자음과 모음 글자를 조합하여 좋아하는 사물이나 친숙한 물건의 이름을 찍어 보는 활동을 한다.

④ 활동 후 느낀 점에 대해서 유아와 함께 이야기를 나눈다.

📖 **확장활동**

• 글자 도장을 이용하여 친구 이름을 찍을 수 있도록 지도하여 다양한 글자에 자연스럽게 관심을 가질 수 있도록 유도한다.

• 글자 도장을 이용하여 가족의 이름을 찍을 수 있도록 지도한다.

유의점

- 유아에게 충분한 시간을 주어서 참여할 수 있는 기회를 제공한다.

3-4　마술 코끼리

 활동목표

- 그림과 글자를 연결하여 읽을 수 있다.
- 친숙한 단어카드를 읽을 수 있다.

제작재료

박스, 우드락, 회색과 투명 시트지, 그림과 글씨 프린트 자료, 부직포, 골판지, 글루건, 글루건 심, 실, 바늘, 가위, 풀, 솜, 칼

제작방법

| 단어카드 |

① 우드락을 적당한 크기로 자른다.
② 앞면에는 그림 도안을 붙이고 뒷면에는 단어의 글자를 붙인다.
③ 각 단어카드의 앞면, 뒷면을 투명 시트지로 감싼다.

| 코끼리 |

① 박스의 한쪽 면의 위와 아래에 각 카드가 들어갈 크기의 구멍을 만든다.
② 박스 안에서 두 구멍을 골판지가 굴절되는 모양으로 연결한다.
③ 박스를 회색 시트지로 감싼다.
④ 코끼리의 코, 귀는 부직포에 도안을 그려서 오려 둔다.
⑤ 코끼리의 코, 귀는 솜을 넣어야 할 공간만 남겨 놓고 바느질한 후 솜을 넣고 마무리하여 완성한다.

⑥ 완성된 코, 귀는 글루건을 사용해서 박스의 앞면과 옆면에 각각 붙여 준다.

 활동방법

① 코끼리 교구를 탐색해 보도록 한다.

코끼리 모양이에요.

얼굴에 네모 구멍이 있네요.

이 네모 구멍은 무얼까요?

이 구멍으로 마술을 보여 줄 거예요. 기대해 볼까요?

② 단어카드의 그림을 보여 준 후 박스 윗부분의 네모 구멍에 넣어 본다.

이 카드에는 무슨 그림이 있나요?

사과요.

선생님이 넣어 볼까요? ○○가 넣어 볼까요?

이제부터 신기한 마술이 시작될 거예요.

우와! 코끼리 위쪽 구멍에 사과 그림카드를 넣었는데 그림이 아니고 글자카드가 나오네요.

친구들이 한번 읽어 볼까요?

맞아요. 사과 그림카드를 넣으면 사과라는 글자가 나와요.

이번엔 바나나 그림카드를 넣어볼까요?

바나나 그림카드를 넣었더니 바나나라는 글자가 나왔네요.

글자카드의 글자를 읽어 보아요.

친구들도 같이 읽어 보도록 해요.

③ 활동 후 느낀 점에 대해서 유아와 함께 이야기를 나눈다.

확장활동

• 다양한 글자 카드를 준비하여 유아들이 호기심을 가지고 그림과 글자를 연결하여 습득하게 함으로써 다양한 글자에 자연스럽게 관심을 가질 수 있도록 유도한다.

• 코끼리 구멍에서 나온 글자를 누가 빨리 읽을 수 있는지 게임을 진행한다.

유의점

• 글자를 모르는 유아에게도 충분한 시간을 주어서 참여할 수 있는 기회를 제공한다.

3-5 나는 가게예요

활동목표

- 물건을 사고파는 가게의 종류를 구분할 수 있다.
- 가게에서 사고파는 물건의 명칭을 말할 수 있다.
- 가게놀이를 할 수 있다.

제작재료

다양한 색상의 펠트지, 부직포, 도화지, 우드락, 글루건, 글루건 심, 솜, 가위, 실, 바늘

제작방법

① 우드락을 오려서 부직포로 감싸 채소·과일 가게, 빵가게, 생선가게 모양을 만든다.
② 도화지에 각 가게 이름을 쓴 다음 오린다.
③ 각 가게 이름을 펠트지 위에 놓고 쓴 다음, 가게 이름을 오려서 가게 모양 앞에 글루건으로 붙인다.
④ 가게 놀이에 필요한 과일, 채소, 빵, 생선 등의 모양을 펠트지에 그린 후 오린다.
⑤ ④의 모양들을 솜이 들어갈 수 있는 공간만 남긴 후 테두리를 바느질한다.
⑥ 솜을 채워 넣은 후 나머지 부분을 바느질하여 완성한다.

 활동방법

① 가게에 가 본 경험과 우리 동네에는 어떤 가게들이 있는지에 대해 이야기를 나눈다.

　어떤 가게에 가 보았나요?

　누구랑 가 보았나요?

　가게에서 무엇을 샀나요?

　우리 동네에는 어떤 가게들이 있을까요?

　알고 있는 가게 이름이 있나요? 가게 이름을 말해 볼까요?

② 가게 종류에 따라서 사고파는 물건들을 말해 본다.

　우리 친구들은 가게에 가서 물건을 사 본 적이 있어요?

　친구들이 좋아하는 가게에는 어떤 물건들을 팔고 있나요?

　빵가게에 가 본 적이 있나요? 빵가게에는 어떤 빵이 있나요?

　엄마랑 빵가게에서 빵 샀어요. 그런데 동생이 많이 먹어서 화났어요.

　그랬구나. 많이 속상했겠네요.

　과일가게에 가 본 적이 있나요?

　과일가게에는 어떤 과일이 있나요?

　생선가게에서는 어떤 냄새가 났었나요?

　생선가게에는 어떤 생선이 있었나요?

④ 물건을 파는 사람, 사는 사람 등 역할을 정하여 가게놀이를 해 본다.

가게놀이에는 누가 필요할까요?

가게놀이를 할 때 어떤 물건이 필요할까요?

⑤ 활동 후 느낀 점에 대해서 유아와 함께 이야기를 나눈다.

 확장활동

- 가게 이름과 가게에서 파는 물건의 이름을 알기 위해 글자에 관심을 가질 수 있도록 지도한다.
- 가정과 연계하여 집 주변의 가게를 탐색한 후 가게에서 물건을 사 볼 수 있도록 유도한다.

유의점

- 가게 이름을 알아보기 위해서는 유아들에게 충분한 시간을 주어서 호기심과 흥미를 갖도록 지도한다.

4. 예술경험 영역

4-1 **알록달록 직조 짜기**

활동목표

- 색 배열의 순서를 말할 수 있다.
- 다양한 색의 이름을 말할 수 있다.
- 눈과 손의 협응력을 발달시킬 수 있다.

제작재료

하드보드지, 다양한 색상의 펠트지, 벨크로테이프, 글루건, 글루건 심, 칼, 가위, 자

제작방법

| 직조 판 |

① 하드보드지를 2장 겹쳐 붙인 후 펠트지로 감싼다.

② 다양한 색상의 펠트지를 20×20cm로 잘라 윗부분은 5cm 남겨 둔 후 세로로 3cm 넓이로 잘라 준다.

③ ①의 하드보드지 윗부분에 20cm 까슬이를 붙인 후 펠트지 윗부분의 5cm에 보들이를 붙여 준다.

④ ②의 간격에 맞춰 자른 펠트지를 붙여 직조 판을 완성한다.

| 직조 실 |

• 다양한 색상의 펠트지(물고기-빨간색, 우산-파란색, 옷-연두색, 공룡-초록색)를 3cm 넓이로 잘라 준비해 둔다.

| 변형 교구 |

① 펠트지를 이용하여 물고기, 우산, 옷, 공룡 모양을 각각 2장씩 오려 2장을 붙인다.

② 물고기, 우산, 옷, 공룡 모양을 앞면과 뒷면을 동일하게 꾸민다.

③ 물고기, 우산, 옷, 공룡 모양의 몸판을 칼을 이용하여 2cm 너비 간격으로 세로로 자른다.

 활동방법

① 유아와 함께 알록달록한 직조 짜기 작품을 보며 이야기를 나눈다.

　이런 것을 본 적이 있나요?

　난 처음 봐요.

　우리 누나가 하는 거 봤어요.

　그랬구나. 선생님이 어떻게 하는지 보여 줄게요.

② 알록달록 직조 짜기에 있는 색에 대해 이야기를 나눈다.

　무슨 색깔이 있나요?

　빨간색, 노란색, 파란색이 있어요.

보라색이랑 초록색도 있어요.

맞아요. 친구들이 색을 많이 알고 있구나. 주황색도 있고, 분홍색도 있고, 연두색도 있어요. 친구들이 색 이름을 하나씩 말해 볼까요?

③ 직조 짜기 방법을 설명한다.

선생님이 직조 짜기를 어떻게 하는지 보여 줄게요.

– 교사가 직조 짜기 시범을 보인다.

④ 직조 짜기 활동을 한다.

– 직조 판에 길게 자른 펠트지를 위아래로 반복하여 직조를 짜며 넣는다.

– 두 번째 직조 실은 첫 번째와 반대로 반복하며 직조를 짠다.

– 직조 판이 다 채워질 때까지 반복하며 직조를 짠다.

– 직조 짜기가 완성되면 패턴을 확인해 본다.

– 정해진 패턴(규칙)에 맞게 직조 짜기 작품을 완성한다.

⑤ 활동 후에 느낀 점에 대해서 유아와 함께 이야기를 나눈다.

📖 **확장활동**

• 기본판을 가지고 직조 짜기 활동이 익숙해지면 직조 짜기 변형 교구(모양 본)를 가지고 활동하도록 제시해 준다.

• 유아의 발달수준을 고려하여 직조 짜기 활동의 난이도를 조절한다.

✈ **유의점**

• 처음 접하는 유아는 직조 짜기 활동 시 꼭 한 칸씩 패턴을 맞추지 않고 자유롭게 활동하도록 격려한다.

• 활동을 하며 잘못된 곳을 수정하기보다 활동이 끝난 후 패턴을 수정하도록 도와준다.

• 처음 활동 시작은 교사가 도와주고, 나머지 부분은 유아 스스로 해 보도록 한다.

• 활동이 끝난 후 직조 짜기 패턴을 살펴보며 수정한다.

4-2　알록달록 공작새

활동목표

- 사물의 크기와 색을 구별하여 퐁퐁이를 넣을 수 있다.
- 각 색의 이름을 말할 수 있다.

제작재료

공작새 그림, 우드락, 펠트지, 색종이, 시트지, 무늬 시트지, 종이 상자, 색상지, 가위, 풀, 칼

제작방법

① 색상지에 공작새 모양을 도안한다.

② 도안대로 오려 내고 우드락에 대고 자른다.

③ 다양한 색깔과 크기의 퐁퐁이를 준비한다.

④ 날개 부분에 퐁퐁이가 들어갈 다양한 크기의 구멍을 낸다.

⑤ 시트지로 각 구멍의 테두리를 다양한 색깔을 붙여 마무리한다.

⑥ 교구를 올려놓거나 보관할 수 있는 상자는 종이 상자를 활용하여 무늬 시트지를 붙인 후 다양하게 꾸며 완성한다.

 활동방법

① 유아들에게 공작새 교구를 탐색하도록 한다.

　이 새를 본 적 있나요?

　공작새예요.

　어디에서 보았나요?

　동물원이요.

　날개가 어떤 모양과 색깔이었나요?

　무지 예뻤어요. 흰색 봤어요.

② 퐁퐁이를 만져 보며 색에 대해 이야기를 나눈다.

　무슨 색깔이 있나요?

　빨간색, 노란색, 검정색이 있어요.

　흰색도 있어요.

　맞아요. 친구들이 색을 많이 알고 있네요. 파란색, 초록색도 있고, 분홍색도 있고, 주황색도 있어요.

③ 공작새 날개에 있는 구멍의 크기와 색깔에 맞추어 알록달록 퐁퐁이 공을 넣어 보는 활동을 해 본다.

　친구들이 공작새 날개에 있는 구멍의 크기와 색깔에 맞추어 퐁퐁이를 넣어 볼까요?

풍풍이를 만져 보니 촉감이 어떤지 이야기해 보세요.

부드러워요, 따뜻해요, 폭신폭신해요.

④ 공작새 날개의 크기에 맞는 구멍에 풍풍이를 자유롭게 넣어서 꾸며 보는 활동을 한다.

여기 있는 공작새 날개를 멋지게 꾸며 볼까요?

구멍의 크기에 맞추어서 친구들이 꾸며 보고 싶은 색으로 공작새를 꾸며 보세요.

⑤ 활동 후에 느낀 점에 대해서 유아와 함께 이야기를 나눈다.

📖 확장활동

• 유아 주변에서 볼 수 있는 다양한 색깔에 대한 관심을 유도하여 색에 대한 호기심을 유발시켜 심미감을 느낄 수 있도록 지도한다.

✈ 유의점

• 활동을 어려워하는 유아가 있는 경우 처음 시작은 교사가 도와주고, 나머지 부분은 유아 스스로 해 보도록 한다.

4-3   동물의 움직임을 표현해 보아요

활동목표

• 음악에 맞추어 동물의 움직임을 신체로 표현할 수 있다.
• 동물 막대를 들고 음악에 맞추어 춤을 출 수 있다.

제작재료

동물과 관련된 노래가 나오는 카세트, 동요 CD, 펠트지, 리본끈, 막대, 솜, 인형 도안, 종이 상자, 글루건, 글루건 심, 벨크로테이프, 실, 바늘

제작방법

① 펠트지에 동물 도안을 각각 2장씩 그린다.
② 펠트지에 그린 도안을 선에 맞춰 자른다.
③ 도안한 펠트지를 솜을 넣을 부분과 막대를 넣을 부분을 남기고 버튼홀스티치로 바느질한다.
④ 바느질한 인형 도안에 솜과 막대를 넣은 후 글루건으로 마무리한다.
⑤ 펠트지와 실을 이용해 인형 얼굴을 꾸며 준다.
⑥ 완성한 동물 인형에 까슬이와 보슬이를 이용해 리본을 연결한다.
⑦ 리본끈을 다양한 길이로 재단한 후 까슬이를 붙인다.

 활동방법

① 동물 그림 카드(곰, 펭귄, 돼지, 고양이, 토끼, 사자)를 보면서 이야기를 나눈다.

- 동물의 이름, 움직임, 울음소리, 특징에 대해서 이야기한다.

  어떤 동물일까요? 어떤 소리를 내는가요? 어떻게 움직일까요?

  어떤 특징을 가지고 있나요?

- 곰, 펭귄, 돼지, 고양이, 토끼, 사자의 특징에 대해 이야기한다.

② 동물 막대 인형을 가지고 음악에 맞추어 동물의 움직임을 신체로 표현하거나 춤을 추는 활동을 해 보도록 한다.

- 음악을 들으면서 동물의 움직임을 신체로 표현해 본다.

- 동물 막대 인형을 들고 음악에 맞추어 자유롭게 춤을 춰 본다.

③ 여러 종류의 동물 인형 막대에 연결된 리본끈을 휘날리며 창의적으로 표현해 본다.

- 리본끈의 길이, 움직임, 속도에 따라 창의적으로 표현해 본다.

- 강하게, 약하게, 빠르게, 느리게, 부드럽게 리본막대를 흔들어 본다.

- 동물 리본막대를 지그재그로 흔들어 주어 꼬불꼬불한 모양이 되도록 한다.

- 리본막대로 다양한 모양이나 도형도 만들어 본다.

④ 활동 후에 느낀 점에 대해서 유아와 함께 이야기를 나눈다.

📖 **확장활동**

• 동물 소리, 움직임 등을 창의적으로 신체표현을 할 수 있는 배경 음향으로 제공
  한다.

✈ **유의점**

• 유아가 리본끈을 밟아 넘어지지 않도록 사전에 주의사항을 알려 주도록 한다.
• 동물 인형 막대를 들고 장난을 하지 않도록 지도한다.
• 교사가 같이 참여하면서 안전사고가 발생하지 않도록 주의 깊게 관찰한다.

5. 자연탐구 영역

5-1 꿀 항아리 게임

활동목표

• 10 이하의 수를 더할 수 있다.

• 규칙을 지키며 게임을 할 수 있다.

• 벌의 소중함을 이야기할 수 있다.

제작재료

하드보드지, 라인테이프, 다양한 색상의 색상지, 벌 그림, 상자, 꿀 항아리 그림, 손코팅지, 글루건, 글루건 심, 마스킹테이프, 투명테이프, 가위, 풀

제작방법

① 하드보드지에 십각형 모양을 만들기 위한 도안을 그려서 오려 둔다.

② ①을 글루건으로 붙여 십각형 모양의 상자를 만든다.

③ 라인테이프를 이용하여 십각형을 10칸으로 나누고, 다양한 색상의 색상지를 붙인다.

④ 하드보드지에 십각형의 한 변의 길이보다 작게 직사각형 모양을 그리고, 짧은 변의 한 쪽에 손잡이를 만들어 붙인 다음 똑같이 10개를 오린다.

⑤ ④에 색상지를 붙인 후 인쇄하여 오린 꿀 항아리 모양을 하나, 혹은 둘, 혹은 세 개를 색상지 위에 붙인다.

⑥ 투명테이프로 감싸고 마스킹테이프로 마무리한다. 손잡이 부분은 마스킹테이프를 2~4회 정도 견고하게 감아 준다.

⑦ 주사위는 각 면을 ③의 색상과 같은 색으로 붙인다.

⑧ 빈 상자에 색상지를 오려 붙여서 꿀을 보관하는 상자를 만든다.

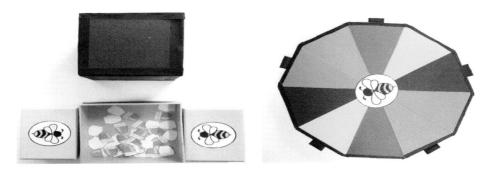

 활동방법

① 꿀과 관련된 경험에 대하여 유아들과 이야기를 나눈다.

　꿀을 먹어 본 적이 있나요?

　어디서 먹어 보았나요?

　맛은 어땠나요?

　꿀은 누가 만드나요?

　벌을 본 적이 있나요?

　어디서 보았나요?

② 꿀이 만들어지는 과정을 유아들과 이야기한다.

꿀은 어떻게 만들어질까요?

벌이 꽃에서 가져온다고 엄마가 말했어요.

맞아요. 꽃이 피면 꽃 꿀이 나오는데, 벌이 꽃가루나 꽃의 꿀을 먹고 꿀을 만들어 내요.

꿀은 우리 몸에도 아주 좋아요. 그래서 꿀을 만들어 내는 벌은 매우 소중해요.

③ 교사가 꿀을 상자에 모으는 게임을 소개한다.

- 교사가 주사위를 굴려 십각형 모양에 붙어 있는 주사위와 같은 색깔의 도형 아래에 있는 서랍을 열면 꿀 항아리의 개수가 나온다는 것을 알려 준다.
- 꿀 항아리의 개수를 보고 상자에서 꿀을 가져가서 모으면 된다.
- 많이 모으는 친구가 이긴다.
- 게임의 규칙을 유아들과 결정한다.
- 게임의 진행 방법을 유아들과 결정한다.

④ 유아들이 함께 게임에 참여하여 활동을 하도록 한다.

- 누가 더 많이 담는지 게임을 해 본다.
- 활동을 마치고 두 그릇에 있는 꿀 항아리의 수를 다양한 방법으로 비교하여 본다.
- 유아가 교사와 함께 가지고 있는 꿀 항아리를 하나씩 상자에 담으면서 개수를 세어 본다.

⑤ 활동 후 느낀 점에 대해서 유아와 함께 이야기를 나눈다.

📖 확장활동

• 가정과 연계하여 유아가 부모와 함께 꿀 만드는 곳을 방문하도록 유도한다.

5-2 알록달록 소리나는 공

활동목표

- 공을 흔들거나 굴려서 다양한 소리를 비교할 수 있다.
- 공을 크기 순서대로 배열할 수 있다.
- 1부터 10까지의 숫자를 말할 수 있다.
- 똑딱 단추로 공을 연결할 수 있다.

제작재료

펠트지, 솜, 딸랑이, 똑딱 단추, 공 도안, 숫자 도안, 바늘, 실

제작방법

① 공 도안을 그려 크기별로 10장을 프린트한다.

② 크기별로 프린트한 10장의 공 도안을 오린다.

③ 각기 다른 색의 펠트지 10장에 크기별로 공 1개당 7개의 도안을 대고 그린다(7개 의 도안이 공 하나의 모양으로 완성됨).

④ 펠트지에 그려진 선에 맞추어 공 1개당 7장의 펠트지를 자른다(총 70장).

⑤ 같은 색 크기의 펠트지 7장을 이어서 바느질하고 마지막 한 면은 남겨 둔다.

⑥ 바느질한 공 양옆에 펠트지가 모이는 선에 펠트지를 덧댄다.

⑦ 공 양옆의 덧댄 펠트지 위에 똑딱 단추를 바느질한다.

⑧ 1부터 10까지의 숫자를 오려 크기가 큰 공부터 1~10의 숫자를 공 가운데에 바느 질한다.

⑨ 똑딱 단추를 단 반대편인 공 안에 방울을 양옆에 단다.

⑩ ⑤의 공 안에 탄성이 있을 정도로 솜을 충분히 넣는다.

⑪ 공에 남아 있는 한 면을 바느질하여 마무리한다.

⑫ 완성된 공을 똑딱 단추를 이용하여 순서대로 연결한다.

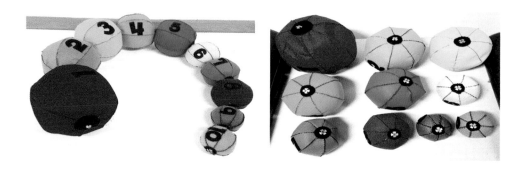

 활동방법

① 공과 숫자에 관심을 가지고 탐색하도록 한다.

　알록달록 예쁜 공들과 숫자 친구들이 있네요.

　공에서 여러 가지 소리가 나네요.

　- 공을 숫자대로 연결하는 방법을 이용하여 똑딱 단추를 열고 닫는 방법을 탐색하
　도록 한다.

② 교사와 유아가 소리에 대한 이야기를 나눈다.

　우왜! 공에서 여러 가지 소리가 나네요. 무슨 소리인지 들어 볼까요?

　아, 그래. 방울 소리구나.

　이것은 무슨 소리일까요?

　맞아요. 종소리네요.

③ 유아와 함께 크기에 대한 탐색을 하면서 공을 크기 순서대로 배열해 본다.

　- 가장 큰 공을 가리켜 본다.

　- 크기 순서대로 공을 배열해 보라고 한다.

④ 주변에서 본 1부터 10까지의 숫자에 대한 이야기를 나눈다.

○○가 본 숫자를 말해 볼래요?

- "1은 어디 있나? 여~기 1이라고 ♬ 말해 봐~요 ♬ 말해 봐~요."라고 노래를 부르면서 각 숫자를 말하는 놀이를 한다.

⑤ 똑딱 단추로 공을 연결할 수 있다.

똑딱 단추는 이렇게 열고 닫는 거예요. ○○도 선생님을 따라서 똑딱 단추를 열고 닫아 볼까요?

우와! ○○도 똑딱 단추를 잘 열고 닫네요.

⑥ 활동 후 느낀 점에 대해서 유아와 함께 이야기를 나눈다.

📖 확장활동

• 유아 주변에서 들리는 다양한 소리를 말해 보는 활동을 진행한다.

• 유아 스스로 똑딱 단추가 달린 물건들을 열고 닫을 수 있는 기회를 제공한다.

• 유아 주변에서 다양한 숫자를 찾아서 누가 먼저 읽을 수 있는지 게임을 한다.

5-3 주렁주렁 숫자 바나나

활동목표

- 1~5의 수 개념을 말할 수 있다.
- 다양한 색을 말할 수 있다.

제작재료

하드보드지, 펠트지, 색 도화지, 솜, 시트지, 숫자 프린트물, 벨크로테이프, 글루건, 글루건 심, 가위, 다양한 색실, 자, 풀

제작방법

① 하드보드지를 2장씩 겹쳐 숫자판과 그림판을 만든다.
② 숫자판 위에 붙일 숫자 1~5를 숫자마다 색을 다르게 하여 인쇄한 후 오리고, 노란색 도화지를 사용하여 바나나 그림 15개도 오린다.
③ 색 도화지를 사용하여 숫자판과 그림판의 배경을 꾸민다.
④ 오린 숫자를 숫자판 위에 붙이고, 바나나 그림도 각 숫자 옆에 붙인다.
⑤ 숫자판과 그림판에 투명 시트지를 붙이고 글루건을 이용하여 벨크로테이프를 단단하게 부착한다.
⑥ 노란 펠트지를 바나나 모양으로 잘라 안에 솜을 채워 바느질한다.
⑦ 인쇄한 숫자 1~5에 사용한 색과 같은 색의 펠트지로 숫자 1을 5개, 숫자 2를 4개, 숫자 3을 3개, 숫자 4를 2개, 숫자 5를 1개 오린다.
⑧ 바느질한 15개의 바나나에 펠트지로 만든 1~5의 숫자를 붙이고, 바나나 뒷면에 글루건을 이용하여 벨크로테이프를 부착한다.

🌐 **활동방법**

① 바나나에 대해 이야기를 나눈다.

　어디서 바나나를 보았나요?

　어떻게 생겼나요?

　바나나 맛에 대해 이야기해 볼래요?

② 바나나를 먹어 본 경험에 대해 이야기를 나눈다.

　선생님은 세 개 먹어 보았어요. ○○는 몇 개 먹어 보았나요?

　○○는 한 개 먹어 보았구나. 한 개는 1이랑 같은 거예요(1이랑 친구예요).

　1 옆에 바나나를 한 개 붙여 볼까요?

　선생님이 2 친구 옆에 바나나를 두 개 붙였어요. ○○도 2 친구 옆에 바나나를 두

　개 붙여 볼까요?

　두 개는 2 친구고, 세 개는 3 친구예요.

　4와 5 친구도 붙여 볼까요?

③ 그림판에 붙어 있는 방향이 다른 바나나를 보여 준 후 바나나의 방향과 바나나

　위에 붙어 있는 다양한 색깔을 탐색하도록 한다.

　- 교사가 바나나 모형을 패턴의 순서와 색깔을 보고 숫자판의 그림에 맞추는 시범

　　을 보인다.

○○도 선생님처럼 한번 해 볼까요? 빨강, 하늘, 분홍, 보라, 주황색을 잘 보고 붙여 봐요.

색을 보고 같은 색을 찾아 잘 붙였네요.

빨간색은 사과나 딸기와 같은 색이에요. 빨간색을 찾아볼까요?

포도랑 같은 색은 어디 있나요? ○○가 붙인 포도랑 같은 색은 보라색이에요.

주황색도 잘 찾아 붙였네요. 귤과 같은 색은 주황색이에요.

④ 활동 후 느낀 점에 대해서 유아와 함께 이야기를 나눈다.

📖 확장활동

• 유아 주변에서 찾을 수 있는 다양한 색을 말해 보는 활동을 진행한다.

• 급식, 간식 시간과 연계하여 유아에게 반찬 및 간식을 몇 개 더 달라고 요구하게 한다.

• 가정과 연계하여 유아에게 간식을 줄 때 몇 개를 달라고 요구한 후 간식을 제공하게 할 수도 있다.

5-4　과일의 겉과 속이 달라요

 활동목표

- 다양한 과일의 이름을 말할 수 있다.
- 다양한 과일의 겉과 속을 구분할 수 있다.
- 과일가게 놀이를 할 수 있다.

제작재료

펠트지, 벨크로테이프(까슬이와 보슬이), 솜, 하드보드지, 하트 모양 팻말, 종이 상자와 뚜껑, 색지, 글루건, 글루건 심, 풀, 칼, 실, 가위, 바늘, 자

제작방법

| 과일 모형 |

① 펠트지에 과일(사과, 바나나, 수박, 포도, 오렌지, 키위)의 겉과 속의 도안을 그린다.

② 각 도안을 오린 후 글루건을 이용해 과일의 겉과 속을 꾸민다.

③ ②를 마친 뒤, 수박, 바나나, 포도의 속에는 솜을 넣어 바느질을 하고, 오렌지, 키위, 사과의 속은 글루건을 이용해 붙인다.

④ 과일을 열고 닫는 부분에 벨크로테이프를 붙인다.

⑤ 과일을 담을 수 있는 상자에는 색지를 붙인다.

| 가게 모형 |

① 과일 모형 제작방법 ⑤번의 상자를 진열할 수 있는 판을 만들기 위해 하드보드지를 자른 후 색지를 붙인다.

② 하드보드지를 반으로 잘라 지붕을 만든 후 기둥과 똑같이 색지를 붙인다.

③ 기둥에다가 글루건을 이용해 기둥에 지붕을 붙인다.

④ 과일가게와 과일 이름이 쓰여 있는 종이를 코팅한 후 자른다.

⑤ 기둥 사이에 하트로 된 팻말을 붙이고 코팅된 과일가게 이름을 붙인다.

⑥ 과일을 놓을 수 있는 상자에 종이 상자 뚜껑과 종이 상자를 고정시킬 수 있게 글루건으로 붙인다.

⑦ 완성된 종이 상자에 과일을 넣고 마무리한다.

활동방법

① 과일 교구를 탐색하면서 과일을 먹어 본 경험을 이야기한다.

　맛있는 과일이 많이 있네요.

　무슨 과일을 먹어 보았나요?

　맛은 어땠어요?

② 과일 이름에 대해서 유아와 이야기한다.

　와! 빨간색 사과네요.

　선생님은 사과랑 바나나, 수박, 포도, 오렌지, 키위 등을 먹어 보았는데, ○○는 어떤

　과일을 먹어 보았나요?

　어떤 과일이 제일 맛있었나요?

　수박은 어떤 맛이었나요?

③ 과일의 겉모양과 속모양에 대한 이야기를 나눈다.

　- 과일의 겉모양을 만져 보게 한 후 벨크로테이프를 떼어 과일 속의 모양을 확인시

　　켜 준다.

　수박 속에는 무엇이 들어 있었나요?

　수박 속을 ○○가 열어 볼까요? 까만 씨가 들어 있었네요. 사과 속에도 씨가 있네요.

　포도 속도 열어 보아요.

　씨가 없는 과일은 어떤 과일일까요?

④ 조를 짜서 과일가게 놀이를 한다.

　- 과일가게 주인과 손님의 역할로 나눈다.

　- 과일가게 놀이를 하면서 과일의 이름을 자연스럽게 습득한다.

　- 과일을 사고 파는 과정에서 수 개념을 습득하도록 한다.

⑤ 활동 후 느낀 점에 대해서 유아와 함께 이야기를 나눈다.

📖 확장활동

- 유아 주변에서 볼 수 있는 다양한 과일의 겉과 속을 탐색해 보는 활동을 진행한다.
- 포도알을 세면서 수 개념을 습득하도록 지도한다.
- 과일 조각들을 맞추면서 수 개념을 습득하도록 지도한다.
- 역할놀이로 사고 싶은 과일의 종류와 개수를 반복적으로 익힐 수 있도록 지도하여 놀이를 통해 수 개념을 습득할 수 있도록 한다.
- 사과 교구(두 번째 사진)의 끝을 잡고 돌리면서 사과의 껍질을 벗기는 과정을 습득할 수 있도록 한다.

5-5 낮과 밤

활동목표

- 낮과 밤의 모습을 비교할 수 있다.
- 낮과 밤에 볼 수 있는 동물, 곤충, 식물의 이름을 말할 수 있다.
- 간단한 별자리 이름을 말할 수 있다.
- 낮과 밤에 활동하는 동물을 세면서 수 개념을 말할 수 있다.

제작재료

동물 그림, 별자리 이름이 쓰인 종이, 하드보드지(검은색, 하늘색), 펠트지(노란색, 검은색), 색종이(노란색), 마분지(노란색), 링, 상자, 검은색 벨크로테이프(까슬이와 보슬이), 아크릴 물감, 투명 시트지(코팅지), 색지, 풀, 가위, 자

제작방법

| 낮과 밤 |

① 낮은 하늘색 하드보드지, 밤은 검은색 하드보드지를 준비한다.
② 색지를 이용하여 풀, 꽃, 곤충 등을 만든다.
③ ①에 낮과 밤의 환경에 맞게 풀, 꽃 등을 배치한 후 시트지로 감싼다.
④ ③에 입체 곤충과 꽃을 붙인 후 그 밑에 각각 이름을 붙인다.
⑤ ④의 완성된 하드보드지에 구멍을 4개 뚫어 링으로 연결한다.

| 별자리 |

① 검은색 하드보드지 3장을 각각 4등분 하여 12장으로 만든다.

② 다양한 크기의 별을 색종이, 마분지, 펠트지에 그린 후 오린다.

③ 손 코팅지로 ②에서 만든 별을 코팅한 후, 뒷면에 까슬이를 붙인다.

④ 12장의 하드보드지 하단부에 각각 별자리 이름이 쓰인 종이를 붙인다.

⑤ ④ 위에 붙인 종이에 맞는 별자리 도안을 그린다.

⑥ 별자리의 선 부분은 흰색 아크릴 물감으로 그린다.

⑦ ③에서 만든 별을 붙이는 부분에는 보슬이를 붙인다.

⑧ ⑦에서 완성된 별자리 판은 왼쪽에 2개의 구멍을 뚫어 링으로 연결한다.

| 숫자를 세어 보아요 |

① 낮과 밤에 볼 수 있는 동물, 식물, 곤충 및 숫자를 프린트한다.

② 각각의 위치를 맞게 정리한 후 투명 시트지(코팅지)를 붙인다.

③ 1~9까지의 숫자 위치에 맞게 까슬이와 보슬이를 붙인다.

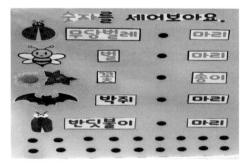
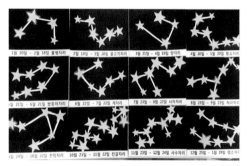

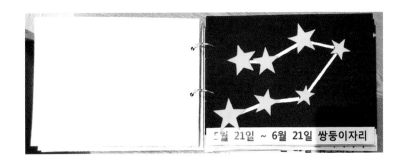

 월 21일 ~ 6월 21일 쌍둥이자리

🌐 **활동방법**

① 유아와 함께 낮과 밤에 대하여 이야기를 나눈다.

　낮과 밤은 어떻게 다르나요?

　낮에는 어떤 것을 볼 수 있나요?

　밤에 하늘을 보면 무엇을 볼 수 있나요?

② 낮과 밤에 볼 수 있는 동물, 곤충, 식물의 이름을 이야기한다.

　어떤 동물을 좋아하나요?

　○○가 좋아하는 동물은 낮과 밤 중에 언제 볼 수 있나요?

　낮에 움직이는 동물은 어떤 동물일까요?

　밤에 움직이는 동물은 어떤 동물일까요?

③ 별을 본 경험을 이야기 나눈다.

　오늘은 깜깜한 밤하늘에서 볼 수 있는 예쁜 친구들을 만나 볼까요? 어떤 친구들인

　지 선생님이랑 재미있는 수수께끼를 통해 알아볼까요?

　깜깜한 밤하늘에만 볼 수 있어요. 반짝반짝 빛이 나지요. 여러 친구들이 모여 신기

　하고 예쁜 모양을 만들기도 한답니다. 무엇일까요?

　맞아요. 별자리예요.

④ 간단한 별자리 이름에 대해서 알아본다.

　별자리도 친구들처럼 이름이 있어요.

　별자리 이름을 알아볼까요?

⑤ 낮과 밤의 동물, 곤충, 식물의 수를 세어서 맞는 수를 붙인다.

벌이 몇 마리 있나요?

박쥐도 있네요. 박쥐는 밤에만 움직여요. 몇 마리 있는지 세어 볼까요?

⑥ 활동 후 느낀 점에 대해서 유아와 함께 이야기를 나눈다.

📖 확장활동

• 낮과 밤에 볼 수 있는 다양한 동물, 곤충, 식물을 세면서 단위를 세는 명칭을 습득
하는 활동을 한다.

• 각 유아 개인의 생일과 관련된 별자리 이름을 말하는 활동을 한다.

• 가정과 연계하여 밤에 별자리를 관찰하는 활동을 진행한다.

• 가정과 연계하여 유아 주변에서 낮과 밤에 볼 수 있는 다양한 동물, 곤충, 식물을
탐색해 보는 활동을 하도록 한다.

5-6 암탉이 알을 낳았어요

 활동목표

• 1~10의 수 개념을 말할 수 있다.
• 게임의 규칙을 지키며 게임을 할 수 있다.

제작재료

다양한 색상의 펠트지, 계란판, 작은 키, 솜, 유성물감(빨간색, 파란색), 실, 바늘, 가위

 제작방법

| 계란판, 계란 |
① 계란판 2개에 각각 다른 색의 물감을 칠한다(컬러 래커로 색을 칠할 수 있다).
② 펠트지에 달걀 모양을 그린 후 2장씩 겹쳐서 오린다(빨간색과 파란색, 각각 60장 씩).
③ ②의 테두리에 솜을 넣을 공간을 남기고 바느질한다.
④ 솜을 가득 넣어 부피를 늘린 후, 남은 공간을 바느질하여 마무리한다.

| 암탉 |
① 펠트지에 암탉의 몸, 머리, 벼슬, 부리, 꼬리의 도안을 그린다.
② ①에 펠트지 1장을 포개어 도안 선을 따라 오린다.
③ 암탉의 몸, 머리, 벼슬, 부리, 꼬리 등을 연결하며 테두리를 따라 바느질한다. 이 때 암탉의 등에 달걀을 넣을 수 있는 공간이 생기도록 연결하여 바느질한다.
④ 바느질할 부분을 조금 남겨 두어 속으로 솜을 채워 넣고 바느질을 마무리한다.

⑤ 펠트지로 닭의 눈을 그리고 오려 ④에 글루건으로 붙인다.

| 키와 알 |

① 펠트지에 달걀의 모양을 그린 후, 2장을 겹쳐 오린다(검은색 20장).

② 겹친 달걀 도안 사이에 매듭진 끈을 끼워 넣고, 끝을 단단히 고정시키며 바느질
한다.

③ 바느질할 부분을 조금 남겨 솜을 채운 후 바느질을 완성한다.

④ 달걀에 펠트지로 오린 숫자(0~5)를 글루건으로 붙인다.

⑤ 키의 끝에 끈으로 숫자가 표시된 알을 연결한다.

 활동방법

① 교구를 탐색하며 유아와 함께 이야기를 나눈다.

　여기에 있는 것이 무엇일까요?

　달걀이 깨지지 않도록 쏙쏙 담아 두는 계란판이에요.

　왜 달걀을 계란판에 보관할까요?

　달걀을 계란판 안에 넣으면 굴러다니지 않기 때문에 깨지지 않게 보관할 수 있지요.

　암탉이 있네요. 암탉이 알을 낳으러 왔나 봐요.

② 게임의 방법을 설명한다.

계란판에는 달걀을 모두 30개 넣을 수 있어요. 계란 30개는 암탉의 몸 안에서 꺼낼 수 있어요.

- 교사가 키를 흔드는 시범을 보이고 키 위에 올라온 달걀의 숫자를 유아들에게 보여준다.

  무슨 숫자가 쓰여 있나요?

  4와 5를 더한 수는 무엇일까요?

  맞아요. 그럼 달걀 9개를 계란판에 놓을 수 있어요.

③ 유아들이 함께 게임을 하도록 한다.

- 유아들을 두 팀으로 나눈 후 먼저 키를 잡을 팀을 정한다.

  게임을 시작해 볼까요?

- 각 팀에서 한 명씩 나와서 키를 흔든다.

- 키 위에 올라온 달걀을 보고 숫자들을 합하여 계란판에 달걀을 넣는다.

- 게임을 진행하고 계란판에 달걀을 모두 넣은 팀이 승리한다.

③ 게임이 끝난 후 유아들과 느낀 점에 대하여 이야기를 나눈다.

확장활동

• 알을 낳는 다른 동물들에 대하여 이야기를 나눈다.

유의점

• 게임의 규칙 및 방법을 교사가 먼저 시연하여 유아들이 잘 이해할 수 있도록 돕는다.

찾아보기

◆ 내용 ◆

▮▮ 저자 소개

임경옥(Lim Kyoungook)
강남대학교 특수교육 전공
경기대학교 교육대학원 유아교육 석사
강남대학교 교육대학원 유아특수교육 석사
단국대학교 대학원 유아특수교육 박사
무지개 특수아동교육원 원장
수원여자대학교 겸임교수
나사렛대학교, 수원과학대학교, 백석대학교, 한영대학교 외래교수
현 수원여자대학교 사회복지과 아동복지전공 교수

〈저서 및 역서〉
장애 영유아 발달 영역별 지침서 1~5권(공저, 학지사, 2010)
보육교사 일반직무교육(공저, 양성원, 2016)
원장 일반직무교육(공저, 양성원, 2016)
보육교사 일반직무교육(심화)(공저, 양성원, 2017)
원장 일반직무교육(심화)(공저, 양성원, 2017)
특수교육학개론(공저, 학지사, 2017)
발달지체 영유아 조기개입-인지편(학지사, 2017)
발달지체 영유아 조기개입-신변처리편(학지사, 2018)
발달지체 영유아 조기개입-수용언어편(학지사, 2018)
발달지체 영유아 조기개입-표현언어편 I (학지사, 2018)
발달지체 영유아 조기개입-표현언어편 II (학지사, 2018)
아동권리와 복지(공저, 공동체, 2018)
교사! 그 아름다운 이름(학지사, 2018)

〈주요 논문〉
예비유아특수교사들의 관찰실습경험에 대한 질적 연구(한국특수아동학회, 2013)
장애영유아 미술치료 연구동향 분석-1997년부터 2012년까지 전문 학술지 중심으로(한국특수아동학회, 2013)
보육교사의 전문성 인식과 통합교육 신념에 관한연구(사회복지실천연구, 2013)
예비보육교사들의 실습경험에 대한 이야기(한국콘텐츠학회, 2016)
아동복지전공 예비보육교사들이 보육실습에서 경험하는 딜레마에 대한 탐색(한국콘텐츠학회, 2016)

박지은(Park Jieun)
수원여자대학교 유아교육 전공
경기대학교 교육대학원 유아교육 석사
단국대학교 대학원 유아특수교육 박사 수료
관인 예원몬테소리어린이집 원장
수원여자대학교, 신경대학교 외래교수
현 수원과학대학교 외래교수
　　국제대학교 외래교수

〈주요 논문〉
감정코칭을 활용한 부모교육 프로그램이 양육효능감과 부모-자녀 간 의사소통에 미치는 영향
　　(석사학위논문)

김미정(Kim Mijung)
광주대학교 유아교육 전공
전남대학교 대학원 유아교육 석사
광주대학교 대학원 유아교육 박사 수료
정부광주청사 꽃초롱어린이집 원장
부명유치원, 문예동산유치원 부장교사
보광어린이집 주임교사
한국드림아카데미, 부모교육사관학교 연구원
생영초등학교병설유치원 교사
광주대학교, 목포가톨릭대학교, 송원대학교, 서강정보대학 외래교수
성화대학 겸임교수
수원여자대학교 보육교사교육원 원장
현 수원여자대학교 보육교사교육원 주임교수

〈주요 논문〉
다문화적 요리활동이 유아의 그리기 표현능력에 미치는 영향(석사학위논문)

장애영유아 보육교사, 특수교사, 통합교사를 위한

특수교구교재제작

Development of Teaching Materials and Equipment in Special Education

2018년 2월 10일 1판 1쇄 인쇄
2018년 2월 20일 1판 1쇄 발행

지은이 • 임경옥 · 박지은 · 김미정
펴낸이 • 김진환
펴낸곳 • (주) **학지사**
　　　　 04031 서울특별시 마포구 양화로 15길 20 마인드월드빌딩
대표전화 • 02)330-5114　　　팩스 • 02)324-2345
등록번호 • 제313-2006-000265호

홈페이지 • http://www.hakjisa.co.kr
페이스북 • https://www.facebook.com/hakjisabook

ISBN 978-89-997-1491-7　93370

정가 20,000원

이 도서의 국립중앙도서관 출판시도서목록(CIP)은 서지정보유통지
원시스템 홈페이지(http://seoji.nl.go.kr)와 국가자료공동목록시스템
(http://www.nl.go.kr/kolisnet)에서 이용하실 수 있습니다.
(CIP 제어번호: CIP2018003028)

교육문화출판미디어그룹 학지사

심리검사연구소 **인싸이트** www.inpsyt.co.kr
원격교육연수원 **카운피아** www.counpia.com
학술논문서비스 **뉴논문** www.newnonmun.com
간호보건의학출판 **정담미디어** www.jdmpub.com